新工科·普通高等教育汽车类系列教材

车辆工程专业导论

主　编　姜立标　张明容
副主编　程清伟　袁　敏
参　编　陈桥芳　翟伟良　王剑锋
　　　　赵克刚　杨世春　李　军
　　　　陈书明　刘学广　冯　桑

机械工业出版社

本书力图让学生了解什么是车辆工程专业，什么是汽车行业和汽车产业链，学习该专业有什么前途，毕业后能做什么工作，怎样实现自己的学习目标和人生目标，增强学生的专业自信。本书共六章，主要内容有初识车辆工程专业、车辆工程专业认知、认识全球汽车行业、认识汽车产业链、车辆工程专业的人才培养和车辆工程专业人才的未来。

本书条理清晰、架构合理，可作为高等院校车辆工程及汽车相关专业的教材，也可作为社会人士了解汽车行业的入门书籍。

本书配有PPT课件和部分内容的相关视频，免费赠送给采用本书作为教材的教师，可登录www.cmpedu.com注册下载。

图书在版编目（CIP）数据

车辆工程专业导论/姜立标，张明容主编. —北京：机械工业出版社，2022.4（2024.8重印）

新工科·普通高等教育汽车类系列教材

ISBN 978-7-111-70233-7

Ⅰ.①车… Ⅱ.①姜… ②张… Ⅲ.①车辆工程-高等学校-教材 Ⅳ.①U27

中国版本图书馆CIP数据核字（2022）第031439号

机械工业出版社（北京市百万庄大街22号　邮政编码100037）
策划编辑：宋学敏　　　　　责任编辑：宋学敏　刘　静
责任校对：潘　蕊　刘雅娜　封面设计：张　静
责任印制：单爱军
北京虎彩文化传播有限公司印刷
2024年8月第1版第2次印刷
184mm×260mm·14.5印张·328千字
标准书号：ISBN 978-7-111-70233-7
定价：45.00元

电话服务　　　　　　　　　网络服务
客服电话：010-88361066　　机　工　官　网：www.cmpbook.com
　　　　　010-88379833　　机　工　官　博：weibo.com/cmp1952
　　　　　010-68326294　　金　书　网：www.golden-book.com
封底无防伪标均为盗版　　　机工教育服务网：www.cmpedu.com

前　言

近年来,汽车行业发展迅猛,正朝着电动化、智能化、网联化和共享化的"四化"方向迈进,因此,培养适合当今社会需求的车辆工程专业人才刻不容缓。

"车辆工程专业导论"是车辆工程专业学生接触的第一门专业课,在本专业人才培养中占有重要地位。编写本书的目的是,让学生了解汽车领域的全貌,培养学生的专业兴趣,激发学生的学习热情,帮助学生制订大学的学习规划和人生规划。

本书共 6 章,从车辆工程专业培养什么样的人出发,主要介绍了车辆工程专业的属性和培养计划、车辆工程专业认知、认识全球汽车行业、认识汽车产业链、车辆工程专业的人才培养、车辆工程专业人才的未来。本书还在每章的最后增加了课程思政要点等相关内容。另外,本书还配有 PPT 课件和部分内容的相关视频。

华南理工大学姜立标和广州城市理工学院张明容任主编,并负责全书统稿。广州城市理工学院的程清伟和袁敏任副主编。姜立标与哈尔滨工业大学(威海)王剑锋、哈尔滨工程大学刘学广、北京航空航天大学杨世春共同编写了第一章和第二章,张明容与吉林大学陈书明、华南理工大学赵克刚共同编写了第三、四章,程清伟和华南农业大学李军、广东工业大学冯桑共同编写了第五章,广州城市理工学院袁敏、陈桥芳和翟伟良共同编写了第六章。华南理工大学研究生刘鸿、张有民参与了部分章节的图表制做工作。

本书的编写参考了已出版的相关图书和国内外公开发布的资料,也参考了一些企业和学校的资料,在此向相关资料的作者和提供者表示诚挚的感谢。

由于编者水平和能力有限,加之经验不足,书中不当之处在所难免,望广大读者批评指正,请致信于 zhangmr@ gcu. edu. cn,编者将认真对待每一封邮件。

编　者

目 录

前言
第一章　初识车辆工程专业 …… 1
　第一节　初识车辆 …… 1
　　一、车辆的概念及类型 …… 1
　　二、汽车的概念及类型 …… 3
　第二节　车辆工程专业的属性 …… 9
　　一、车辆工程专业属于工学学科 …… 9
　　二、车辆工程专业属于机械类专业 …… 10
　　三、车辆工程专业授予工学学士学位 …… 10
　第三节　车辆工程专业的培养计划 …… 12
　　一、基于教学质量国家标准的车辆工程专业培养计划 …… 12
　　二、基于工程教育专业认证的培养计划 …… 15
　　三、培养模式 …… 19
　课程思政要点 …… 21
　　一、思政要素切入点 …… 21
　　二、育人目标 …… 21
　思考题 …… 21
第二章　车辆工程专业认知 …… 22
　第一节　汽车总体结构 …… 22
　　一、发动机总体构造 …… 22
　　二、底盘总体构造 …… 27
　　三、车身总体构造 …… 29
　　四、电气设备 …… 31
　第二节　汽车基本性能指标 …… 35
　　一、汽车的动力性 …… 35
　　二、汽车的燃油经济性 …… 35
　　三、汽车的制动性 …… 36
　　四、汽车的操纵稳定性 …… 37
　　五、汽车的行驶平顺性 …… 37
　　六、汽车的通过性 …… 38
　第三节　新能源汽车 …… 39
　　一、增程式混合动力电动汽车 …… 39
　　二、纯电动汽车 …… 40
　　三、燃料电池电动汽车 …… 45
　　四、太阳能汽车 …… 47
　第四节　智能网联汽车 …… 48
　　一、智能网联汽车介绍 …… 48
　　二、智能网联汽车的产业链 …… 56
　　三、智能网联汽车的分级 …… 57
　课程思政要点 …… 59
　　一、思政要素切入点 …… 59
　　二、育人目标 …… 59
　思考题 …… 59
第三章　认识全球汽车行业 …… 60
　第一节　汽车发展简史 …… 60
　　一、车的发明史 …… 60
　　二、蒸汽汽车 …… 61
　　三、电动汽车 …… 64
　　四、内燃机车的诞生与发展 …… 64
　第二节　汽车产业对人类社会的影响 …… 67
　　一、汽车产业促进其他产业的发展 …… 67
　　二、汽车产业促进科技发展 …… 68
　　三、汽车产业发展带来巨大社会变革 …… 69
　第三节　国外汽车行业概况 …… 70
　　一、德国汽车行业及主要汽车企业 …… 71
　　二、美国汽车行业及主要汽车企业 …… 78
　　三、日本汽车行业及主要汽车企业 …… 85
　　四、其他国家汽车行业及主要汽车企业 …… 93
　第四节　中国汽车行业概况 …… 105
　　一、中国汽车行业现状 …… 105

　　二、主要大型国有汽车集团 …………… 109
　　三、民营整车企业代表 …………………… 122
　　四、造车新势力代表 ……………………… 128
　　五、主要零部件企业 ……………………… 131
　课程思政要点 ………………………………… 135
　　一、思政要素切入点 ……………………… 135
　　二、育人目标 ……………………………… 135
　思考题 ………………………………………… 135

第四章　认识汽车产业链 …………………… 136
　第一节　汽车产业链概述及分析 …………… 136
　　一、汽车产业链概述 ……………………… 136
　　二、汽车产业链分析 ……………………… 136
　第二节　汽车设计 …………………………… 140
　　一、汽车设计的特点与要求 ……………… 140
　　二、汽车设计的基本流程 ………………… 141
　第三节　汽车制造 …………………………… 148
　　一、机加工工艺 …………………………… 149
　　二、冲压工艺 ……………………………… 155
　　三、焊装工艺 ……………………………… 157
　　四、涂装工艺 ……………………………… 160
　　五、总装工艺 ……………………………… 161
　第四节　汽车后市场 ………………………… 163
　　一、汽车后市场的定义与分类 …………… 163
　　二、汽车后市场的发展 …………………… 164
　　三、汽车后市场的主要业务 ……………… 165
　　四、汽车后市场增长的主要渠道
　　　　因素 ……………………………………… 168
　课程思政要点 ………………………………… 169
　　一、思政要素切入点 ……………………… 169
　　一、育人目标 ……………………………… 169
　思考题 ………………………………………… 170

第五章　车辆工程专业的人才培养 ………… 171
　第一节　车辆工程专业的教学特点 ………… 171
　　一、大学的特点 …………………………… 171
　　二、大学教学的特点 ……………………… 172
　　三、车辆工程专业的教学方式 …………… 173
　第二节　车辆工程专业的学习方法 ………… 175
　　一、树立正确的学习观 …………………… 176
　　二、车辆工程专业理论课程的学习
　　　　方法 ……………………………………… 178
　　三、车辆工程专业实践课程的学习

　　　　方法 ……………………………………… 182
　第三节　车辆工程专业的课外科技
　　　　活动 ……………………………………… 183
　　一、中国大学生方程式汽车大赛 ………… 183
　　二、全国大学生智能汽车竞赛 …………… 185
　　三、Honda中国节能竞技大赛 …………… 188
　　四、壳牌汽车环保马拉松 ………………… 189
　　五、"挑战杯"全国大学生系列科技
　　　　学术竞赛 ………………………………… 190
　　六、中国"互联网+"大学生创新
　　　　创业大赛 ………………………………… 191
　　七、全国大学生节能减排社会实践与
　　　　科技竞赛 ………………………………… 192
　课程思政要点 ………………………………… 193
　　一、思政要素切入点 ……………………… 193
　　二、育人目标 ……………………………… 193
　思考题 ………………………………………… 193

第六章　车辆工程专业人才的未来 ………… 194
　第一节　汽车产品设计岗位 ………………… 194
　　一、汽车产品开发流程 …………………… 194
　　二、汽车设计工程师 ……………………… 194
　　三、汽车分析工程师 ……………………… 195
　　四、汽车测试工程师 ……………………… 200
　第二节　汽车产品生产岗位 ………………… 201
　　一、汽车产品生产流程 …………………… 201
　　二、汽车工艺工程师 ……………………… 201
　　三、汽车生产管理岗 ……………………… 203
　　四、汽车质量工程师 ……………………… 203
　第三节　汽车后市场岗位 …………………… 204
　　一、汽车销售经理 ………………………… 204
　　二、汽车技术服务工程师 ………………… 205
　　三、汽车查勘定损工程师 ………………… 206
　　四、二手车评估师 ………………………… 206
　第四节　车辆工程专业的考研 ……………… 207
　　一、国内考研概述 ………………………… 207
　　二、研究生的类型 ………………………… 208
　　三、车辆工程专业读研规划 ……………… 209
　第五节　出国留学 …………………………… 212
　　一、出国留学概述 ………………………… 212
　　二、车辆工程专业国外留学择校 ………… 213
　第六节　车辆工程专业创业规划 …………… 215

一、大学生创业概况 …………………… 215
二、创业准备 …………………………… 216
三、创业途径 …………………………… 219
第七节　基层服务 ……………………… 220
第八节　大学生征兵 …………………… 221

课程思政要点 …………………………… 222
　　一、思政要素切入点 ………………… 222
　　二、育人目标 ………………………… 222
思考题 …………………………………… 222

参考文献 ……………………………… 223

第一章

初识车辆工程专业

 **第一节　初识车辆**

一、车辆的概念及类型

车辆是"车"与其单位"辆"的合称。所谓车，是指陆地上通过轮子转动行进的交通工具；所谓辆，则是来源于古代对车的计量方法。古代的车一般有两个车轮，故一乘车即称一两，后来才写作辆。由此可见，车辆的本义是指本身没有动力的车，用马来牵引的叫作马车，用人来拉或推的叫作人力车。随着科学技术的发展，又有了用蒸汽机车来牵引的火车等。这时车辆的概念已经发生了变化，成为所有车的统称。这里的车辆泛指所有的车，即陆地上行驶的各种交通运输工具或作业工具的总称。

根据车辆与路面的接触形式，分为轮式车辆、履带式车辆、轨道式车辆和新型车辆等，如图1-1所示。

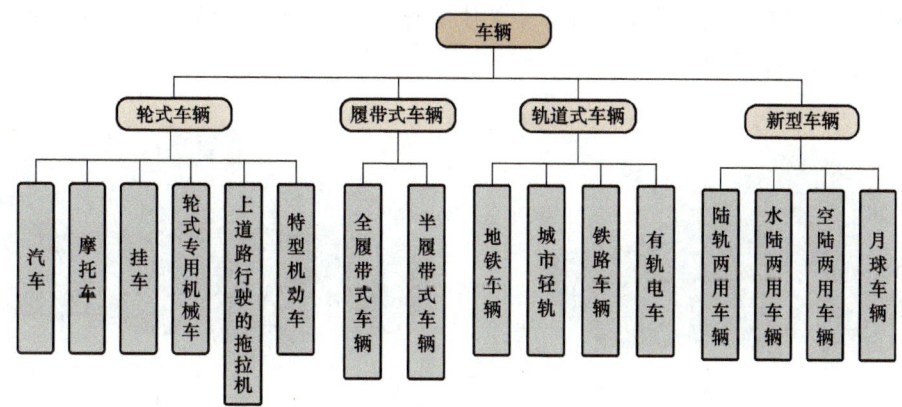

图1-1　车辆类型

本书介绍的车辆工程专业中的车辆主要指汽车。

1. 轮式车辆

轮式车辆与地面的接触装置是弹性轮，动力传动装置传来的转矩通过弹性驱动轮与地面的相互作用转变为驱动力，实现车辆行驶。轮式车辆除汽车以外，还包括摩托车、挂车、轮式专用机械车、上道路行驶的拖拉机和特型机动车等，如图1-2所示。

2. 履带式车辆

履带式车辆分为全履带式车辆和半履带式车辆，如图1-3所示。全履带式车辆与地

图 1-2 轮式车辆

a）汽车　b）摩托车　c）挂车　d）轮式专用机械车　e）上道路行驶的拖拉机　f）特型机动车

面的接触装置是两条平行的闭合履带，车辆利用履带行驶装置支持车体的重量，将动力传动装置传来的转矩通过履带与地面的相互作用转变为牵引力，实现车辆运动。半履带式车辆与地面接触并负责传动的并非全部使用履带，常采用履带与车轮并存方式，前部采用车轮，后部则是履带推进。

图 1-3 履带车辆

a）全履带式车辆　b）半履带式车辆

3. 轨道式车辆

轨道式车辆是指安装带轮缘的车轮，在由钢轨构成轨距恒定的轨道上运行的车辆，主要包括地铁车辆、城市轻轨、铁路车辆及有轨电车等，如图 1-4 所示。

4. 新型车辆

新型车辆主要有陆轨两用车辆、水陆两用车辆、空陆两用车辆和月球车辆等，如图 1-5 所示。

图 1-4 轨道式车辆

a）地铁车辆 b）城市轻轨 c）铁路车辆 d）有轨电车

图 1-5 新型车辆

a）陆轨两用车辆 b）水陆两用车辆 c）空陆两用车辆 d）月球车辆

二、汽车的概念及类型

汽车是由动力驱动，具有4个或4个以上车轮的非轨道承载的车辆，主要用于载运人员和（或）货物、牵引载运人员和（或）货物的车辆、专项作业。

汽车的类型较多，分类方式也很多，可以按车的用途、动力装置类型、发动机排量、乘客座位数、汽车总质量、汽车总长度等进行分类。

国家标准《汽车和挂车类型的术语和定义》（GB/T 3730.1—2001）把汽车分为乘用车和商用车。

1. 乘用车

乘用车主要用于载运乘客及其随身行李或临时物品的汽车，包括驾驶员座位在内最多不超过9个座位。它也可以牵引一辆车。表1-1列出了所有乘用车的类型，共11种，前6种乘用车又称为轿车。

表1-1 乘用车类型

序号	术语	定　义	示意图
1	普通乘用车（saloon）	车身：封闭式，侧窗中柱有或无 车顶：固定式，硬顶 座位：4个或4个以上座位，至少两排后座椅可折叠或移动，以形成装载空间 车门：2个或4个侧门，可有一后开启门	
2	活顶乘用车（convertible saloon）	车身：具有固定侧围框架的可开启式车身 车顶：车顶为硬顶或软顶 座位：4个或4个以上座位，至少两排 车门：2个或4个侧门 车窗：4个或4个以上侧窗	
3	高级乘用车（pullman saloon）	车身：封闭式。前后座之间可以设有隔板 车顶：固定式，硬顶。有的顶盖一部分可以开启 座位：4个或4个以上座位，至少两排。后排座椅前可安装折叠式座椅 车门：4个或6个侧门，也可有一个后开启门 车窗：6个或6个以上侧窗	
4	小型乘用车（coupe）	车身：封闭式，通常后部空间较小 车顶：固定式，硬顶。有的顶盖一部分可以开启 座位：2个或2个以上的座位，至少一排 车门：2个侧门，也可有一个后开启门 车窗：2个或2个以上侧窗	

（续）

序号	术语	定　义	示意图
5	敞篷车 （convertible）	车身：可开启式 车顶：车顶可为软顶或硬顶，至少有两个位置：第一个位置遮覆车身；第二个位置车顶卷收或可拆除 座位：2个或2个以上的座位，至少一排 车门：2个或4个侧门 车窗：2个或2个以上侧窗	
6	仓背乘用车 （hatchback）	车身：封闭式，侧窗中柱可有可无 车顶（顶盖）：固定式，硬顶。有的顶盖一部分可以开启 座位：4个或4个以上座位，至少两排。后座椅可折叠或可移动，以形成一个装载空间 车门：2个或4个侧门，车身后部有一仓门	
7	旅行车 （station wagon）	车身：封闭式。车尾外形按可提供较大的内部空间 车顶（顶盖）：固定式，硬顶。有的顶盖一部分可以开启 座位：4个或4个以上座位，至少两排。座椅的一排或多排可拆除，或装有向前翻倒的座椅靠背，以提供装载平台 车门：2个或4个侧门，并有一后开启门 车窗：4个或4个以上侧窗	
8	多用途乘用车 （multipurpose passenger car）	上述7种车辆以外的，只有单一车室载运乘客及其行李或物品的乘用车。它集轿车、旅行车和商务车于一身的车型，拥有良好的舒适性、较强的实用性和灵活的空间	
9	短头乘用车 （forward control passenger car）	一种乘用车，它一半以上的发动机长度位于车辆前风挡玻璃最前点以后，并且转向盘的中心位于车辆总长的前四分之一部分内	
10	越野乘用车 （off-road passenger car）	在其设计上所有车轮同时驱动（包括一个驱动轴可以脱开的车辆），或其几何特性（接近角、离去角、纵向通过角、最小离地间隙）、技术特性（驱动轴数、差速锁止机构或其他型式机构）和它的性能（爬坡度）允许在非道路上行驶的一种乘用车	

(续)

序号	术语	定义	示意图
11	专用乘用车（special purpose passenger car）	运载乘员或物品并完成特定功能的乘用车,它具备完成特定功能所需的特殊车身和/或装备。例如:旅居车、防弹车、救护车、殡仪车等	

2. 商用车

商用车是在设计和技术特性上用于运送人员和货物的汽车,它可以牵引挂车,乘用车不包括在内。商用车包括客车、货车和半挂牵引车,如图1-6所示。

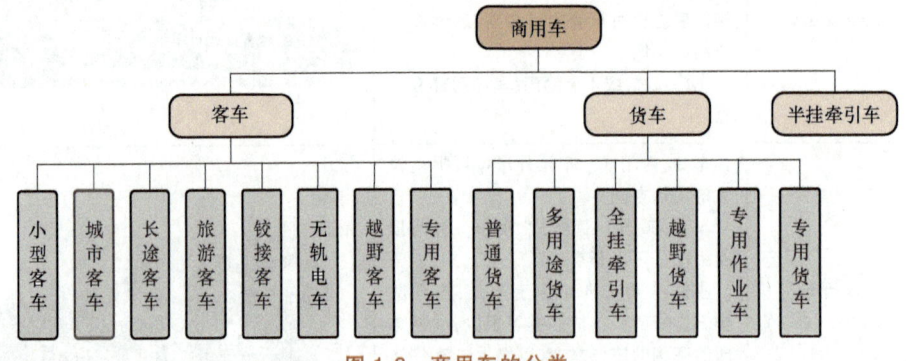

图1-6 商用车的分类

(1) 客车　用于载运乘客及其随身行李的商用车辆,包括驾驶员座位在内座位数超过9座。客车有单层的也有双层的,还可牵引挂车。各种不同的客车见表1-2。

表1-2 客车的类型

序号	术语	定义	示意图
1	小型客车（minibus）	用于载运乘客,除驾驶员座位外,座位数不超过16座的客车	
2	城市客车（city-bus）	一种为城市内运输而设计和装备的客车。这种车辆设有座椅及站立乘客的位置,并有足够的空间供频繁停站时乘客上下车走动用	

（续）

序号	术语	定义	示意图
3	长途客车（interurban coach）	一种为城间运输而设计和装备的客车。这种车辆没有专供乘客站立的位置，但在其通道内可载运短途站立的乘客	
4	旅游客车（touring coach）	一种为旅游而设计和装备的客车。这种车辆的布置要确保乘客的舒适性，不载运站立的乘客	
5	铰接客车（articulated bus）	一种由两节刚性车厢铰接组成的客车。在这种车辆上，两节车厢是相通的，乘客可通过铰接部分在两节车厢之间自由走动	
6	无轨电车（trolley bus）	一种经架线由电力驱动的客车。这种电车可指定用作多种用途	
7	越野客车（off-road bus）	在其设计上所有车轮同时驱动（包括一个驱动轴可以脱开的车辆）或其几何特性（接近角、离去角、纵向通过角、最小离地间隙）、技术特性（驱动轴数、差速锁止机构或其他型式机构）和它的性能（爬坡度）允许在非道路上行驶的一种车辆	
8	专用客车（special bus）	在其设计和技术特性上只适用于需经特殊布置安排后才能载运人员的车辆	

(2) 货车 一种主要为载运货物而设计和装备的商用车辆，可牵引挂车。货车的类型见表 1-3。

表 1-3 货车的类型

序号	术语	定义	示意图
1	普通货车（general purpose goods vehicle）	一种在敞开（平板式）或封闭（厢式）载货空间内载运货物的货车	
2	多用途货车（multipurpose goods vehicle）	在其设计和结构上主要用于载运货物，但在驾驶员座椅后带有固定或折叠式座椅，可运载 3 个以上的乘客的货车	
3	全挂牵引车（trailer towing vehicle）	一种牵引杆式挂车的货车。它本身可在附属的载运平台上运载货物	
4	越野货车（off-road goods vehicle）	在其设计上所有车轮同时驱动（包括一个驱动轴可以脱开的车辆）或其几何特性（接近角、离去角、纵向通过角、最小离地间隙）、技术特性（驱动轴数、差速锁止机构或其他型式的机构）和它的性能（爬坡度）允许在非道路上行驶的一种车辆	
5	专用作业车（special goods vehicle）	在其设计和技术特性上用于特殊工作的货车。例如：消防车、救险车、垃圾车、应急车、街道清洗车、扫雪车、清洁车等	

第一章　初识车辆工程专业

（续）

序号	术语	定义	示意图
6	专用货车（specialized goods vehicle）	在其设计和技术特性上用于运输特殊物品的货车。例如：罐式车、乘用车运输车、集装箱运输车等	

（3）**半挂牵引车**　半挂牵引车是装备有特殊装置用于牵引半挂车的商用车辆，如图1-7所示。

图1-7　半挂牵引车

第二节　车辆工程专业的属性

一、车辆工程专业属于工学学科

学科门类是对具有一定关联学科的归类，是指授予学位和培养学生的学科类别。

2018年4月，国务院学位委员会和教育部更新了《学位授予和人才培养学科目录》，规定了13个学科门类，即哲学、经济学、法学、教育学、文学、历史学、理学、工学、农学、医学、军事学、管理学和艺术学。2021年1月，国务院学位委员会、教育部印发《国务院学位委员会　教育部关于设置"交叉学科"门类、"集成电路科学与工程"和"国家安全学"一级学科的通知》，"交叉学科"成为我国第14个学科门类。图1-8所示为我国现有的学科门类。

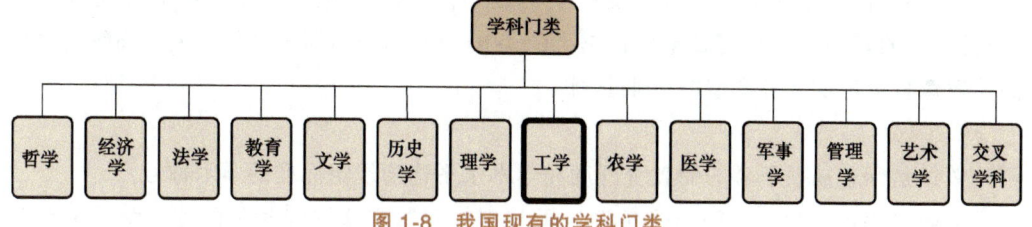

图1-8　我国现有的学科门类

车辆工程专业属于工学门类,工学是工程学科的总称。

二、车辆工程专业属于机械类专业

专业类是指根据科学研究对象在各学科门类下划分的学科分类体系。2021 年更新后的《普通高等学校本科专业目录（2020 版）》，分 14 个学科门类，其中，工学门类下的专业类最多，共有 31 个，分别是：力学类、机械类、仪器类、材料类、能源动力类、电气类、电子信息类、自动化类、计算机类、土木类、水利类、测绘类、化工与制药类、地质类、矿业类、纺织类、轻工类、交通运输类、海洋工程类、航空航天类、兵器类、核工程类、农业工程类、林业工程类、环境科学与工程类、生物医学工程类、食品科学与工程类、建筑类、安全科学与工程类、生物工程类和公安技术类。

车辆工程专业属于工学门类下的机械类专业。

专业是指高等学校根据社会专业分工的需要而设立的学业类别。

2021 年更新后的《普通高等学校本科专业目录（2020 版）》在 2012 版基础上，增补近几年批准增设的新专业，共有 741 种专业，与 2012 版相比，增加了 235 种。其中，机械类下的专业为 19 个，在 2012 版基础上新增 11 个，与汽车相关的专业有 5 个，如图 1-9 所示。

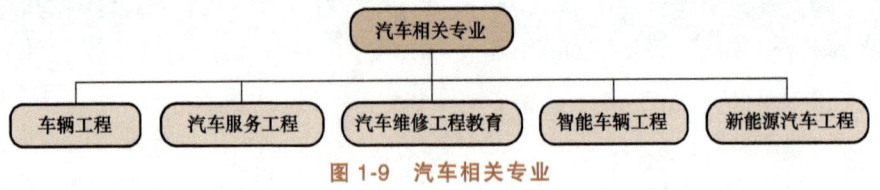

图 1-9 汽车相关专业

三、车辆工程专业授予工学学士学位

1. 学历

学历是指求学的经历，即曾在哪些学校肄业或毕业。

肄业是指具有正式学籍的学生未完成培养方案规定的课程而中途退学（被开除学籍者除外）的情况。肄业的学生学校可以为其颁发肄业证书。

毕业是指学生在学校完成培养方案规定的课程，达到规定要求的情况，一般要求每门课程至少 60 分。毕业的学生学校可以为其颁发毕业证书。

高等教育方面有专科、本科、硕士研究生和博士研究生四个层次。国家承认的学历证书为：经国家主管教育部门批准具有举办学历教育资格的普通高等学校（含研究生科研单位）和成人高等学校所颁发的学历证书；由国务院自学考试委员会授权各省（自治区、直辖市）自学考试毕业证书。图 1-10 所示为普通高等学校、成人高等教育和高等教育自学考试 3 种类型的毕业证书。

2. 学位

学位是标志被授予者的受教育程度和学术水平达到规定标准的学术称号。

按照《中华人民共和国学位条例》的规定，我国实施三级学位制度，学位分为学

第一章 初识车辆工程专业

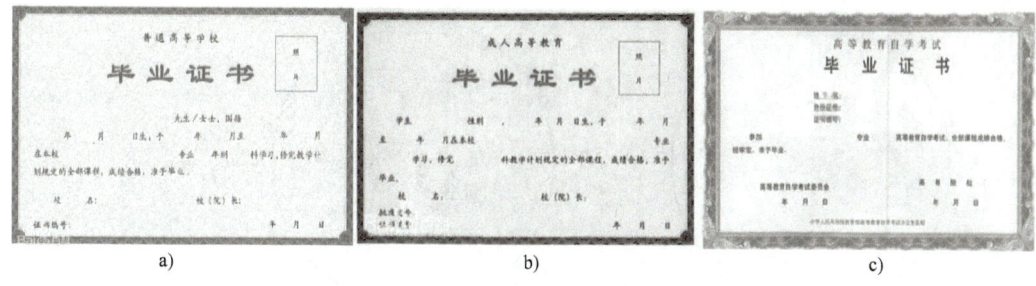

图 1-10 高等教育毕业证书类型
a) 普通高等学校 b) 成人高等教育 c) 高等教育自学考试

士、硕士和博士三级。我国的学位分级与高等教育的不同阶段相关联。学士学位，由国务院授权的高等学校授予；硕士学位、博士学位，由国务院授权的高等学校和科学研究机构授予。

学士学位的类别与我国学科门类是对应的，14 个学科门类分别授予相应的学位。少数交叉性专业可以授予 2 种学位，可由学生自主选择某一种学位。

高等学校本科毕业生，成绩优良，达到下述学术水平者，授予学士学位：

1）较好地掌握本门学科的基础理论、专门知识和基本技能。

2）具有从事科学研究工作或担负专门技术工作的初步能力。

学士学位证书的颁发对象为：普通高等教育本科毕业生、成人高等教育本科毕业生和来华留学本科毕业生。学士学位证书如图 1-11 所示。

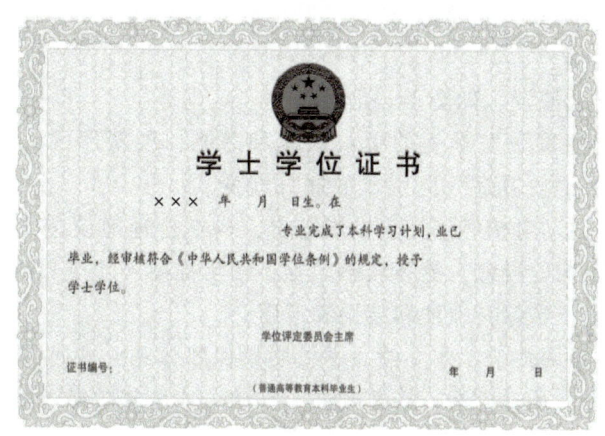

图 1-11 学士学位证书

3. 学历与学位的关系

学位不等同于学历，获得学位证书而未取得学历证书者仍为原学历。高等教育学历与学位的关系如图 1-12 所示，取得学士学位证书，必须首先获得大学本科毕业证书；取得硕士学位或博士学位证书，不一定能够获得硕士研究生或博士研究生毕业证书；取得硕士研究生或博士研究生毕业证书，也不一定能够获得硕士或博士学位证书。

因此，我国大部分学校都要求学分绩点达到 2.0（通常加权平均分为 70 分）以上才能授予学士学位，否则只能拿到毕业证书。

11

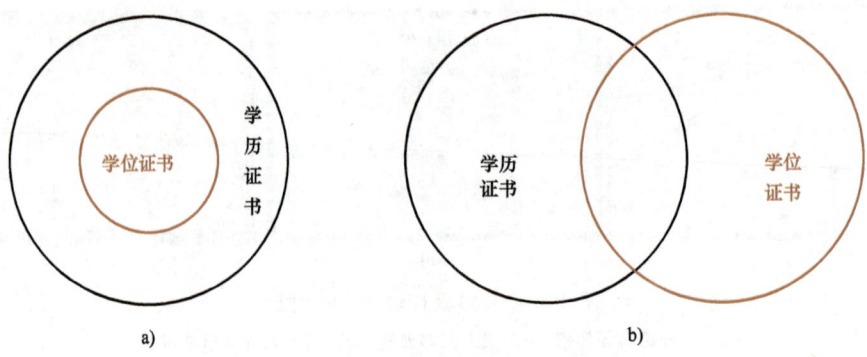

图 1-12　高等教育不同阶段学历与学位的关系

a) 本科生　b) 研究生

第三节　车辆工程专业的培养计划

一、基于教学质量国家标准的车辆工程专业培养计划

2018 年 1 月 30 日，教育部发布《普通高等学校本科专业类教学质量国家标准》（以下简称《标准》），涵盖《普通高校本科专业目录》中全部 92 个本科专业类、587 个本科专业，涉及全国高校 5.6 万个专业点，这是我国发布的第一个高等教育教学质量国家标准。

1. 原则

《标准》包括三大原则，如图 1-13 所示。

1）学生中心。注重激发学生的学习兴趣和潜能，创新形式、改革教法、强化实践，推动本科教学从"教得好"向"学的好"转变。

2）产出导向。主动对接经济社会发展需求，科学合理地设定人才培养目标，完善人才培养方案，优化课程设置，更新教学内容，切实提高人才培养的目标达成度、社会适应度、条件保障度、质保有效度和结果满意度。

3）持续改进。强调教学工作要建立学校质量保障体系，要把常态监测与定期评估有机结合，及时评价、及时反馈、持续改进，推动人才培养质量不断提升。

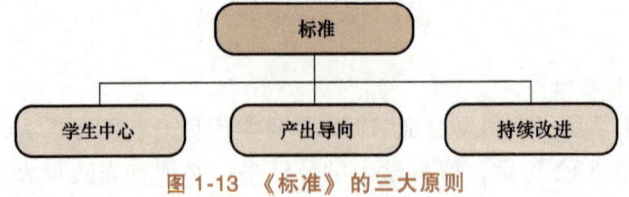

图 1-13　《标准》的三大原则

2. 特点

《标准》的三个特点是：

1）既有"规矩"又有"空间"。既对各专业类提出统一要求、保证基本质量，又

为各专业人才培养特色留出足够的拓展空间，形象地说就是"保底不封顶"。

2）既有"底线"又有"目标"。既对各专业类提出教学基本要求，也就是"兜底线、保合格"，又对提升质量提出前瞻性要求，也就是"追求卓越"。

3）既有"定性"又有"定量"。既对各专业类标准提出定性要求，又包含必要的量化指标，做到可比较，可核查。

3. 主要内容

《标准》主要涵盖概述、适用专业范围、培养目标、培养规格、课程体系、师资队伍、教学条件、质量保障体系、附录等内容。

4. 车辆工程专业的培养计划

（1）**培养目标** 车辆工程专业的培养目标是：培养德、智、体、美全面发展，具有一定的文化素养和良好的社会责任感，掌握必备的自然科学基础理论和专业知识，具有良好的学习能力、实践能力、专业能力和创新意识，毕业后能从事汽车领域和相关交叉领域内的设计制造、技术开发、工程应用、生产管理、技术服务等工作的高素质专门人才。车辆工程专业学生毕业以后可以从事的部分工作如图1-14所示。

a)

b)

c)

d)

图1-14 车辆工程专业学生毕业后可以从事的部分工作
a）汽车设计 b）汽车测试 c）汽车技术服务 d）汽车生产管理

各高等学校可以根据自身实际情况，制订具有本校特色，适应社会经济发展需要的车辆工程专业培养目标。

（2）人才培养基本要求 人才培养基本要求是指学生毕业时达到的基本要求。

车辆工程专业学生毕业时要在思想政治和德育方面、业务能力方面、体育方面达到相关的要求，如图1-15所示。其中，思想政治和德育、体育方面按照教育部统一要求执行。在思想政治和德育方面，2018年4月教育部印发了《新时代高校思想政治理论课教学工作基本要求》，对教学工作提出了基本要求，即明确指导思想、坚持基本原则、严格落实学分。

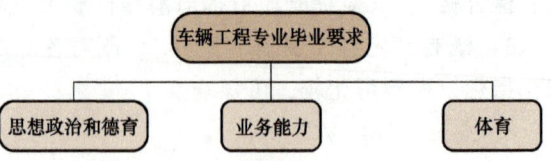

图1-15 车辆工程专业学生毕业要求

业务能力方面的要求：

1）具有数学、自然科学和车辆工程科学知识的应用能力。

2）具有制订实验方案、进行实验、分析和解释数据的能力。

3）具有设计机械系统、部件和过程的能力。

4）具有对车辆工程问题进行系统表达、建立模型、分析求解和论证的能力。

5）具有在车辆工程实践中选择、运用相应技术、资源、现代工程工具和信息技术工具的能力。

6）具有在多学科团队中发挥作用的能力和人际交流能力。

7）能够理解、评价车辆工程实践对世界和社会的影响，具有可持续发展的意识。

8）具有终身学习的意识和适应发展的能力。

各高校应根据自身定位和人才培养目标，结合学科特点、行业和区域特色以及学生发展的需要，在上述业务要求的基础上，强化或者增加某些方面的知识、能力和素质要求，形成人才培养特色。

（3）知识体系

1）专业知识。车辆工程专业知识包括通识类知识、学科基础类知识和专业类知识，见表1-4。

表1-4 车辆工程专业知识体系

知识类型		相关知识
通识类知识	人文社会科学类	除国家规定的教学内容外，由各高校根据办学定位和人才培养目标确定
	数学和自然科学类	数学主要包括微积分、线性代数、微分方程、概率与数理统计、计算方法等 物理学主要包括力学、热学、电磁学、光学、近代物理学等
学科基础类知识		工程图学、力学（材料力学、理论力学等）、热流体（流体力学、热力学或传热学）、电工电子学、材料科学基础等
专业类知识		机械设计基础、机械制造基础、车辆构造、车辆理论、车辆设计、车辆试验学等

2）实践教学。各高校应具有满足教学需要的完备的实践教学体系，主要包括工程训练、实验课程、课程设计、生产实习、科技创新活动、毕业设计（论文）等，如图1-15所示。

① 工程训练。学生通过系统的工程技术学习和工艺技术训练，提高工程意识、质

量、安全、环保意识和动手能力,包括金工实习、电工电子实习、汽车拆装实习等。

② 实验课程。实验类型包括认知性实验、验证性实验、综合性实验和设计性实验等,培养学生实验设计、实施和测试分析的能力。

③ 课程设计。专业主干课程应设置独立的课程设计,培养学生的设计能力和解决问题的能力。

④ 生产实习。培养学生观察和学习各种加工方法;学习各种加工设备、工艺装备、物流系统或流程型工艺装备的工作原理、功能、特点和适用范围;了解典型零件、部件、设备的加工和装配工艺路线;了解汽车设计、制造过程;了解先进的生产理念和组织管理方式;培养学生工程实践能力、发现和解决问题的能力。

⑤ 科技创新活动。组织学生参与科学研究和科技创新活动,培养学生的创新创业意识、工程实践能力、表达能力和团队精神。

⑥ 毕业设计(论文)。培养学生综合运用所学知识分析和解决复杂工程问题的能力,提高专业素质,培养创新能力。选题应符合车辆工程专业的培养目标和培养要求,具有明确的工程应用背景,工程研究类和工程设计类选题应有恰当的比例,一人一题。

二、基于工程教育专业认证的培养计划

1. 工程教育专业认证的概述

工程教育专业认证是国际通行的工程教育质量保证制度,也是实现工程教育国际互认和工程师资格国际互认的重要基础。在我国,工程教育专业认证是由中国工程教育认证协会和各行业学会(联合会)会同该领域的教育工作者和相关行业、企业专家一起进行,针对高等教育本科工程类专业开展的一种合格评价。我国工程教育认证结论有以下三种:

1)通过认证,有效期6年。达到标准要求,无标准相关的任何问题。

2)通过认证,有效期6年(有条件)。达到标准要求,但有问题或有需关注事项,不足以保持6年有效期,需要在第三年提交改进情况报告,根据问题改进情况决定"继续保持有效期"或"中止有效期"。

3)不通过认证。存在未达到标准要求的不足项。

结论为"不通过认证"的专业,一年后允许重新申请认证。

认证协会可根据工作需要,随机抽取部分专业在认证有效期内开展回访工作,检查学校认证状态保持及持续改进情况。回访工作参照原认证程序进行,但可以视具体情况适当简化。通过认证的专业如果要保持认证有效期的连续性,须在认证有效期届满前至少一年重新提出认证申请。

2. 工程教育专业认证的基本理念

工程教育专业认证的基本理念是以学生为中心,以结果为导向,实现质量的持续改进,如图1-16所示。

1)以学生为中心。将学生作为首要服务对象,学生和用人单位对学校或专业所提供服务的满意度是能否通过认证的重要指标。

2)以结果为导向。对照毕业生核心能力、素质要求,评价专业教育的有效性。

3）实现质量的持续改进。专业认证强调工程教育的基本质量要求，是一种合格评价。专业认证还要求专业建立持续有效的质量改进机制。

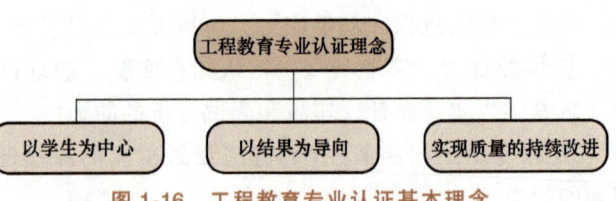

图 1-16　工程教育专业认证基本理念

3. 《华盛顿协议》

《华盛顿协议》是工程教育本科专业认证的国际互认协议，1989 年由美国、英国、加拿大、爱尔兰、澳大利亚、新西兰 6 个国家的民间工程专业团体发起和签署，旨在建立共同认可的工程教育认证体系，实现各国工程教育水准的实质等效，为工程师资格国际互认奠定基础。

目前《华盛顿协议》有中国、美国、英国、加拿大、爱尔兰、澳大利亚、新西兰、中国香港、南非、日本、新加坡、中国台湾、韩国、马来西亚、土耳其、俄罗斯、印度、斯里兰卡、巴基斯坦、秘鲁、哥斯达黎加，共 21 个正式成员。

我国加入《华盛顿协议》以后，通过中国工程教育专业认证协会（CEEAA）认证的工程专业本科学位将得到美、英、澳等协议所有正式成员的承认，截至 2021 年 6 月，全国共有 257 所普通高等学校 1600 个专业通过了工程教育专业认证，其中通过车辆工程专业认证高校名单共计 27 所。

同时，通过协议其他成员认证协会认证的工程专业本科学位也将得到所有正式成员的承认。

4. 培养目标

培养目标是对该专业毕业生在毕业后 5 年左右能够达到的职业和专业成就的总体描述。各学校会根据自身情况，根据认证要求，制订适合自身发展的培养目标。表 1-5 所列为某研究型高校和某应用型高校的培养目标，它们的车辆工程专业分别在 2013 年和 2019 年通过我国工程教育专业认证。

表 1-5　培养目标对比

内容	某研究型高校	某应用型高校
培养目标	适应国家经济建设与科技发展需求，具有扎实的数学、自然科学基础与良好的人文素养和社会责任感，具有创新精神、实践能力和国际视野，具有宽厚的机械工程与车辆工程基础理论知识和专业知识，德智体全面和谐发展与健康个性相统一，能够在汽车工业及其他相关工业领域，特别是车辆工程领域从事设计开发、科学研究、生产制造、试验测试、管理决策等方面工作的复合型高级工程技术人才 学生毕业 5 年后实现的目标： (1) 能够在工业界、学术界、教育界成功地开展与专业职业相关的工作，适应独立和团队工作环境以及管理决策 (2) 能够在社会大背景与跨文化背景下理解和成功地解决车辆工程实践问题，能够与国内外同行、专业客户进行沟通交流 (3) 能够通过终身学习适应职业发展，在汽车工业及其他相关工业领域具有职业竞争力	本专业培养具有正确的世界观、人生观、价值观和良好的政治思想道德品质，适应经济发展，具有机械工程背景，掌握车辆工程学科系统理论和工程领域专门知识与关键技术，能胜任汽车产业科技发展岗位要求的骨干工程技术或管理人才，能够承担汽车设计制造、试验检测、技术开发与应用研究、运营管理和技术服务等方面的工作。预期毕业后五年左右能成长为车辆工程及其相关领域的技术骨干或管理人才

第一章　初识车辆工程专业

5. 毕业要求

毕业要求是对学生毕业时应该掌握的知识和能力的具体描述，包括学生通过本专业学习所掌握的知识、技能和素养。

我国工程教育专业认证从工程知识、问题分析、设计/开发解决方案、研究、使用现代工具、工程与社会、环境和可持续发展、职业规范、个人和团队、沟通、项目管理和终身学习12个方面去要求。表1-6列出了我国工程教育专业认证统一毕业要求，某研究型高校车辆工程专业和某应用型高校车辆工程专业的毕业要求的对比。

表1-6　毕业要求对比

序号	方面	我国工程教育专业认证统一毕业要求	某研究型高校毕业要求	某应用型高校毕业要求
1	工程知识	能够将数学、自然科学、工程基础和专业知识用于解决复杂工程问题	掌握数学、自然科学、工程基础和专业知识，并能够将这些工程知识应用于解决车辆工程领域复杂工程问题	能够将数学、自然科学、工程基础和专业知识用于分析和解决车辆工程及相关领域复杂工程问题
2	问题分析	能够应用数学、自然科学和工程科学的基本原理，识别、表达并通过文献研究分析复杂工程问题，以获得有效结论	能够综合应用数学、自然科学和工程科学的科学原理和技术方法，识别、系统地表达，并通过文献研究分析与车辆工程领域相关的复杂工程问题，以获得有效结论	能够应用数学、自然科学和工程科学的基本原理，识别、表达并通过文献研究分析车辆工程及相关领域复杂工程问题，以获得有效结论
3	设计/开发解决方案	能够设计针对复杂工程问题的解决方案，设计满足特定需求的系统、单元（部件）或工艺流程，并能够在设计环节中体现创新意识，考虑社会、健康、安全、法律、文化以及环境等因素	能够在考虑安全、健康、法律法规与相关标准，以及经济、环境、文化、社会等制约因素的前提下，具有车辆工程领域整车、总成、部件及生产工艺流程等复杂工程问题方案的设计能力，并且在设计环节体现创新意识	能够设计针对车辆工程及相关领域复杂工程问题的解决方案，设计满足特定需求的系统、单元（部件）或工艺流程，并能够在设计环节中体现创新意识，综合考虑社会、法律、安全、健康、文化、环境等制约因素
4	研究	能够基于科学原理并采用科学方法对复杂工程问题进行研究，包括设计实验、分析与解释数据，并通过信息综合得到合理有效的结论	能够基于科学原理并采用科学方法对复杂工程问题进行系统研究、设计计算、仿真模拟、工艺分析、设计实验等，进而分析与解释数据，并通过信息综合得到合理有效结论	能够基于科学原理并采用科学方法对车辆工程及相关领域复杂工程问题进行研究，包括设计实验、分析与解释数据，并通过信息综合得到合理有效的结论
5	使用现代工具	能够针对复杂工程问题，开发、选择与使用恰当的技术、资源、现代工程工具和信息技术工具，包括对复杂工程问题的预测与模拟，并能够理解其局限性	能够针对车辆工程领域的复杂工程问题，开发、选择与使用恰当的技术（如设计开发、生产制造、工艺流程、试验操控等）、资源、现代工程工具以及计算机等信息技术工具，通过软件程序开发与仿真进行复杂工程问题的预测与模拟，并能够理解其局限性	能够针对车辆工程及相关领域复杂问题，开发、选择与使用恰当的技术、资源、现代工程工具、现代信息技术工具，包括对复杂工程问题的预测与模拟，并能够理解其局限性

17

（续）

序号	方面	我国工程教育专业认证统一毕业要求	某研究型高校毕业要求	某应用型高校毕业要求
6	工程与社会	能够基于工程相关背景知识进行合理分析，评价专业工程实践和复杂工程问题解决方案对社会、健康、安全、法律以及文化的影响，并理解应承担的责任	能够应用工程科学原理、技术方法分析与评价车辆工程领域复杂工程问题解决方案涉及的设计开发、生产制造、工艺流程、试验操控等方面对社会、健康、舒适、安全、法律法规以及社会文化的影响，并理解应承担的责任	能够基于车辆工程相关领域生产、设计、研究与开发等方面的背景知识进行合理分析，评价专业工程实践和复杂工程问题解决方案对社会、健康、安全、法律以及文化的影响，并理解应承担的责任
7	环境和可持续发展	能够理解和评价针对复杂工程问题的工程实践对环境、社会可持续发展的影响	能够理解和评价针对车辆工程领域复杂工程问题的设计开发、生产制造、工艺流程、试验操控等工程实践对环境、社会可持续发展的影响	能够理解和评价针对复杂工程问题的工程实践对环境、社会可持续发展的影响
8	职业规范	具有人文社会科学素养、社会责任感，能够在工程实践中理解并遵守工程职业道德和规范，履行责任	具有人文社会科学素养、社会责任感，能够在车辆工程领域相关实践中理解并遵守工程师职业道德和规范，履行责任	具有人文社会科学素养、社会责任感，能够在车辆工程及相关领域实践中理解并遵守工程职业道德和规范，履行责任
9	个人和团队	能够在多学科背景下的团队中承担个体、团队成员以及负责人的角色	能够在机械、材料、交通、控制、电子等多学科背景下的团队中承担个体、团队成员以及负责人的多元角色，并在相关学习、实践活动中发挥团队协作精神、体现组织能力	能够在多学科背景下的团队中承担个体、团队成员以及负责人的角色
10	沟通	能够就复杂工程问题与业界同行及社会公众进行有效沟通和交流，包括撰写报告和设计文稿、陈述发言、清晰表达或回应指令。并具备一定的国际视野，能够在跨文化背景下进行沟通和交流	针对车辆工程领域复杂工程问题与业界同行、社会大众通过撰写报告、设计文稿等陈述发言进行清晰表达；具有一定国际视野，通过外文文献综述与翻译等进行跨文化背景下的沟通和交流	能够就车辆工程及相关领域复杂工程问题与业界同行及社会公众进行有效沟通和交流，包括撰写报告和设计文稿、陈述发言、清晰表达或回应指令。并具备一定的国际视野，能够在跨文化背景下进行沟通和交流
11	项目管理	理解并掌握工程管理原理与经济决策方法，并能在多学科环境中应用	理解并掌握工程管理原理与经济决策方法，具备在多学科环境中方案解决和项目管理的能力	理解并掌握工程管理原理与经济决策方法，并能在多学科环境中应用
12	终身学习	具有自主学习和终身学习的意识，有不断学习和适应发展的能力	具有自主学习和终身学习的意识，有不断学习和适应发展的能力	具有自主学习和终身学习的意识，有不断学习和适应现代汽车行业发展的能力

6. 课程体系

课程设置能支持毕业要求的达成，课程体系设计有企业或行业专家参与，每门课程至少对应两个毕业要求。课程体系必须包括：

1) 与本专业毕业要求相适应的数学与自然科学类课程（至少占总学分的15%）。

2) 符合本专业毕业要求的工程基础类课程、专业基础类课程与专业类课程（至少占总学分的30%）。工程基础类课程和专业基础类课程能体现数学和自然科学在本专业中应用能力的培养，专业类课程能体现系统设计和实现能力的培养。

3) 工程实践与毕业设计（论文）（至少占总学分的20%）。设置完善的实践教学体系，并与企业合作，开展实习、实训，培养学生的实践能力和创新能力。毕业设计（论文）选题要结合本专业的工程实际问题，培养学生的工程意识、协作精神以及综合应用所学知识解决实际问题的能力。对毕业设计（论文）的指导和考核有企业或行业专家参与。

4) 人文社会科学类通识教育课程（至少占总学分的15%），使学生在从事工程设计时能够考虑经济、环境、法律、伦理等各种制约因素。

培养目标、毕业要求与课程体系的关系，如图1-17所示，课程设置要考虑是否达成毕业要求，毕业要求为培养目标达成提供基础，与学生毕业后一定时间（5年左右）的工程实践经验共同作用，保证培养目标的达成。从人才培养方案设计的角度看，确定培养目标是设计的起点，培养目标决定毕业要求，制订明确的培养目标并清晰表述，对专业的人才培养工作将具有重要的导向作用。

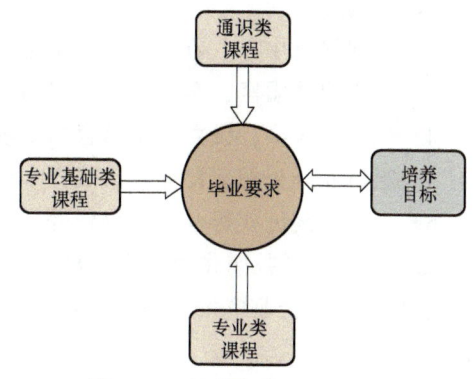

图1-17 培养目标、毕业要求与课程体系的关系

在我国，工程教育专业认证教学计划首先要满足教学质量国家标准，然后各高校再根据学校的自身特点和产业发展需求制订适合本校的教学计划。

三、培养模式

"人才培养模式"是指在一定的现代教育理论、教育思想指导下，按照特定的培养目标和人才规格，以相对稳定的教学内容和课程体系、管理制度和评估方式，实施人才教育过程的总和。

车辆工程专业的人才培养模式很多，通常有研究型、创新型、应用型、产学研合作型、卓越工程师型等，各个学校根据自身的特点，采用不同的模式来培养学生。下面主要介绍产学研合作型培养模式和卓越工程师型培养模式。

1. 产学研合作型培养模式

产学研合作型培养模式是一种通过生产、教学、科研紧密结合，实现人才培养目标的教育模式，其实质就是以就业为导向，针对用人单位的需要制订培养计划；以培养学生的素质为核心，利用学校、企业共同的教育资源，实现课堂教学与实际工作以及科研开发等的有机结合。

图 1-18 所示为某高等院校和企业的产学研关系。企业为高等院校提供实践教学和人才孵化，学校为企业进行技术改革和人才储备；高等院校为科研院所提供理论创新，人才反哺，科研院所为高等院校提供课题共享，前沿支撑；企业为科研院所提供设备共享，技术互动，科研院所为企业提供成果转化，科技攻关。

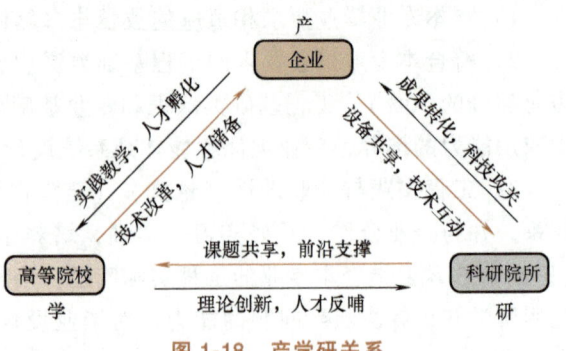

图 1-18 产学研关系

(1) 产学研合作形式 产学研合作的形式包括：

1) 高校和企业自主联合科技攻关与人才培养。
2) 共建研究中心、研究所和实验室。
3) 建立科技园区，实施科学研究与成果孵化。
4) 建立基金会，设立产学研合作专项基金。
5) 吸纳企业公司和社会资金成立学校董事会，建立高校高科技企业。
6) 高校与地区实行全方位合作等。

其中，大学科技园作为教学、科研与产业相结合的重要基地，成为高校技术创新的基地、高新技术企业孵化的基地、创新创业人才培育的基地和高新技术产业辐射催化的基地。

(2) 产学研合作模式 产学研合作模式较多，有校内产学研合作模式、双向联合体合作模式、多向联合体合作模式、中介协调型合作模式等。其中，前两种最常见，这里主要介绍前两种。

1) 校内产学研合作模式。高校为促进教学与科研结合，促进科研成果转化为生产力，筹措教育经费，利用校内自身的有形资产和无形资产、自己研究出的科技成果和人才优势，创办自主经营、自负盈亏的经济实体，并将经营实体与教学实习基地合二为一，以达到人才培养、科研发展与经营效益并举的目的。

2) 双向联合体合作模式。高校的主要任务是培养人才，市场化的经营与生产不是高校的优势，学校市场开发能力弱，校内企业资产薄弱。在这种情况下，高校的产学研有必要与校外企业结合。通过与高校合作，校外企业获得了人才、成果与技术的有力支撑，提高了企业开发新产品的能力，促进了企业的不断发展与市场份额的拓宽。

2. 卓越工程师型培养模式

卓越工程师型培养模式是国家教育部贯彻落实《国家中长期教育改革和发展规划纲要（2010—2020年）》和《国家中长期人才发展规划纲要（2010—2020年）》的重大改革项目。

卓越计划是促进我国由工程教育大国迈向工程教育强国的重大举措，旨在培养造就一大批创新能力强、适应经济社会发展需要的高质量各类型工程技术人才，为国家走新型工业化发展道路、建设创新型国家和人才强国战略服务，对促进高等教育面向社会需求培养人才，全面提高工程教育人才培养质量具有十分重要的示范和引导作用。

(1) **培养的特点**

1）行业企业深度参与培养过程。
2）学校按通用标准和行业标准培养工程人才。
3）强化培养学生的工程能力和创新能力。

(2) **实施措施**

1）创立高校与行业和企业联合培养人才的新机制。
2）以强化工程能力和创新能力为重点改革人才培养模式。
3）改革完善工程教师职务聘任、考核制度。
4）扩大工程教育的对外开放。
5）教育界与工业界联合制订人才培养标准。

课程思政要点

一、思政要素切入点

《普通高等学校本科专业类教学质量国家标准》是我国发布的第一个高等教育教学质量国家标准，体现我国对教育的重视。推荐学生看《教育强国》纪录片。

在讲课程、毕业要求和培养目标的关系时，引导学生确立自己的学习目标。

二、育人目标

1. 培养学生重视教育，重视学习，树立正确的人生观。
2. 培养学生具有目标感和行动力。

思 考 题

1. 车辆和汽车分别有哪些类型？
2. 什么是学科？什么是专业？
3. 什么是学历，什么是学位，两者有什么关系？
4. 为什么选择车辆工程专业？
5. 你的入学前工作意向和本专业的培养目标是否一致？如果一致，你准备怎么实现培养目标？如果不一致，你准备怎么进行调整？
6. 我国车辆工程专业毕业时要达到的基本要求是什么？
7. 车辆工程专业业务方面的要求是什么？
8. 什么是工程教育专业认证，它的基本理念是什么，你觉得工程专业工程认证对你有什么用？
9. 车辆工程专业的主要培养模式有哪些，你喜欢什么样的培养模式？

第二章

车辆工程专业认知

第一节 汽车总体结构

汽车总体结构由发动机、底盘、车身、电气设备四大部分组成。汽车总体结构如图 2-1 所示。

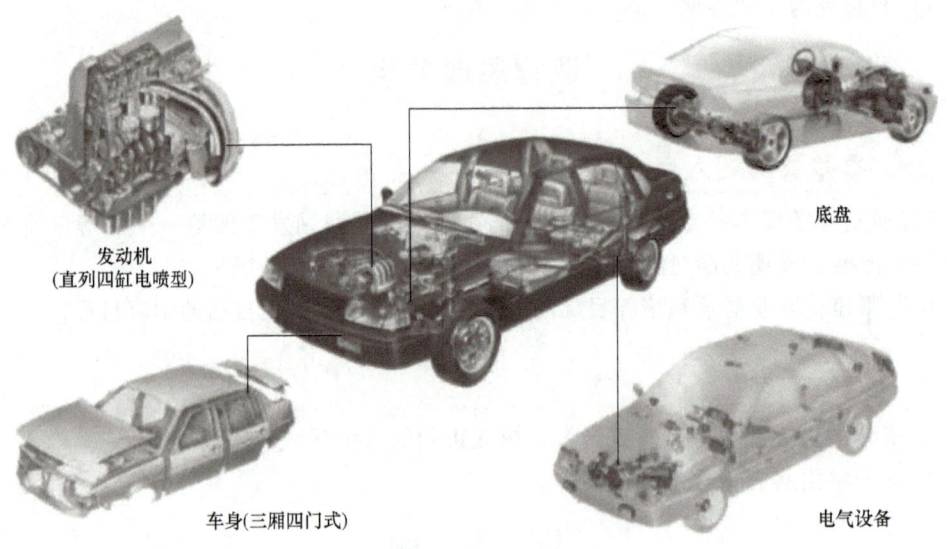

图 2-1 汽车总体结构

一、发动机总体构造

发动机是一种能够将其他形式的能转化为机械能的机器。汽车发动机是为汽车提供动力的装置，是汽车的心脏，决定着汽车的动力性、经济性、稳定性和环保性。常见的汽油机和柴油机都属于往复活塞式内燃机，是将燃料的化学能转化为活塞运动的机械能并对外输出动力。汽油机转速高，质量小，噪声小，起动容易，制造成本低；柴油机压缩比大，热效率高，经济性能和排放性能都比汽油机好。

汽油机由两大机构、五大系统组成。两大机构为曲柄连杆机构和配气机构；五大系统为燃料供给系统、冷却系统、润滑系统、点火系统和起动系统。柴油机因为采用的是压燃式，所以没有点火系统。

汽油机和柴油机分别如图 2-2 和图 2-3 所示。

第二章　车辆工程专业认知

图 2-2　汽油机

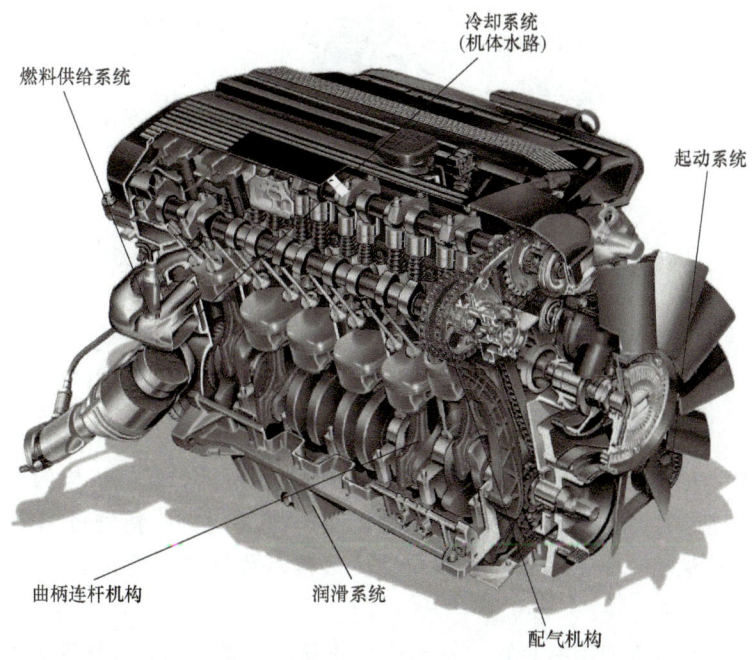

图 2-3　柴油机

1. 曲柄连杆机构

曲柄连杆机构的作用是将燃料燃烧时产生的热能转换为活塞往复运动的机械能，再通过连杆将活塞的往复运动转换为曲轴的旋转运动而对外输出动力。曲柄连杆机构由机体组、活塞连杆组和曲轴飞轮组组成。

机体组及组成如图2-4所示。活塞连杆组和曲轴飞轮组及其组成如图2-5所示。

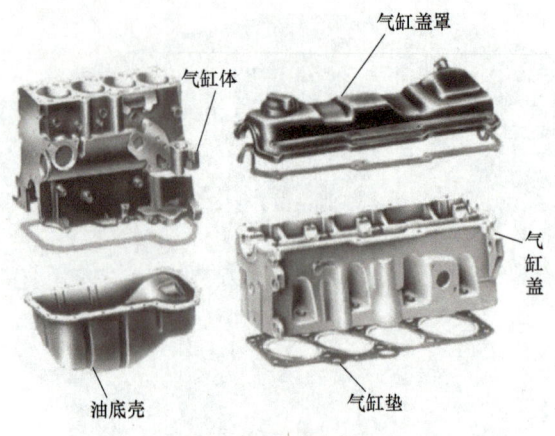

图2-4　机体组及其组成

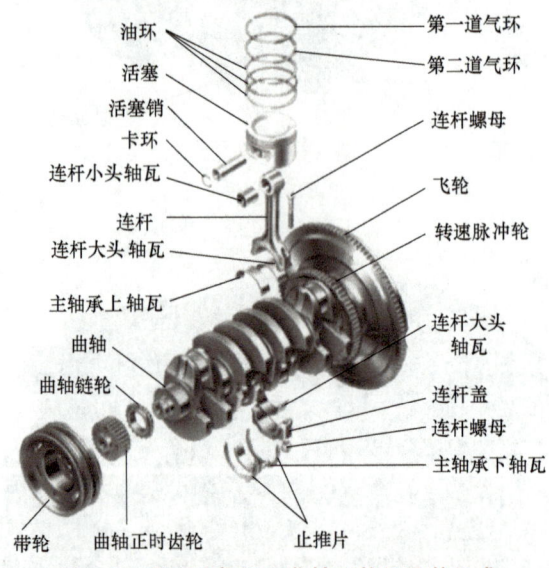

图2-5　活塞连杆组和曲轴飞轮组及其组成

2. 配气机构

配气机构由气门组和气门传动组等组成，如图2-6所示。配气机构的作用是按照发动机各缸工作过程的需要，定时地开启和关闭进、排气门，使新鲜可燃混合气（汽油机）或空气（柴油机）得以及时进入气缸，废气得以及时排出气缸。

3. 燃料供给系统

燃料供给系统由汽油供给装置、空气供给装置、可燃气混合气形成装置和废气排放装置组成，如图2-7所示。汽油机燃料供给系统的任务是根据发动机各种不同工况的要求，配制出一定数量和浓度的可燃混合气，供入气缸，使之在临近压缩终了时点火燃烧而膨胀做功。最后，供给系统还应将燃烧产物——废气排入大气中。柴油机燃料供给系统的功用是：不断供给发动机经过滤清的清洁燃料和空气，根据柴油机不同工况的要

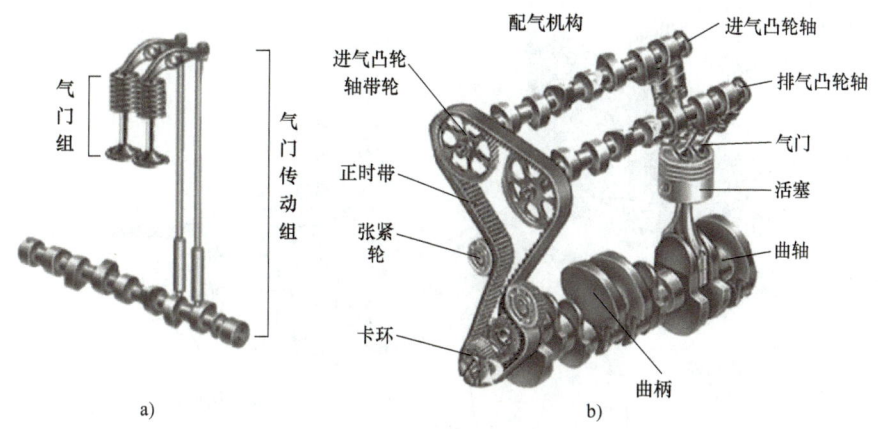

图 2-6 配气机构及其组成
a) 结构简图 b) 结构详图

求,将一定量的柴油以一定压力和喷油质量定时喷入燃烧室,使其与空气迅速混合并燃烧,做功后将燃烧废气排出气缸。

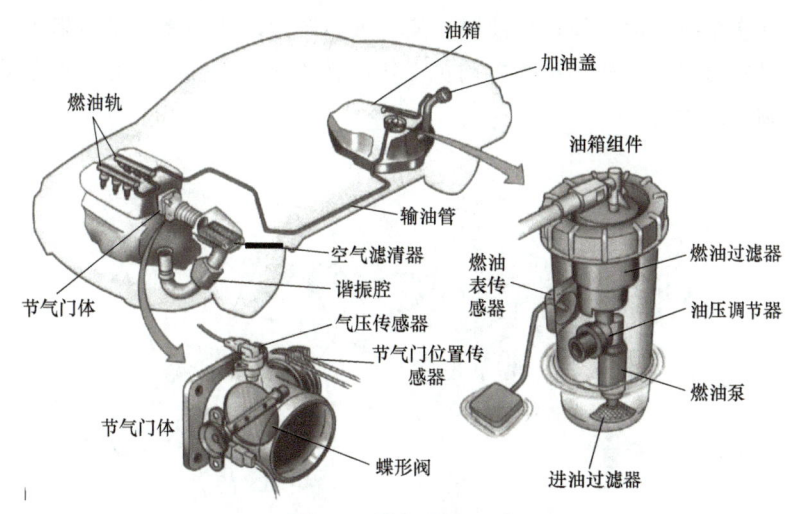

图 2-7 燃料供给系统

4. 冷却系统

冷却系统包括水泵、散热器、冷却风扇、节温器、发动机机体和气缸体水套等,如图 2-8 所示。冷却系统使发动机在所有工况下都保持在适当的温度范围内。既要防止发动机过热,也要防止冬季发动机过冷。

冷却系统按照冷却介质不同可以分为风冷和水冷。如果把发动机中高温零件的热量直接散入大气而进行冷却的装置称为风冷系统。而把这些热量先传给冷却液,然后再散入大气而进行冷却的装置称为水冷系统。由于水冷系统冷却均匀,效果好,而且发动机运转噪声小,目前汽车发动机上广泛采用的是水冷系统。

5. 润滑系统

润滑系统由机油泵、机油滤清器、集滤器等组成,如图 2-9 所示。润滑系统的功用

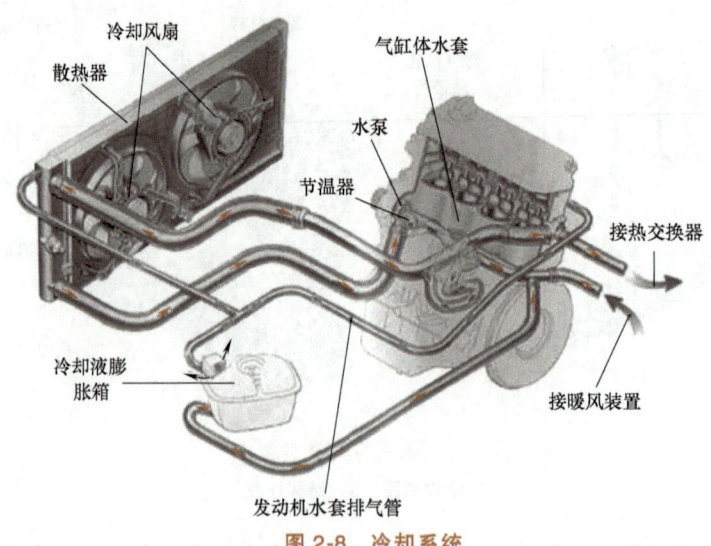

图 2-8 冷却系统

就是在发动机工作时连续不断地把数量足够、温度适当的洁净机油输送到全部传动件的摩擦表面,并在摩擦表面之间形成油膜,实现液体摩擦。从而减小摩擦阻力、降低功率消耗、减轻机件磨损,以达到提高发动机工作可靠性和耐久性的目的。汽车的润滑方式有压力润滑和飞溅润滑。

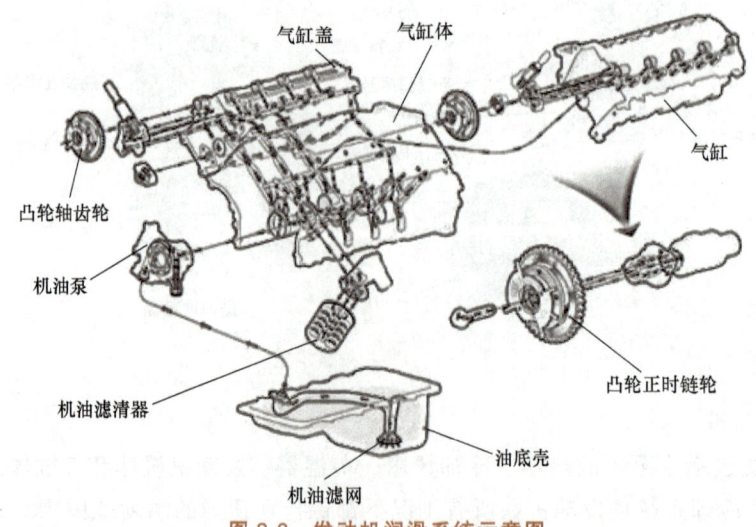

图 2-9 发动机润滑系统示意图

6. 点火系统

点火系统是汽油发动机重要的组成部分,点火系统的性能良好与否对发动机的功率、油耗和排气污染等影响很大。点火系统是点燃式发动机为了正常工作,按照各缸点火次序,定时地供给火花塞以足够高能量的高压电(大约 15000~30000V),使火花塞产生足够强的火花,点燃可燃混合气。点火系统由电源、点火开关、点火线圈、点火控制模块、火花塞和高压导线等组成。发动机电子式点火系统示意图如图 2-10 所示。

汽油机的点火系统要求：
1）能产生足以击穿火花塞间隙的电压。
2）火花应具有足够的能量。
3）点火时刻应适应发动机的工作情况。

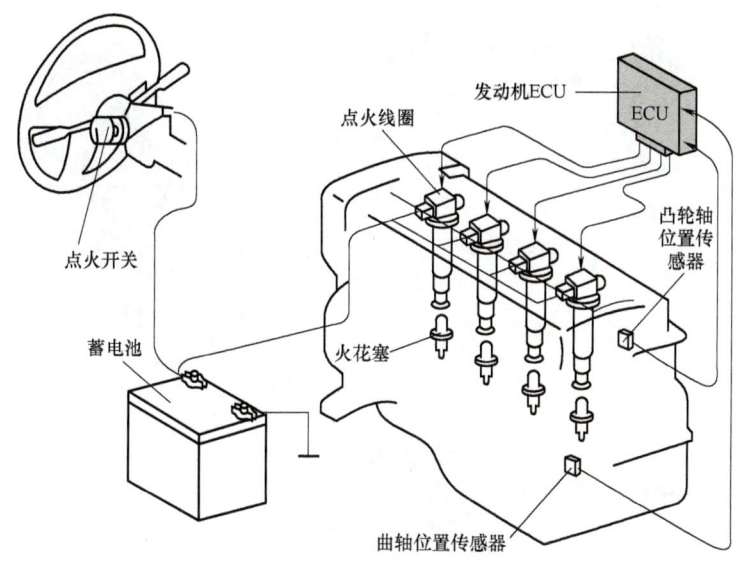

图 2-10　发动机电子式点火系统示意图

7. 起动系统

使发动机由静止状态过渡到工作状态，必须先用外力转动发动机的曲轴，使活塞做往复运动，气缸内的可燃混合气燃烧膨胀做功，推动活塞向下运动使曲轴旋转。发动机才能自行运转，工作循环才能自动进行。因此，曲轴在外力作用下开始转动到发动机开始自动地怠速运转的全过程，称为发动机的起动。完成起动过程所需的装置，称为发动机的起动系统。起动系统由蓄电池、点火开关、起动继电器、起动机等组成，如图 2-11 所示。

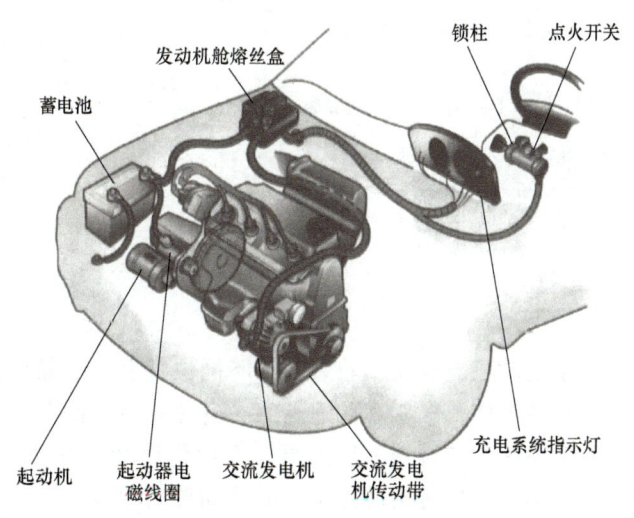

图 2-11　发动机起动系统示意图

二、底盘总体构造

汽车底盘由传动系统、行驶系统、转向系统和制动系统四部分组成。典型轿车底盘如图 2-12 所示，典型货车底盘如图 2-13 所示。

底盘作用是支承、安装汽车发动机及其各部件、总成，形成汽车的整体造型，并接受发动机的动力，使汽车产生运动，保证正常行驶。

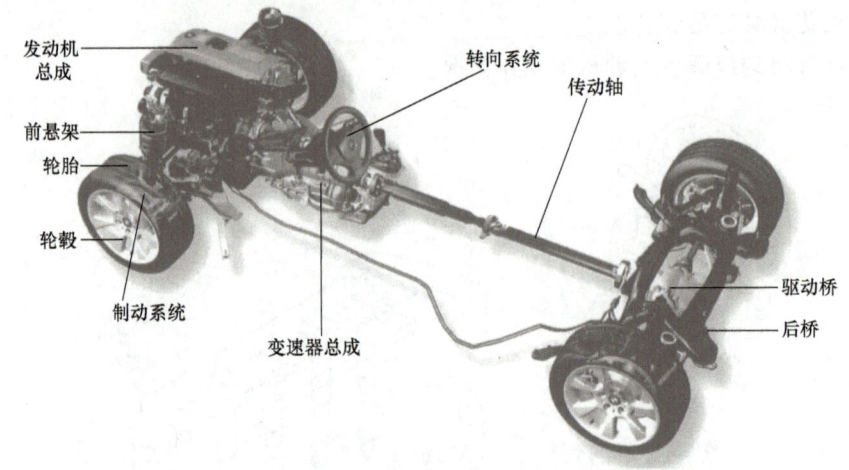

图 2-12 典型轿车底盘

图 2-13 典型货车底盘

1. 传动系统

由于发动机与驱动车轮装置在不同位置上，相隔距离较长，因此必须有一个传动系统。传动系统使汽车实现减速增矩、变速变矩、倒车、中断传动、差速等功能。

传动系统由离合器、变速器、万向传动装置和驱动桥等组成，动力传递如图 2-14 所示。其中，万向传动装置由万向节和传动轴组成，驱动桥由主减速器和差速器组成。

2. 行驶系统

汽车行驶系统由车架、车桥、悬架和车轮组成，结构如图 2-15 所示。其作用有：接受传动系统传来的发动机转矩并产生驱动力；承受汽车的总重量，传递并承受路面作用于车轮上的各个方向的反力及转矩；缓冲减振，保证汽车行驶的平顺性；与转向系统协调配合工作，控制汽车的行驶方向。

3. 转向系统

汽车转向系统是用来改变汽车行驶方向的专设机构的总称。其功用是保证汽车能按

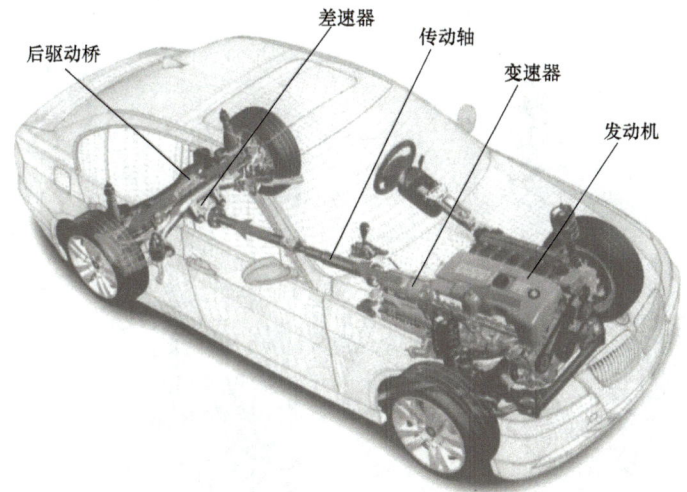

图 2-14　传动系统动力传递示意图

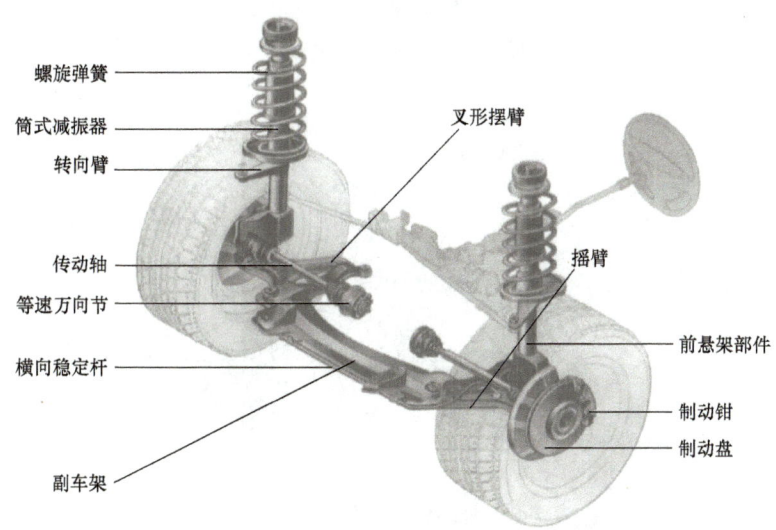

图 2-15　行驶系统示意图

驾驶人的意图进行直线或转向行驶。转向系统主要包括转向操纵机构、转向器和转向传动机构，如图 2-16 所示。

4. 制动系统

汽车制动系统是指对汽车某些部分（主要是车轮）施加一定的力，从而对其进行一定程度的强制制动的一系列专门装置，如图 2-17 所示。制动系统的作用是：使行驶中的汽车按照驾驶人的要求进行强制减速甚至停车；使已停驶的汽车在各种道路条件下（包括在坡道上）稳定驻车；使下坡行驶的汽车速度保持稳定。制动器按照结构可分为鼓式制动器和盘式制动器。

三、车身总体构造

汽车车身是形成驾驶人和乘员乘坐空间的装置，也是存放行李等物品的工具。因

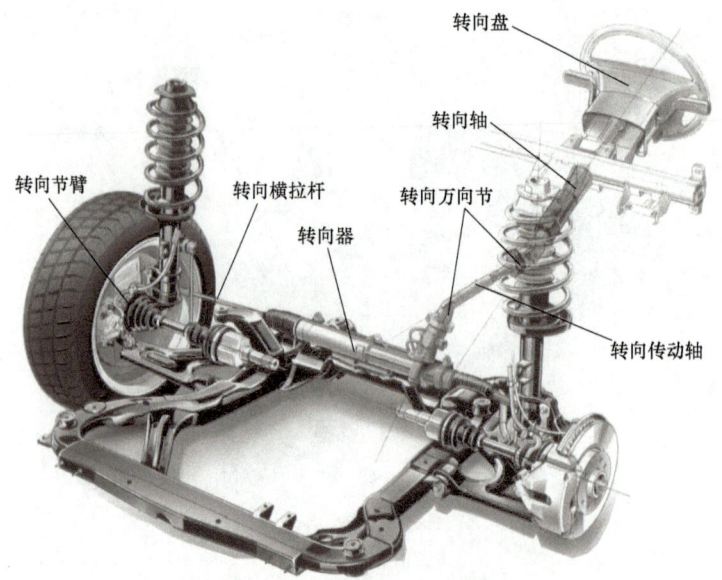

图 2-16　转向系统示意图

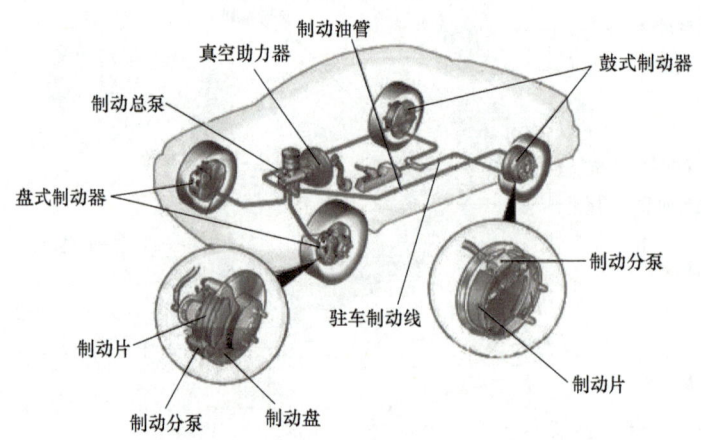

图 2-17　制动系统示意图

此，要求车身既要为驾驶人提供方便的操作条件，又要为乘员提供舒适的环境。

汽车车身根据承载形式的不同，分为非承载式、半承载式和承载式三种。

非承载式车身的汽车有刚性车架，又称底盘大梁架，如图 2-18 所示。车身本体悬置于车架上，用弹性元件连接。车架的振动通过弹性元件传到车身上，大部分振动被减弱或消除，发生碰撞时车架能吸收大部分冲击力，在坏路行驶时对车身起到保护作用，因此车厢变形小，稳定性和安全性好，而且厢内噪声低。多用于大型汽车上。

还有一种介于非承载式车身和承载式车身之间的车身结构，被称为半承载式车身，如图 2-19 所示。它的车身本体与底架用焊接或螺栓刚性连接，加强了部分车身底架而起到一部分车架的作用，如发动机和悬架都安装在加固的车身底架上，车身与底架成为一体共同承受载荷。这种形式实质上是一种无车架的承载式车身结构。

承载式车身的汽车没有刚性车架，只是加强了车头、侧围、车尾、底板等部位，车

第二章 车辆工程专业认知

身和底架共同组成了车身本体的刚性空间结构。这种承载式车身除了其固有的乘载功能外，还要直接承受各种负荷。这种形式的车身具有较大的抗弯曲和抗扭转的刚度，质量小，高度低，汽车质心低，装配简单，高速行驶稳定性较好。但由于道路负载会通过悬架装置直接传给车身本体，因此噪声和振动较大。多用于轿车上，如图 2-20 所示。

图 2-18　非承载式车身

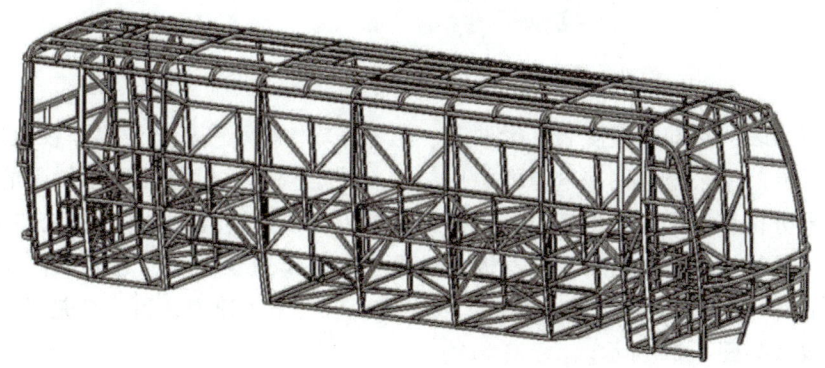

图 2-19　半承载式车身

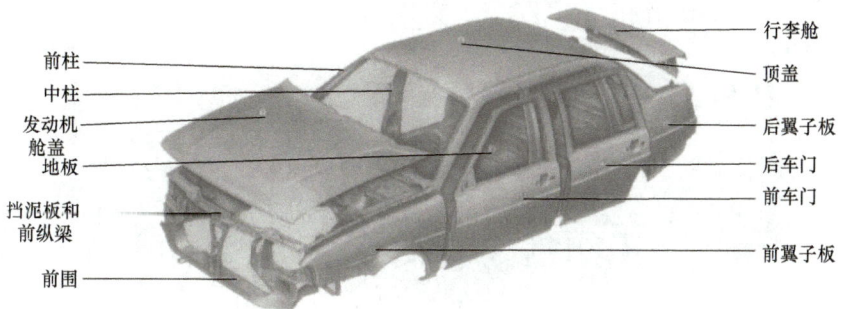

图 2-20　承载式车身结构

四、电气设备

汽车电气设备（见图 2-21）是汽车的重要组成部分，由电源、发动机点火系统（汽油机）和起动系统、照明和信号装置、空调、仪表和报警系统以及辅助电器等组成。对于高级轿车，更多地采用了现代新技术，尤其是电子技术，如微处理机（俗称汽车电脑）、中央计算机系统及各种人工智能装置等，从而显著地提高了汽车的性能。

1. 汽车仪表

不同汽车仪表板的仪表不尽相同，但是一般汽车的常规仪表有车速里程表、转速

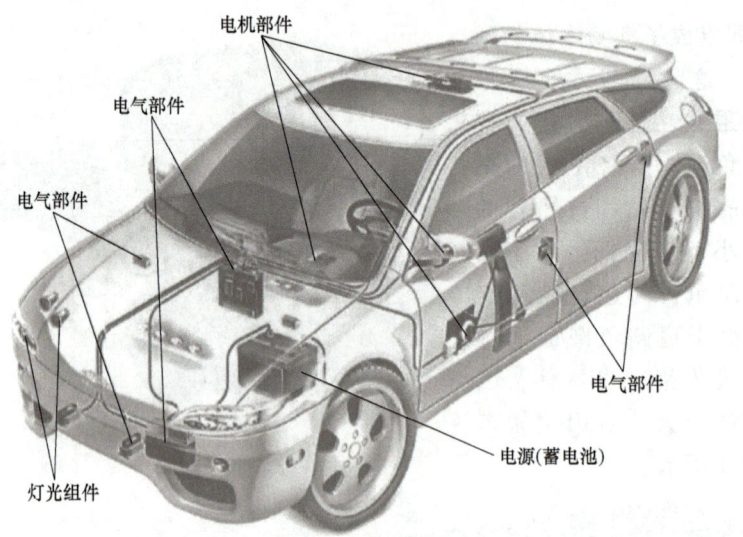

图 2-21 汽车电气设备

表、机油压力表、冷却液温度表、燃油表、充电表等。现代汽车上，汽车仪表还需要装置稳压器，专门用来稳定仪表电源的电压，抑制波动幅度，以保证汽车仪表的精确性。另外，大部分仪表显示的依据来自传感器，传感装置根据被监测对象的状态变化而改变其电阻值，通过仪表表述出来。仪表板中最显眼的是车速里程表，它表示汽车的时速，单位是 km/h。车速里程表实际上由两个表组成，一个是车速表，另一个是里程表。

汽车仪表如图 2-22 所示。

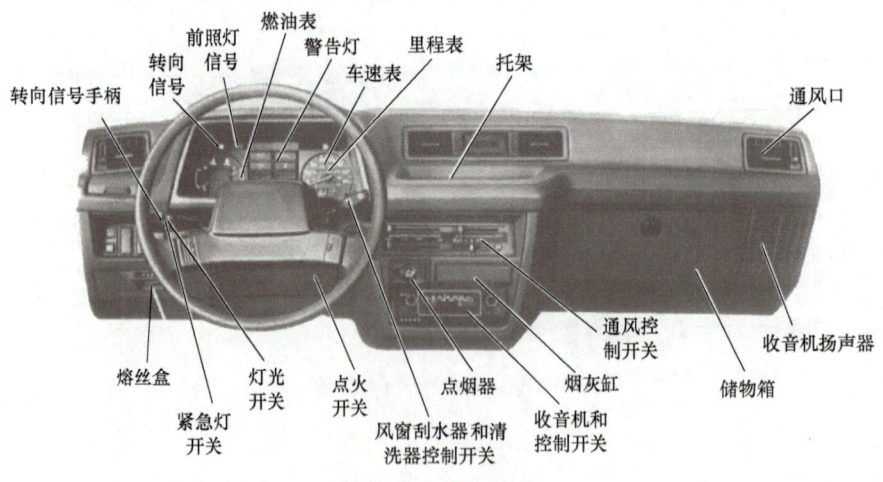

图 2-22 汽车仪表

2. 空调系统

汽车空调系统是实现对车厢内空气进行制冷、加热、换气和空气净化的装置。它可以为乘车人员提供舒适的乘车环境，降低驾驶人的疲劳强度，提高行车安全。

现代汽车空调有四种功能，其中任何一种功能都是为了使乘员感到舒适：

1) 空调能控制车厢内的气温，既能加热空气，也能冷却空气，以便把车厢内温度控制到舒适的水平。

2）空调能够排出空气中的湿气。干燥空气吸收人体汗液，以营造更舒适的环境。

3）空调可吸入新风，具有通风功能。

4）空调可过滤空气，排除空气中的灰尘和花粉。

汽车空调系统如图 2-23 所示。

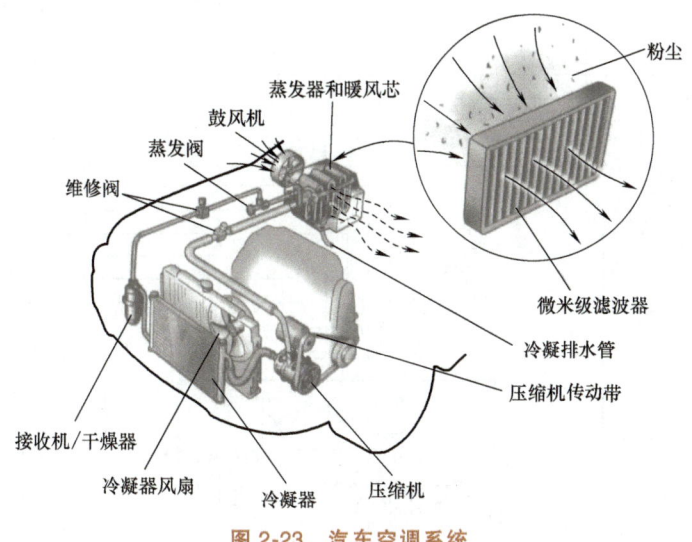

图 2-23　汽车空调系统

3. 照明系统

汽车照明系统是汽车安全行驶的必备系统之一。它主要包括外部照明灯具、内部照明灯具、外部信号灯具、内部信号灯具等。

汽车灯具按照功能功用划分，主要有两个种类：汽车照明灯和汽车信号灯。汽车照明灯按照其安装的位置及功用包括：前照灯、雾灯、牌照灯、仪表灯、顶灯、工作灯。汽车灯光信号灯又包括：转向信号灯、危险报警灯、示廓灯、尾灯、制动灯、倒车灯。

汽车照明系统如图 2-24 所示。

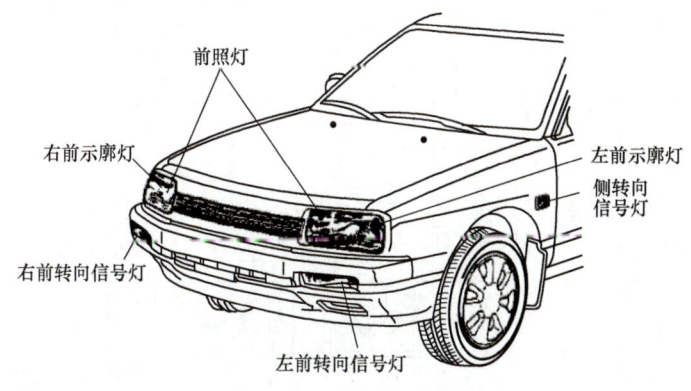

图 2-24　汽车照明系统

4. 汽车电气系统电路

汽车的发动机系统电路如图 2-25 所示。

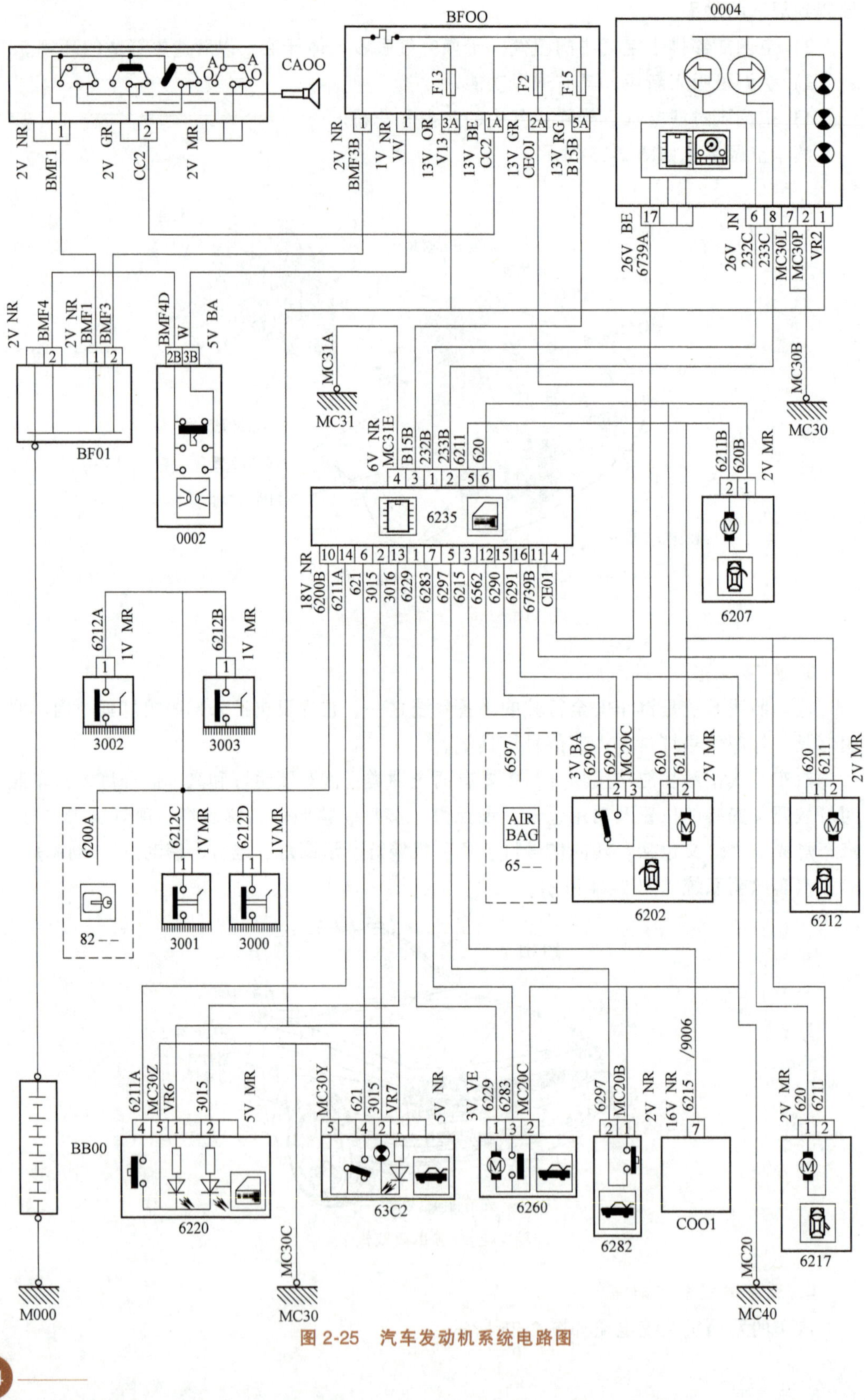

图 2-25 汽车发动机系统电路图

第二节 汽车基本性能指标

汽车的基本性能指标主要是指汽车的动力性、通过性、制动性、燃油经济性、行驶平顺性和操纵稳定性。

一、汽车的动力性

汽车的动力性是指汽车在良好路面上直线行驶时由汽车受到的纵向外力决定的、所能达到的平均行驶速度。它表示了汽车以最大可能的平均行驶速度运送货物或乘客的能力。汽车的动力性是汽车各种使用性能中最重要、最基本的性能。

从获得尽可能高的平均行驶速度的观点出发，汽车的动力性主要可由下面三个指标来评定，即：

1）汽车的最高车速，单位为 km/h。
2）汽车的加速时间，单位为 s。
3）汽车能爬上的最大坡度，简称最大爬坡度（见图 2-26）。

汽车的最高车速是指在水平良好的路面（混凝土或沥青路）上能达到的最高行驶车速。

汽车的加速时间表示汽车的加速能力。常用原地起步加速时间和超车加速时间来表示汽车的加速能力。

汽车的爬坡能力是用满载时汽车在良好路面上的最大爬坡度来表示的。显然，最大爬坡度是指 1 档时的爬坡度。对于轿车，一般不强调它的爬坡能力，对货车最大爬坡度一般在 30%（即 16.5°）左右，越野汽车最大爬坡度可达 60%（即 30°）左右或更高。

图 2-26 汽车的最大爬坡度与最大侧倾角

二、汽车的燃油经济性

汽车的燃料经济性是指汽车以最少的燃料消耗量完成单位运输工作的能力，它是汽车的主要使用性能之一。

燃油经济性通常用一定运行工况下汽车行驶百公里的燃油消耗量或一定燃油量使汽车行驶的里程来衡量。汽车的燃油费用占汽车运输成本的 30% 左右，因此，提高燃油经济性可以降低运输成本。

百公里燃油消耗量是指汽车在一定运行工况下行驶100km的燃油消耗量。一般情况下，燃油消耗量采用容积（L）计算，百公里燃油消耗量是最常采用的燃油经济性评价指标。

由于等速燃油消耗量与实际行驶情况有很大差别，实际上不能全面地评定汽车的燃油经济性。现在一般都采用循环燃油消耗量来评定汽车的燃油经济性。循环燃油消耗量是指在一段指定的典型路段内汽车以设定的不同工况行驶时的燃油消耗量，起码要规定等速、加速和减速3种工况，复杂的还要计入起动和怠速停驶等多种工况，然后折算成百公里燃油消耗量。例如我国有15工况循环燃油消耗量（乘用车）、6工况循环燃油消耗量（货车）和城市4工况循环燃油消耗量（客车）。

汽车百公里等速燃油消耗量曲线如图2-27所示。货车6工况循环如图2-28所示。

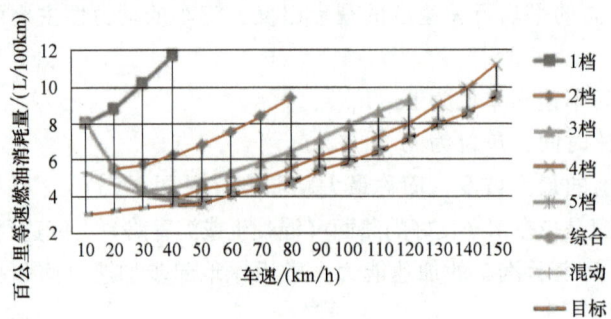

图2-27 汽车百公里等速燃油消耗量曲线

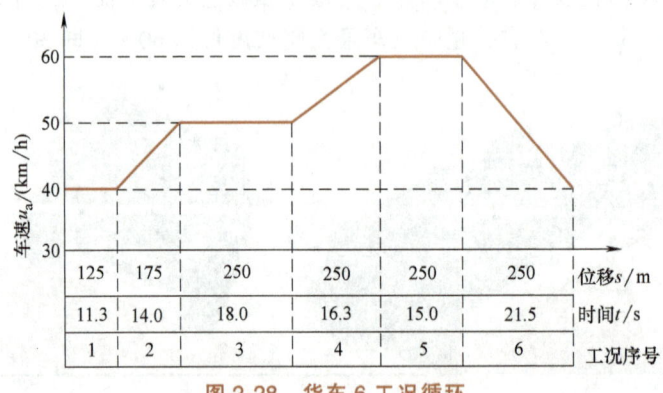

图2-28 货车6工况循环

三、汽车的制动性

汽车行驶时在短距离内停车且维持行驶方向稳定，以及汽车在下长坡时维持一定车速的能力称为汽车的制动性。制动性是汽车的主要性能之一，是汽车安全行驶的保证，直接关系到生命财产的安全。汽车具有良好的制动性能，才能充分发挥动力性，提高汽车的平均技术速度，从而获得较高的工作效率。

汽车的制动性能指标主要有制动效能、制动效能的恒定性、制动时汽车的方向稳定性。

（1）制动效能 制动效能是指汽车迅速降低行驶速度直至停车的能力，是制动性最基本的评价指标。它是用制动力、制动减速度、制动距离和制动时间等指标来评定的。

（2）**制动效能的恒定性**　制动效能的恒定性主要指制动效能的抗热衰退能力，反映了汽车高速制动或下长坡连续制动时制动效能的稳定程度。

（3）**制动时汽车的方向稳定性**　制动时汽车的方向稳定性指制动时汽车不发生跑偏、侧滑及失去转向控制的能力。制动时方向稳定性较好的汽车，能够按驾驶人给定轨迹行驶，即能够维持直线行驶或能按预定弯道行驶。

汽车制动距离和制动稳定性要求见表2-1。

表2-1　汽车制动距离和制动稳定性要求

机动车类型	制动初速度/(km/h)	空载检验制动距离要求/m	满载检验制动距离要求/m	试验通道宽度/m
乘用车	50	≤19.0	≤20.0	2.5
总质量不大于3500kg的低速货车	30	≤8.0	≤9.0	2.5
其他总质量不大于3500kg的汽车	50	≤21.0	≤22.0	2.5

四、汽车的操纵稳定性

汽车的操纵稳定性包括相互联系的两个部分，一是操纵性，二是稳定性。操纵性是指汽车能够确切地响应驾驶人转向指令的能力；稳定性是指汽车在行驶过程中，具有抵抗改变其行驶方向的各种干扰，并保持稳定行驶而不致失去控制甚至翻车或侧滑的能力。实际上两者很难截然分开，稳定性的好坏直接影响操纵性，常统称为汽车操纵稳定性。

汽车的操纵稳定性不仅影响到汽车驾驶的操纵方便程度，而且也是决定高速汽车安全行驶的一个主要性能。随着汽车保有量的增加和车速的提高，汽车的操纵稳定性显得越来越重要，被人们称之为"高速行车的生命线"。

汽车的操纵稳定性涉及的问题较为广泛，需要采用较多的物理参量从多方面来进行评价。可以通过考察下列关系来评价操纵稳定性的好坏：

1）在一定车速下，汽车质心轨迹曲线与转向盘转角的关系。

2）以一定角速度转动转向盘后，汽车转向角速度随时间的关系。

3）汽车在圆周行驶时其转向盘上的作用力与汽车侧向加速度的关系。

4）为保证额定车速行驶的汽车其轨迹曲率半径能按额定要求变化，而必须在转向盘上施加作用。

五、汽车的行驶平顺性

汽车的行驶平顺性是指保持汽车在行驶过程中乘员所处的振动环境下具有一定舒适度的性能。评价现代高速、高效率汽车的一项主要使用性能指标。对于载货汽车还包括保持货物完好的性能。由于主要根据乘坐者的舒适程度来评价，因此又称"乘坐舒适性"。

汽车行驶时路面激起的振动不仅会缩短有关零部件的疲劳寿命，还会引起车轮与路面之间的载荷波动，影响到路面对车轮的附着效果，并关联到操纵稳定性的状况，因此行驶平顺性是汽车的一项主要使用性能。但其评价指标在国际上尚无一致结论。我国采用《汽车平顺性试验方法》（GB/T 4970—2009）规定了轿车、客车用降低舒适性界限，货车用降低工作效率界限与车速的关系曲线加以评价。例如对于上下振动，人体的敏感频率为 4~8Hz，对水平振动则在 2Hz 以下。同一振动方向，人体的忍耐限度随着受振时间的增长而降低。

六、汽车的通过性

汽车的通过性，是指汽车在一定载质量条件下能以足够高的平均车速通过各种坏路及无路地带和克服各种障碍的能力。坏路及无路地带，是指松软土壤、沙漠、雪地、沼泽等松软地面及坎坷不平地段；各种障碍，是指陡坡、侧坡、台阶、壕沟等。

汽车在松软地面上行驶时，驱动轮对地面施加向后的水平力，地面随之发生剪切变形，相应的剪切力便构成土壤对汽车的推力，该力比在一般硬路面上的附着力要小得多；而汽车遇到的土壤阻力⊖要比在硬路面上的滚动阻力大得多。因此，常不能满足汽车行驶的附着力条件的要求。这是松软路面限制汽车行驶的主要原因。

汽车的通过性主要决定于汽车的支承——牵引参数及几何参数，也与汽车的其他性能，如动力性、平顺性、机动性、稳定性、视野性等密切相关。

常见的汽车通过性的性能指标有离去角、接近角、最小离地间隙、最大涉水深度等，如图 2-29 所示。

a)

b)

图 2-29 汽车的通过性性能指标
a）离去角与接近角　b）最小离地间隙与最大涉水深度

⊖ 土壤阻力是指轮胎对土壤的压实作用和推移作用产生的压实阻力、推土阻力及充气轮胎变形引起的弹性迟滞损耗阻力。

第三节　新能源汽车

新能源汽车是指采用非常规的车用燃料作为动力来源（或使用常规的车用燃料、采用新型车载动力装置），综合车辆的动力控制和驱动方面的先进技术，形成的技术原理先进，具有新技术、新结构的汽车。

新能源汽车主要类型包括有：混合动力电动汽车（HEV）、纯电动汽车（BEV）、燃料电池电动汽车（FCEV）以及太阳能汽车等。

一、增程式混合动力电动汽车

1. 增程式混合动力电动汽车概述

混合动力电动汽车，是指拥有两种不同动力源的汽车。这两种动力源在汽车不同的行驶状态（如起步、低中速、匀速、加速、高速、减速或者制动等）下分别工作，或者一起工作，通过这种组合达到最少的燃油消耗和排气排放的，从而实现省油和环保的目的。

增程式混合动力电动汽车，就犹如在车辆上随身携带一个巨大的充电宝/可移动充电桩，真正做到了"无里程焦虑"。这种汽车在结构方面并未搭载传统变速器，发动机并未与车轮直接连接，不直接作用于驾驶，而是转化为电能，以增程器与电池串联的形式驱动车辆。

2. 增程式混合动力电动汽车结构和原理

增程式混合动力电动汽车又称为串联式混合动力电动汽车。其结构由发电机、发动机、逆变器、蓄电池组、电动机、机械传动装置等组成。如果蓄电池组可以外插电网充电，则属于插电式增程式混合动力电动汽车。发动机和发电机之间是机械连接的，电动机与机械传动装置（主减速器、差速器）之间也是机械连接的，燃油箱与发动机之间是管路连接，其余部分是电缆连接。

增程式混合动力电动汽车结构如图2-30所示。

发动机起动后持续工作在高效区，通过发电机给电池发电，而驱动电机作为整车的动力源驱动整车运行。由此可见，串联混合动力技术，需要将机械能转化为电能，然后再将电能转化为机械能。

在正常行驶时，增程式混合动力电动汽车一般采用发动机驱动和蓄电池充电模式运行。此时，发动机可以始终工作在效率高、

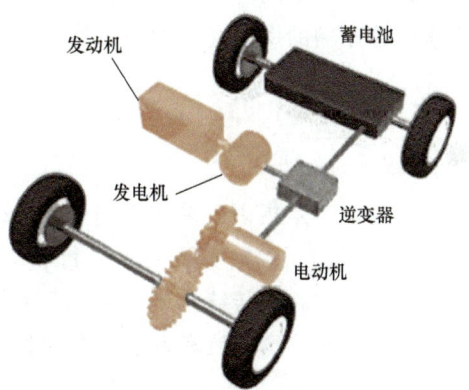

图2-30　增程式混合动力电动汽车结构

排放较低的单一工况，并带动发电机发电。在电动机控制器的调节下，发电机发出的电能主要用于电动机，再通过机械传动装置驱动汽车行驶。当发电机发出的电能有多余时，可以同时向蓄电池组充电。按照来自驾驶人的牵引功率（转矩）的指令，来自各

组件、驱动系统的预置控制策略的反馈，车辆控制器给出对各组件的运行指令。

增程式混合动力电动汽车能量传递路线如图 2-31 所示。

增程式混合动力电动汽车代表车型有雪佛兰沃蓝达、理想 one（见图 2-32）等。

3. 混合动力电动汽车关键技术

（1）**动力传动系统匹配** 混合动力电动汽车动力传动系统的参数设计与匹配直接影响混合动力电动汽车将来的排放和燃油经济性能。它包括合理地选择和匹配发动机功率、动力蓄电池容量和电动机的功率等，以确定车辆的混合度，组成性能最优的混合驱动系统。

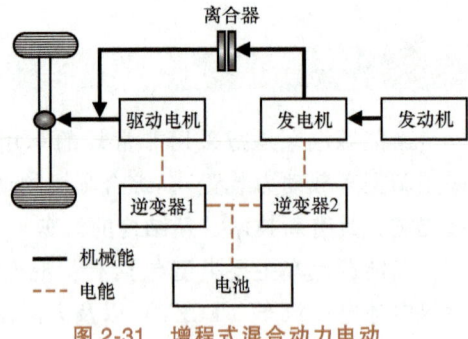

图 2-31 增程式混合动力电动汽车能量传递路线

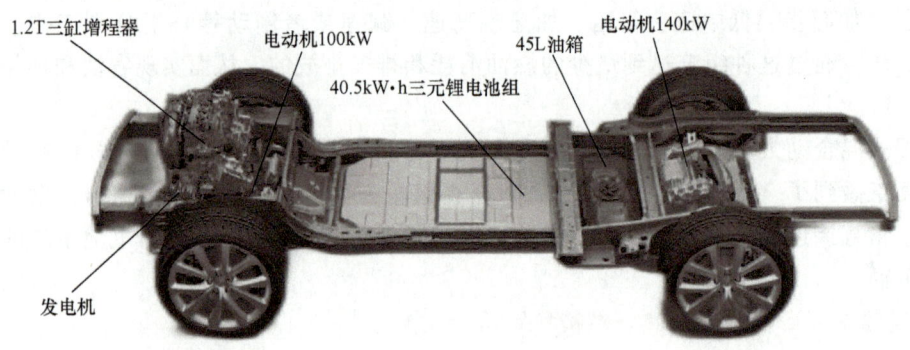

图 2-32 理想 one 底盘结构

（2）**制动能量回收系统**（再生制动） 制动能量回收系统指汽车在减速制动或下坡时将储存于车身上的势能和动能，通过电动机转化为电能，并储存在蓄电池中的过程。可显著改善车辆的燃油经济性和制动性。

二、纯电动汽车

1. 纯电动汽车概述

纯电动汽车是指以车载电源（如铅酸蓄电池、镍镉蓄电池、镍氢蓄电池或锂离子蓄电池）为动力，用电机驱动车轮行驶，符合道路交通、安全法规各项要求的车辆。由于对环境影响相对传统汽车较小，其前景被广泛看好。

纯电动汽车与燃油汽车两者的主要区别是在能源、动力、速度控制、传动等方面，见表 2-2。

2. 纯电动汽车结构

纯电动汽车结构示意图如图 2-33 所示。充电示意图如图 2-34 所示。

纯电动汽车结构由蓄电池组、电机、机械传动装置等组成。蓄电池组可以外插电网（充电桩）充电。汽车正常工作时，蓄电池组向电机供电驱动车轮运动。

表 2-2　纯电动汽车与燃油汽车的主要区别

名　　称	燃油汽车	纯电动汽车
能源系统	汽油或柴油	蓄电池
动力系统	发动机	电机
速度控制系统	变速器、离合器	调速控制器
传动系统	变速器、离合器、传动轴	传动轴、驱动桥

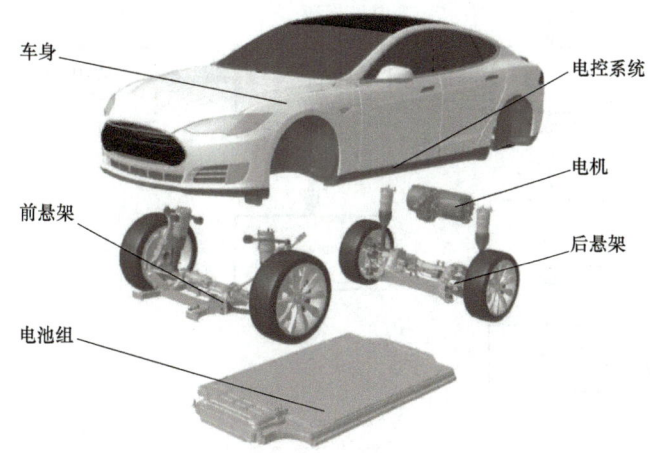

图 2-33　纯电动汽车结构示意图

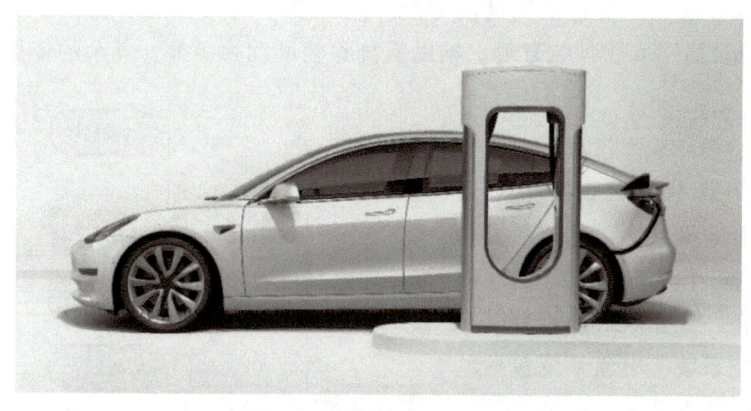

图 2-34　充电示意图

纯电动汽车主要由电力驱动系统、能源系统和辅助工作系统三大部分组成，如图 2-35 所示。

（1）**电力驱动系统**　主要包括电子控制器、功率转换器、电机、机械传动装置和车轮等。

它的功用是将存储在蓄电池中的电能高效地转化为车轮的动能，并能够在汽车减速制动时，将车轮的动能转化为电能充入蓄电池。

（2）**能源系统**　主要包括电源（蓄电池）、能量管理系统和充电机等。它的功用是

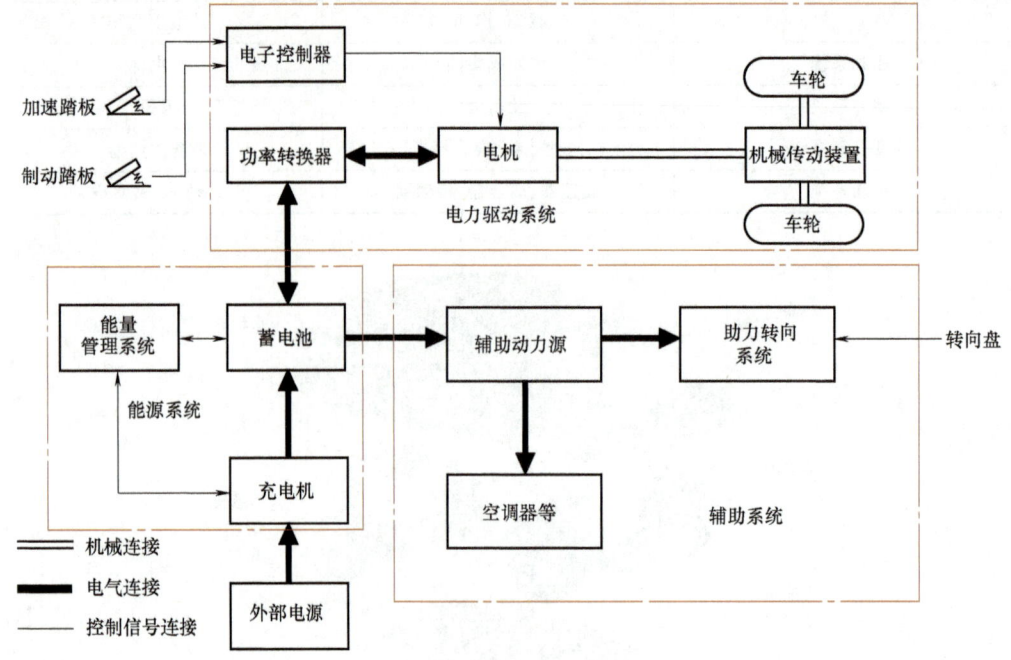

图 2-35 纯电动汽车三大组成系统

向电动机提供驱动电能、监测电源使用情况以及控制充电机向蓄电池充电。

（3）**辅助系统** 主要包括辅助动力源、空调器、助力转向系统、导航系统、刮水器、收音机以及照明和除霜装置等。辅助系统除辅助动力源外，其余的依据车型不同而不同。

3. 纯电动汽车关键技术

电动汽车技术的核心在于"三电"系统，即电驱系统、电池系统和电控系统。这三个系统构成了电动汽车的关键技术，如图 2-36 所示。

（1）**电驱系统** 电驱系统包括电机、变换器及传动机构。一些电动汽车可直接由电机驱动车轮。电动汽车电力驱动方式基本上可分为电机中央驱动和电动轮驱动两种。

由电机、固定速比减速器和差速器等构成的电机中央驱动系统，这种驱动系统中，由于没有离合器和变速器，可以减少机械传动装置的体积和质量；另一种电机中央驱动系统，它

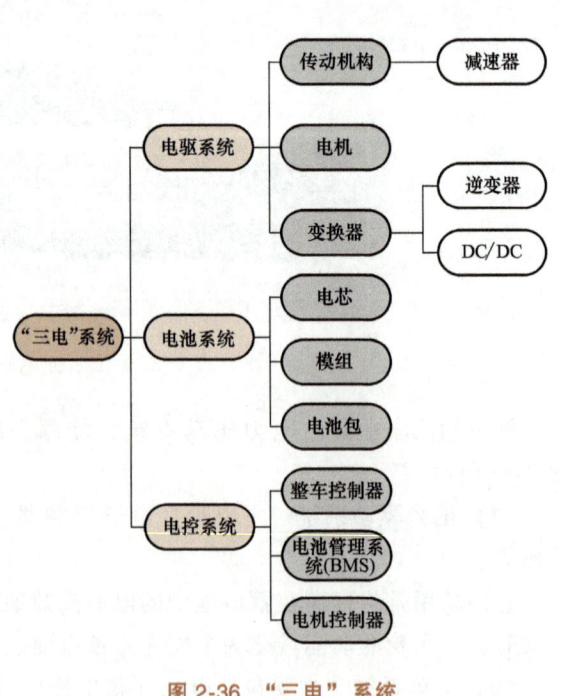

图 2-36 "三电"系统

与前轮驱动横向牵制发动机的燃油汽车的布置形式相似,将电机、固定速比减速器和差速器集成一体,两根半轴连接两个驱动车轮,这种布置形式在小型电动汽车上应用最为普遍。

电动轮驱动方式的电机和固定速比的行星齿轮减速器安装在车轮里面,没有传动轴和差速器,从而简化了传动系统。但是需要两个或四个电机,其控制电路也比较复杂。

随着电动汽车技术的不断演进,电动汽车三合一电驱系统技术将无可争辩地成为未来发展的趋势。该项技术是指将电控、电机和减速器集成为一体的技术。

电动汽车三合一电驱系统如图 2-37 所示。

图 2-37　电动汽车三合一电驱系统

(2) **电池系统**　为了区分 12V 低压铅酸蓄电池,一般把高压电池称为动力蓄电池。动力蓄电池是"三电"的核心,也是"三电"中成本最高、最复杂的一个系统。

相比于传统 12V 的铅酸蓄电池,锂离子蓄电池能量密度高,能实现快速和深度充放电,寿命长等优点,因此目前动力蓄电池均是锂离子蓄电池。根据正极材料的不同,电动汽车用锂离子蓄电池一般采用三元锂蓄电池和磷酸铁锂蓄电池两种。

动力蓄电池一般由大大小小的电芯(cell)组成,电芯因封装形式不同有圆柱、软包、方形三种形式;电芯以串联或者并联的方式组成模组(module),模组再以串联的方式,再集成热管理系统、电池管理系统等部件,最终集成为蓄电池包(pack),如图 2-38 所示。蓄电池包分解图如图 2-39 所示。

(3) **电控系统**　电动汽车的电控系统主要包含三个共性子系统,整车控制器(vehicle control unit,VCU)、电机控制器(motor control unit,MCU)和电池管理系统(battery management system,BMS),这些控制器之间都是通过 CAN 等实现相互通信。

整车控制器,是电动汽车各个电控子系统的调控中枢,协调和管理整个电动汽车的运行状态。它是与驾驶人互动主要接口,接收来自驾驶人的各项操作指令,诊断和分析整车及部件状态,控制子系统控制器的动作,最终实现整车安全、高效行驶。

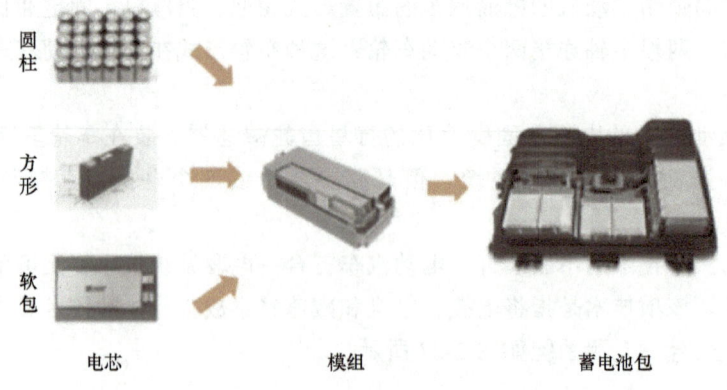

图 2-38 蓄电池包的组成

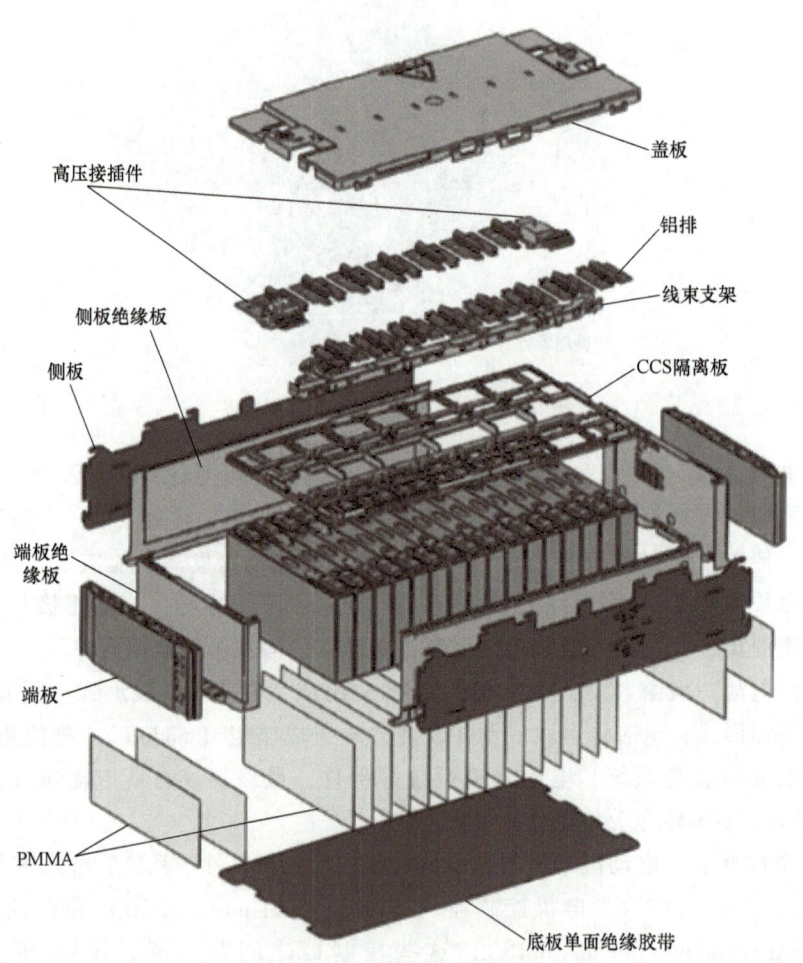

图 2-39 蓄电池包分解图

电机控制器,是电动汽车特有的核心功率电子单元,通过接收整车控制器的行驶控制指令,控制电机输出指定的转矩和转速,驱动车辆行驶。

电池管理系统,是动力蓄电池系统的"大脑",主要对电池系统的电压、电流、温度等数据进行采集并监测,实现电池状态监测和分析、电池安全保护、能量控制管理和信息管理功能。

电控系统信息传递如图 2-40 所示。

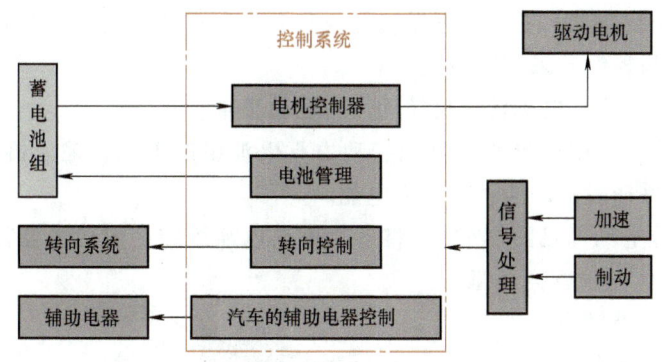

图 2-40 电控系统信息传递

三、燃料电池电动汽车

1. 燃料电池电动汽车概述

燃料电池电动汽车是指以燃料电池作为电源(以氢气、甲醇等作为燃料,通过与氧气的电化学反应产生电流),电机驱动的汽车。燃料电池电动汽车相比纯电动汽车,可以在五分钟内给电池灌满燃料,而不是等上几个小时来充满电。

燃料电池汽车可以实现零排放或近似零排放。降低了机油泄漏带来的水污染。提高了燃油经济性,提高了发动机燃烧效率,进而降低了温室气体的排放,并且运行平稳、无噪声。

2. 燃料电池电动汽车结构

典型燃料电池电动汽车的基本结构如图 2-41 所示。

1)热管理系统,该系统能够将燃料电池、驱动电机、功率电子以及其他零部件维

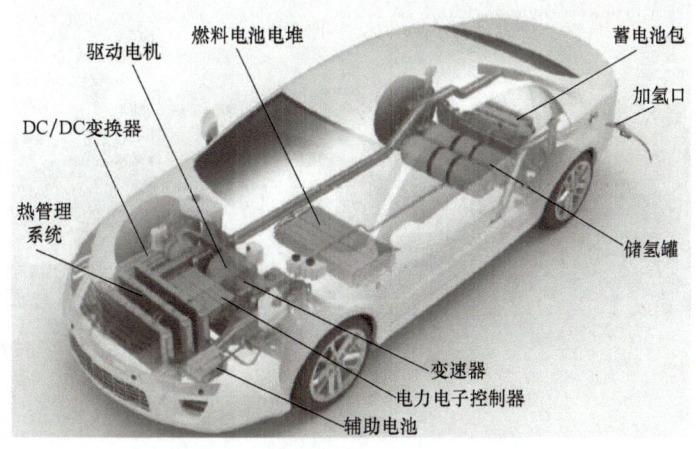

图 2-41 典型燃料电池汽车的基本结构

持在其合适的工作温度上。

2）辅助电池，就是燃油车上常见的 12V 辅助电池。

3）DC/DC 变换器，指的是将动力蓄电池的高压电转化为辅助电池能够接受的低压电的装置。

4）电力电子控制器，能够管理燃料电池和动力蓄电池的电能，进行电压控制，并将电能分配给电机控制器来控制电机。

5）变速器，从驱动电机传递机械动力来驱动车轮。

6）驱动电机，利用来自燃料电池和动力蓄电池组的电能，输出机械能驱动车轮。另外也能够回收减速时的动能，转化为电能。

7）燃料电池电堆（见图 2-42），将多片燃料电池组装而成的电能转化装置。其一般被置于一个壳体内，国内一般称之为燃料电池电堆模块。

8）储氢罐，用于储存氢气。

9）加氢口，特殊设计的金属嘴，能够卡住加氢枪，将加入的氢气送入氢罐中。

10）蓄电池包（动力蓄电池），较小容量的蓄电池包。与纯电车上所使用的蓄电池包区别不大。

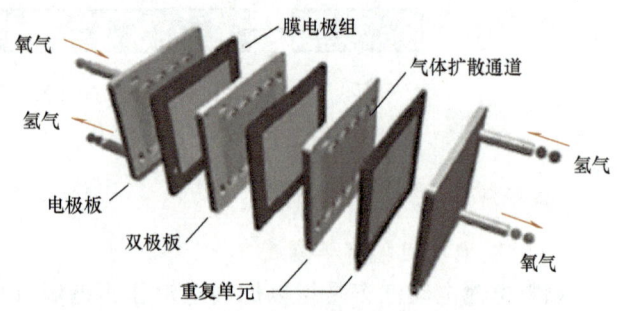

图 2-42　燃料电池电堆结构

3. 燃料电池电动汽车工作原理

首先从汽车进气口输入的氧气与氢气被输入燃料电池堆栈。然后在燃料电池堆栈中氢气与氧气发生化学反应，产生电流与水蒸气。水蒸气被排除车外，电流输送到驱动电机与动力蓄电池。再由驱动电机带动汽车中的机械传动结构，进而带动汽车的前桥（或后桥）等行走机械结构工作，从而驱动电动汽车前进（见图 2-43）。

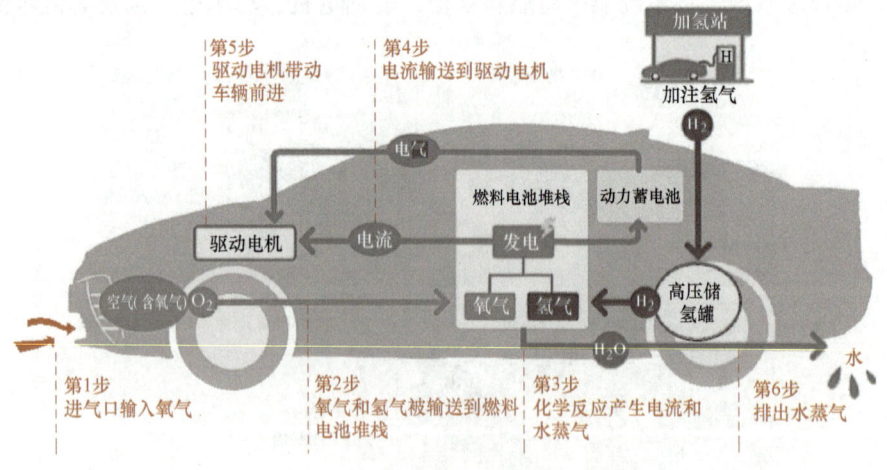

图 2-43　燃料电池电动汽车工作原理

第二章 车辆工程专业认知

4. 燃料电池电动汽车关键技术

燃料电池电动汽车也属于电动汽车，电动汽车的关键能源动力技术包括电池技术、驱动电机技术、控制器技术。这 3 项技术也是一直制约电动汽车大规模进入市场的关键因素。

四、太阳能汽车

1. 太阳能汽车概述

太阳能汽车（见图 2-44）是一种靠太阳能来驱动的汽车。相比传统热机驱动的汽车，太阳能汽车是真正的零排放。

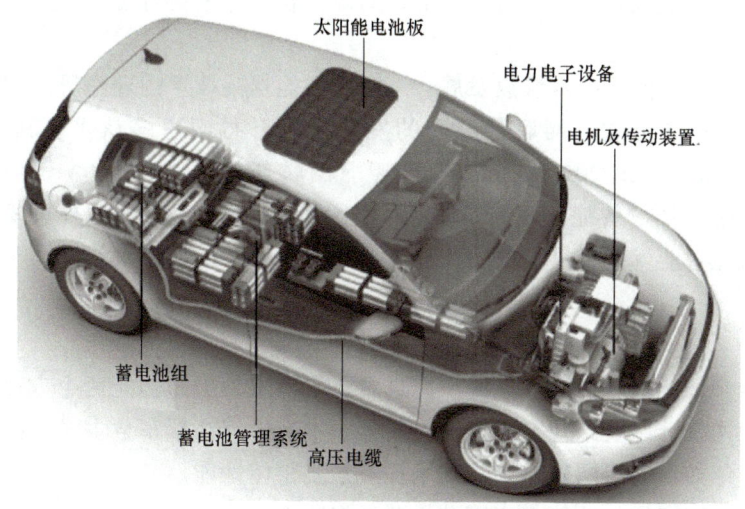

图 2-44 太阳能汽车结构示意图

2. 太阳能汽车工作原理

在阳光下，汽车上的太阳能电池板进行光伏发电。产生的电流经过 DC/DC 变换器，由低压电转换为高压电。此高压电有三部分流向。一部分高压电经过 DC/AC 变换器，电流由直流电变为交流电供电机使用，从而驱动汽车运动。另一部分电流输入动力蓄电池，给动力蓄电池充电。还有一部分电流经过 DC/DC 变换器，由高压电转换为低压电，供汽车内部电器使用。同时，光伏数据、电池数据、负荷数据输入 BMS，BMS 接收到这些信号后，判断汽车所处的工作状态，向 DC/DC 变换器和 DC/AC 变换器输出控制信号来控制动力蓄电池的状态。当光伏发电的电能不足以提供汽车所需运行的能量时，此时，动力蓄电池来提供汽车电机和内部电器所需要的能量。

太阳能汽车的基本工作原理如图 2-45 所示。

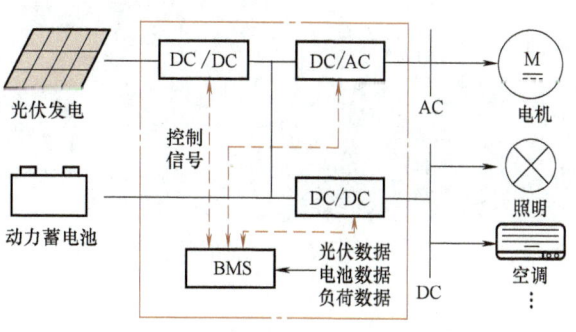

图 2-45 太阳能汽车的基本工作原理

3. 太阳能汽车关键技术

太阳能汽车的发展中最关键的是太阳能薄膜技术。目前可应用于汽车的太阳能薄膜成本较高，并且所产生的电量不高，往往作为汽车的辅助能源。这一技术能否取得突破，是太阳能汽车高速发展的关键。

第四节 智能网联汽车

智能网联汽车（intelligent connected vehicle，ICV）是指搭载先进的车载传感器、控制器、执行器等装置，并融合现代通信与网络技术，实现车与人、车、路、后台等智能信息交换共享，实现安全、舒适、节能、高效行驶，并最终可替代人来操作的新一代汽车。

近年来，汽车智能化技术快速发展，一方面智能驾驶技术的理论研究和实践应用同步推进，另一方面智能化、网联化融合的发展方向已得到更多认可。其中包括美国《智能交通系统战略规划 2020—2025》、欧盟《网联自动驾驶路线图》、中国《智能汽车创新发展战略》和《智能网联汽车技术路线图 2.0》等在内的国内外重要文件，对基于网联协同赋能智能驾驶提供了前瞻指导。

一、智能网联汽车介绍

基于近年来智能网联汽车领域的研究进展，本节从架构与功能两个方面，介绍 ICV 的系统顶层架构设计以及感知、决策与控制等。本节内容在单车自主式智能技术的基础上，进一步介绍如何基于网联协同式技术提升系统整体性能。

智能网联汽车架构、功能与应用结构关系如图 2-46 所示。

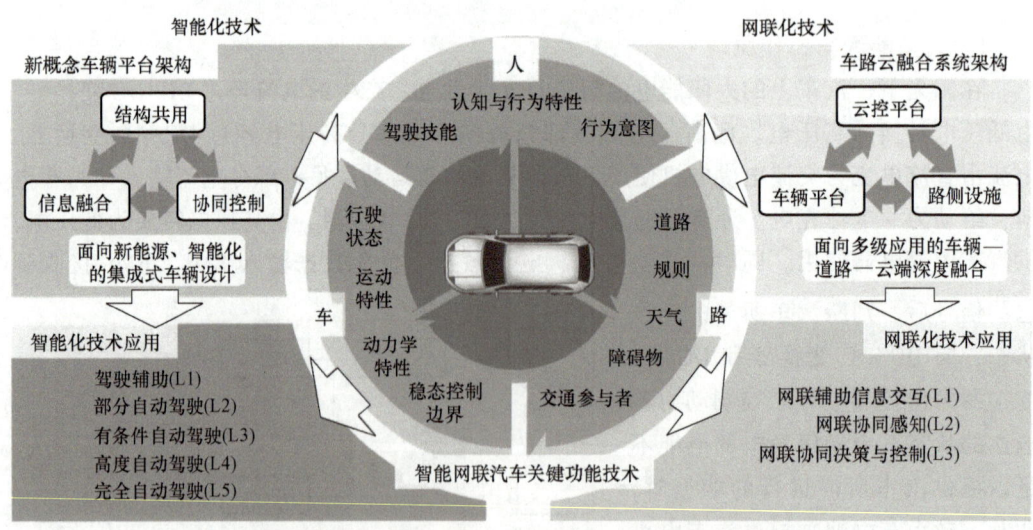

图 2-46 智能网联汽车架构、功能与应用结构关系

1. 架构技术

ICV 依托于车载及路侧安装的感知、计算、控制等新型设备，因而急需研究者在车

辆架构设计与交通系统架构设计中进行创新。架构技术是 ICV 系统硬件及功能构成的顶层设计，一方面保障各模块安全、高效运行，另一方面也需考虑技术的长期发展，便于新模块接入。ICV 的架构研究一般包含新概念车辆平台与车-路-云融合系统两个层级。

（1）新概念车辆平台 区别于传统汽车，新概念车辆平台融合智能驾驶与清洁能源系统，基于对车辆与环境信息的采集、识别与融合，对多系统多目标的协同控制，提高车辆的综合性能。新概念车辆平台是实现与发展 ICV 技术的硬件基础。

目前，"域"（domain）的设计理念已成为汽车电子电气架构设计趋势，即将分散的控制器按照功能域划分、集成为运算能力更强的域控制器。有关功能域的具体划分，不同企业具有不同设计理念，如宝马 7 系采用的横向/纵向动力学、辅助与安全、信息通信娱乐等。博世公司提出未来汽车电子电气架构三个阶段的发展趋势：现阶段随着高成本计算芯片普及，现有部分域控制器会进一步融合为跨域控制器；到"车辆融合"阶段，所有域控制器可融合为中央计算单元，形成车载电脑+区域 ECU 架构；未来高速移动网络通信的发展将使"车-云计算"成为可能，车内网、车外网边界不再明确，部分功能将被转移到云端。

（2）车-路-云融合系统 随着移动通信技术的发展，未来智能汽车将与智能交通系统融合，并可能将部分感知、计算等功能由自车转移至路侧设施，乃至管理更大区域的云端。面向未来 ICV 技术发展，需要探索实现车辆、道路、云端的深度融合与系统重构。有关网联系统的传统研究，主要关注车-路协同与车联网信息服务两个领域。

智能云控系统的概念融合人、车、路、云多元素，基于融合感知、决策与控制的方法提升道路交通系统的安全性、效率等综合性能。云控系统由云控平台、路侧基础设施、网联式智能汽车、通信网和资源平台组成，架构如图 2-47 所示。其中，云控平台基于协同应用对实时性与服务粒度的不同要求，划分为边缘云（服务街、区）、区域云（服务省、市）和中心云（服务全国）三级。相对于传统车联网系统架构，云控系统具有 5 个特征：①车、路、云泛在互联，通过标准化通信机制连接全域内各节点；②交通全要素数字映射，构建物理世界在信息空间的实时数字映射，实现融合感知；③全局性能优化，基于协同决策提升交通系统的运行性能；④高效计算调度，保障全域协同应用的运行实时性与高并发性；⑤系统运行高可靠，基于可靠性动态需求分析与多重备份等方式，保障系统运行的可靠性。

2. 功能技术

基于 ICV 系统的顶层架构设计，功能技术进一步学习和模拟人类驾驶行为，以辅助人类驾驶乃至最终替代人类驾驶为目标。ICV 关键功能技术主要包括感知、决策、控制三方面：感知技术，获取车辆行驶状态与周边环境信息，理解行车环境态势；决策技术，基于安全、高效等目标，规划驾驶行为与行驶轨迹；控制技术，基于车辆动力学模型，控制车辆执行器实现规划结果的稳态跟踪。网联化技术能进一步为智能汽车赋能，如图 2-48 所示，通过车-路-云融合解决自主式技术的难题，并协同提升交通系统性能。

由人、车、路三方面要素构成的闭环交通系统，构成了智能网联汽车各项功能的应

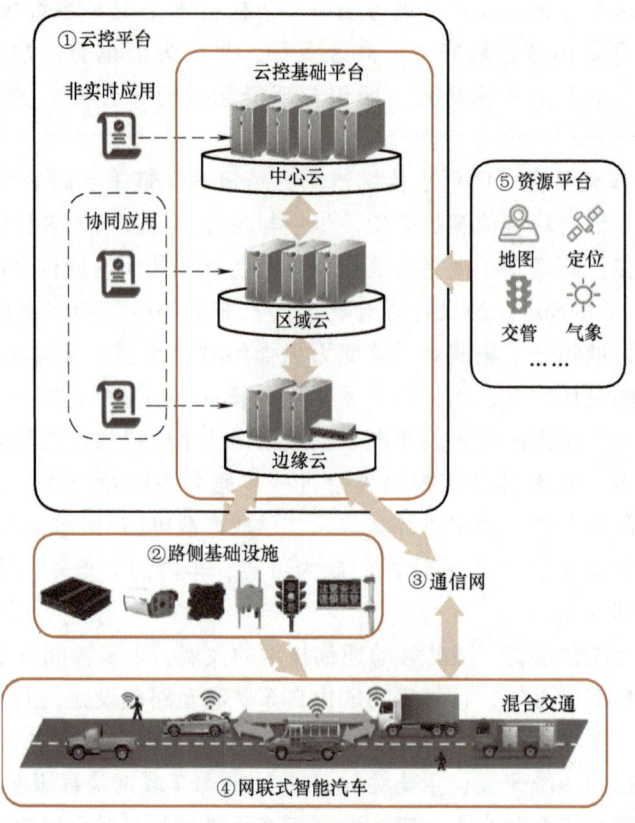

图 2-47 云控系统架构

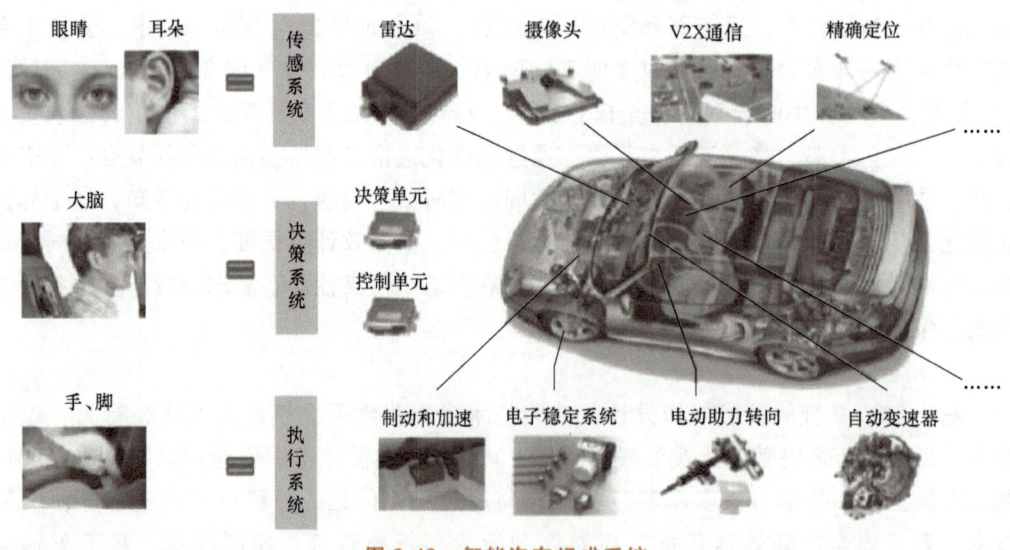

图 2-48 智能汽车组成系统

用场景。研究各要素交互机理和演化规律,对量化行车态势、优化驾驶决策与协同目标控制都具有重要意义。

(1) 人-车-路闭环交通系统 驾驶人(人)、车辆(车)、交通环境(路)三要素及其相互作用，构成了以自车为中心的微观交通系统基本单元。

人-车-路系统的理论研究最早应用于系统仿真领域，如"自适应集成驾驶人-车辆接口"（adaptive integrated driver-vehicle interface，AIDE）项目，提出了一个完善的人-车-路系统模型，以帮助设计人机交互。而随着ICV的发展，研究者开始关注如何指导智能驾驶算法设计。如图2-49所示，一方面，全面认识交通系统各要素及其耦合机理，能够支撑对行车安全态势的准确判断；另一方面，通过学习人类驾驶行为机制，使系统更好地理解人、服务人，以至替代人。

（2）**感知技术**　感知技术是ICV获取环境信息的通道，利用传感器获取外界信息，并依据对这些信息的理解产生驾驶决策所需的输入依据。基于感知过程及功能划分，感知技术主要包括基于单车的自主感知技术和基于网联通信的协同感知技术。

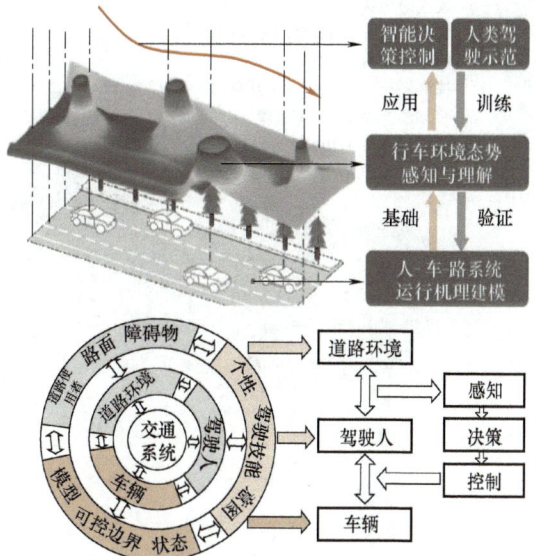

图2-49　人-车-路耦合技术及交通系统各要素

1）基于单车的自主感知技术。基于单车的自主感知技术系统（见图2-50），由多个传感器组成，一般由视觉摄像头、毫米波雷达、激光雷达、定位传感器（GNSS/IMU）等组成。感知系统以多种传感器的数据与高精地图的信息作为输入，经过一系列的计算及处理，对智能车的周围环境精确感知。

环境感知系统采用的传感器优缺点对比见表2-3。

表2-3　环境感知系统采用的传感器优缺点对比

功能	激光雷达	毫米波雷达	摄像头	GNSS/IMU
远距离测量能力	优	优	优	优
分辨率	良	优	优	优
低误报率	良	优	一般	优
温度适应性	优	优	优	优
不良天气适应性	较差	优	较差	优
灰尘/潮湿适应性	较差	优	较差	较差
低成本硬件	较差	优	优	良
低成本信号处理	较差	优	较差	良

激光雷达（LIDAR）（见图2-51）具有较好的距离、角度、速度分辨率，抗干扰能力强，点云信息丰富，不易受光照条件影响，可用于全天工作。基于以上特点，激光雷达多用于三维环境建模和同步定位与建图。激光雷达的线数和探测距离是影响雷达感知

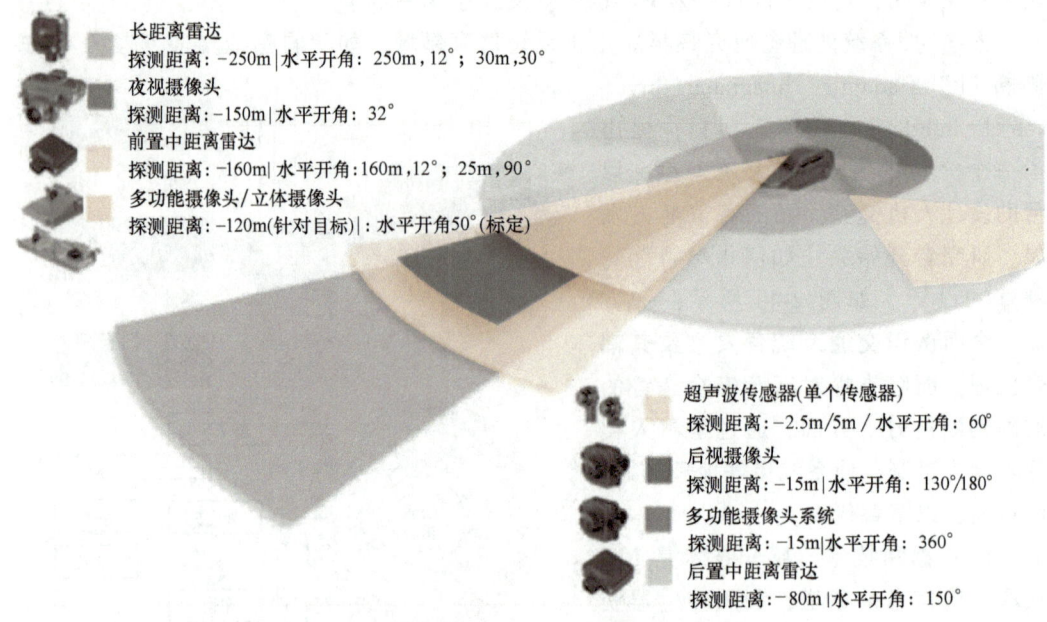

图 2-50 基于单车的自主感知技术系统

性能的主要原因,也是决定价格的重要因素。单线雷达能够获取二维数据,但无法获得高度信息。相比之下,多线雷达可以获取三维数据,精度明显高于单线雷达。目前,主流的多线激光雷达有4线、8线、16线、32线和64线。

毫米波雷达(见图2-52)的探测距离远,测速、测距精度高,可全天候工作,成本较低。目前,毫米波雷

图 2-51 激光雷达

达已经被广泛用于驾驶辅助功能,如自适应巡航控制、前方碰撞预警和紧急辅助制动等。但是,毫米波雷达的可视范围较小,一般需要多雷达组合使用。

车载摄像头是重要的智能车载传感器。摄像头的感知图像信息覆盖内容丰富,成本较低。目前,车载摄像头分为单目和双目两种。单目摄像头(见图2-53)主要基于机器学习,对图像数据进行训练和学习,用于环境感知。双目摄像头基于视差原理测量驾驶环境,测距精度较高。在摄像头的布置应用中,前视摄像头一般安装在前风窗玻璃上方,感知行车前方环境、检测目标;车尾布置后视摄像头;环视摄像头一般安装在车辆前、后、左、右侧,实现360°环境感知。

全球导航卫星系统(GNSS)在车辆的定位中十分关键,但是GNSS信号容易受到楼宇、树荫等影响,导致定位漂移。另外,由于GNSS的更新频率低(10Hz),在车辆快速行驶时很难给出精准的实时定位。单纯依赖GNSS的导航很有可能导致交通事故。

第二章 车辆工程专业认知

图 2-52　毫米波雷达

图 2-53　单目摄像头

惯性传感器（IMU）可以在短时间内提供稳定的位置更新，但是定位误差会随时间累积。因此 GNSS 通常辅助以 IMU 用来增强定位的精度。这两种传感器的数据通过卡尔曼滤波技术实时融合，可以实现导航设备的优势互补，提高定位精度和适用范围。

如图 2-54 所示为 GNSS/IMU 组合导航系统。

2）基于网联通信的协同感知技术。基于单车传感器的环境感知技术有诸多不足，如感知距离较短，存在视野盲区，易受天气影响等。而基于车-车互联、车-路互联，协同感知技术对于提升感知环境能力具有极大潜力，如图 2-55 所示，在云控系统中，基于不同车辆、路侧获得多源传感器信息，在路侧边缘云上应用车路融合感知技术，最终实现全域交通参与者的运动状态辨识。

协同感知技术的基础是多源传感器的信息融合。该融合技术可分为前融合与后融合2 类，前融合主要计算任务在云端，各传感器可将原式数据或特征数据直接上传；后融合则需传感器端在本地完成目标识别，再于云端进行融合。受通信能力局限，现有协同感知方法主要基于后融合实现。

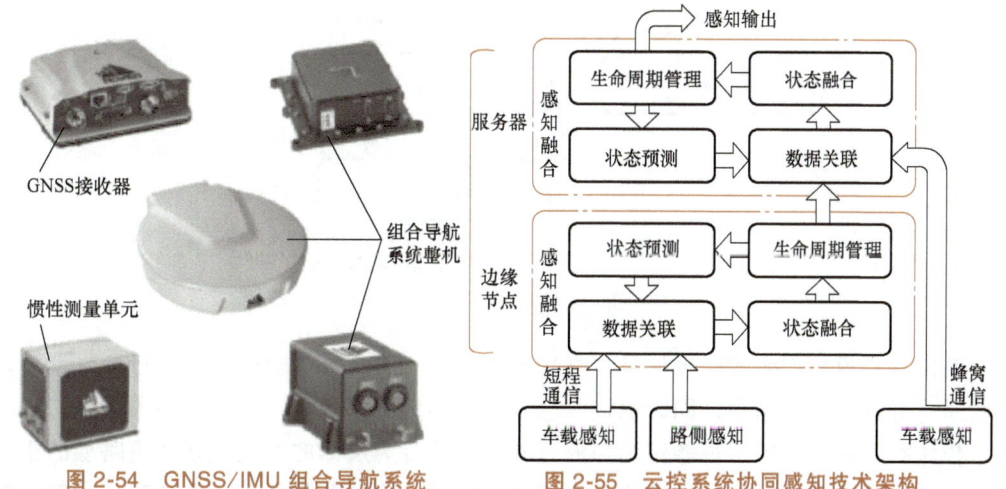

图 2-54　GNSS/IMU 组合导航系统　　图 2-55　云控系统协同感知技术架构

（3）决策技术　基于感知系统提供的环境与自车信息，决策系统进一步规划驾驶行为与行驶轨迹，将乘员安全、高效、舒适地送达目的地。基于控制对象的不同，决策技术可分为单车自主式决策技术与网联协同式决策技术。在现有 ICV 技术架构中，如图 2-56 所示决策系统以单车自主式决策为基础，在云控场景下可基于网联通信与云端计算，协调区域内所有车辆的驾驶行为，以提升交通系统的通行效率、安全性与能效。

53

1）单车自主式决策技术。单车自主式决策规划控制模块广义上可以分为路由寻径（routing）、行为决策（behavior decision）、动作规划（motion planning）和反馈控制（feedback control）几个部分（见图2-57）。

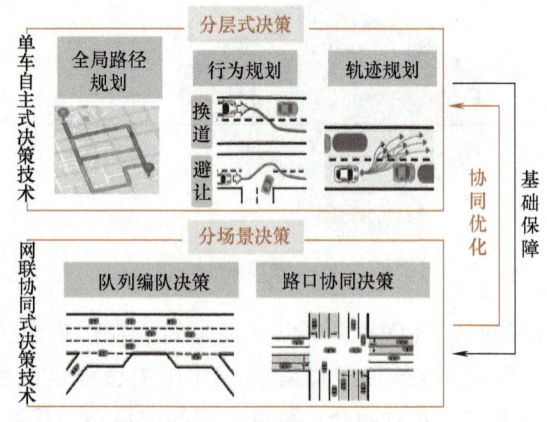

图 2-56　驾驶决策技术路线图

路由寻径模块，其作用可以简单理解为实现智能汽车软件系统内部的导航功能，即在宏观层面上指导智能汽车软件系统的规划控制模块按照什么样的道路行驶，从而实现从起始点到目的地点。值得注意的是，这里的路由寻径模块虽然在一定程度上类似传统的导航，但其细节上紧密依赖于专门为智能汽车导航绘制的高精地图，所以和传统的导航有本质不同。它根据已知电子地图和起点终点信息，采用路径搜索算法搜索出一条最优化的（时间最短、路径长度最短等）全局期望路径。

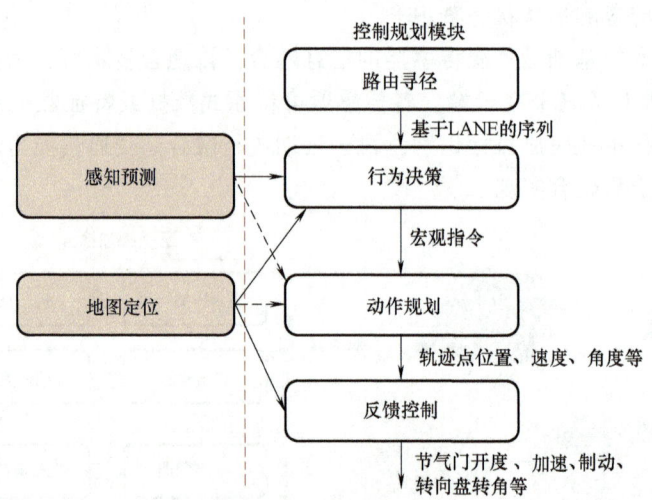

图 2-57　规划控制模块

路由寻径模块产生的路径信息，直接被中游的行为决策模块所使用。行为决策模块接收路由寻径模块的结果，同时也接收感知预测和地图信息。综合这些输入信息，行为决策模块在宏观上决定了智能汽车如何行驶。这些行为层面的决策包括在道路上的正常跟车、在遇到交通灯和行人时的等待和避让，以及在路口和其他车辆的交互通过等。行为决策模块根据具体实现形式不同，在宏观上定义的输出指令集合也多种多样。行为决策模块的输出逻辑需要和下游的动作规划模块的逻辑配合一致。

动作规划模块，以车辆所在局部坐标系为准，将全局期望路径根据车辆定位信息转化到车辆坐标中表示，以此作为局部参考路径，为局部路径规划提供导向信息。局部期望路径是智能车辆未来一段时间内期望的行驶路线，因此要求路径的每一点都可以表示车辆状态的信息。局部期望路径可以理解为智能车辆未来行驶状态的集合，每个路径点的坐标和切向方向就是车辆的位置和航向，路径点的曲率半径就是车辆转弯半径。车辆在实际行驶中，位置、航向和转弯半径是连续变化的，那么生成的路径也要满足位置、切向方向和曲率的连续变化。

2）网联协同式决策技术。网联协同式决策技术属于近年来新兴的研究领域，主要基于车-车或车-路间的网联通信，协调域内多车的驾驶行为，如图2-58所示，网联协同式决策技术研究主要基于两类场路景段：路段编队队列决策和路口通行决策。

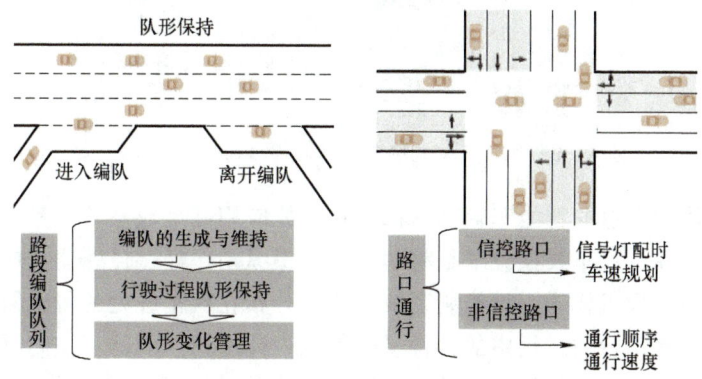

图 2-58 协同式决策场景与任务

路段队列编队决策。车辆队列编队任务常包括三种：①编队的生成与维持，各个自动驾驶汽车基于其初始位置形成编队；②行驶过程中的队形保持；③编队的队形变化管理，在遇到障碍物或车辆出入队列时，快速完成队列的变换和恢复。针对上述任务，目前有三种常见方法，包括领导跟随法、虚拟结构法和基于行为的方法。

路口通行决策。城市路口交通流冲突汇聚，是最容易拥堵的交通场景，协同式决策有助于提升整体通行效率与安全性。路口协同决策常分析两类场景：信控路口通行和非信控路口通行。信控路口通行是在优化信号灯配时，同时优化基于信号灯与交通信息的车速曲线；非信控路口通行，协调规划每辆车通过路口的顺序与速度。

相比于单车自主式决策技术，网联协同式决策技术的系统设计更复杂，对智能网联汽车渗透率、路侧设施建设等支撑条件也有更高的要求。目前，有关网联协同式决策技术的理论研究较为初步，但基于现有研究中展现出的优越性能，网联协同式决策技术有望成为未来智慧交通系统的重要功能支撑。

（4）控制技术 决策系统产生离散驾驶行为与轨迹规划，控制系统则进一步以车辆动力学模型为基础，通过对转向、制动等执行装置的控制实现规划结果。由控制对象的不同，智能网联汽车控制技术同样分为单车自主式控制技术与网联协同式控制技术两类。其中，单车自主式控制技术是实现网联协同式控制技术的基础，而网联协同式控制技术以网联多车、车-路或者车-路-云整体交通系统为控制对象，基于整体系统动力学模型进一步对系统控制性能进行优化。

针对单车自主式控制技术与网联协同式控制技术，如图2-59所示。

对于智能网联车辆中的控制执行模块，线控技术显然要比传统的机械、液压技术更

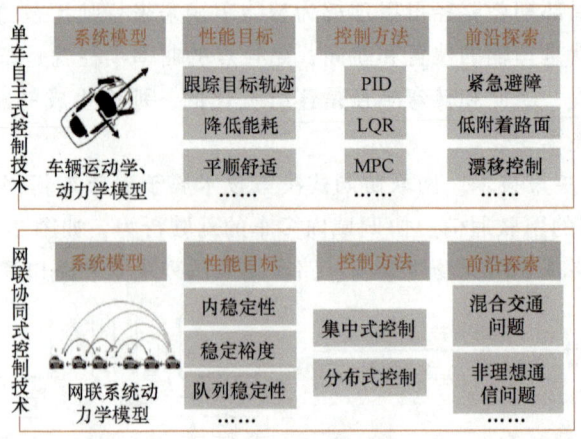

图 2-59 单车自主式控制技术与网联协同式控制技术

受青睐,目前较为成熟的智能车辆基本都是在线控应用高度成熟的车辆平台升级改造出来的。从概念上说,汽车线控技术是将驾驶人的操纵动作经过传感器变成电信号,通过电缆直接传输到执行机构的一种控制系统。通过分布在汽车各处的传感器实时获取驾驶人的操作意图和汽车行驶过程中的各种参数信息,传递给控制器;控制器对这些信息进行分析和处理,得到合适的控制参数并传递给各个执行机构,从而实现对汽车的控制,提高车辆的转向性、动力性、制动性和平顺性。

线控底盘如图 2-60 所示。

二、智能网联汽车的产业链

ICV 的产业链(见图 2-61)涉及汽车、电子、通信、互联网、交通等多个领域,按照产业链上下游关系主要包括:

1)芯片厂商,开发和提供车规级芯片系统,包括环境感知系统芯片、车辆控制系统芯片、通信芯片等。

2)传感器厂商,开发和供应先进的传感器系统,包括机器视觉系统、雷达系统(激光、毫米波、超声波)等。

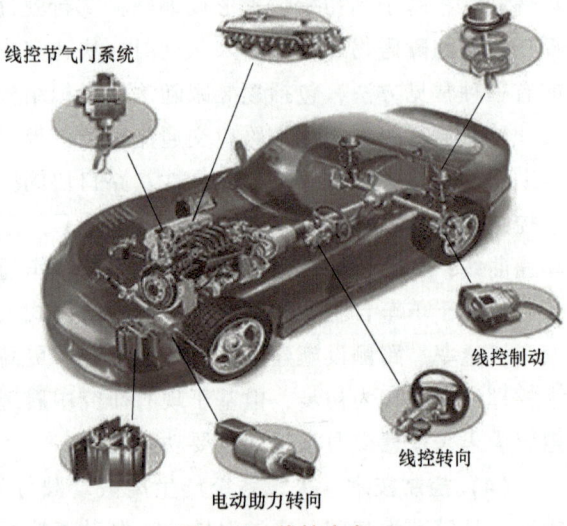

图 2-60 线控底盘

3)汽车电子/通信系统供应商,能够提供智能驾驶技术研发和集成供应的企业,如自动紧急制动、自适应巡航、V2X 通信系统、高精度定位系统等。

4)整车企业,提出产品需求,提供智能汽车平台,开放车辆信息接口,进行集成测试。

5)平台开发与运营商,开发车联网服务平台、提供平台运营与数据挖掘分析服务。

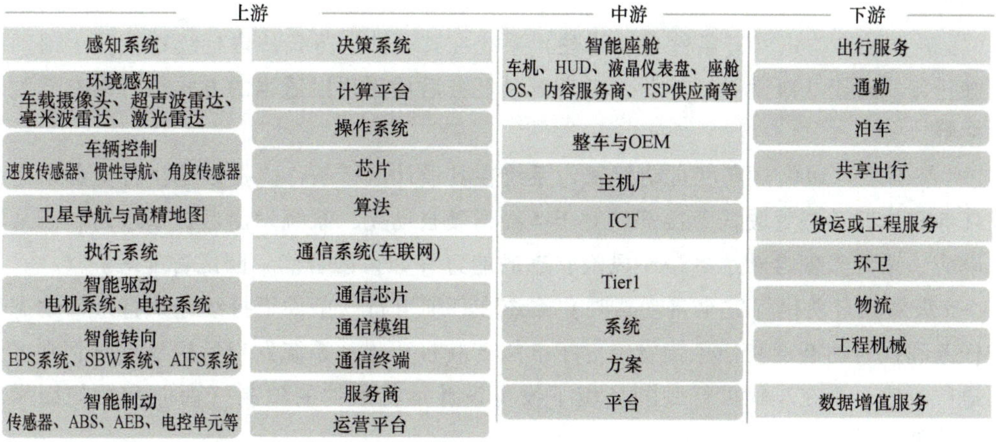

第二章 车辆工程专业认知

上游	中游	下游
感知系统	决策系统	智能座舱 车机、HUD、液晶仪表盘、座舱OS、内容服务商、TSP供应商等	出行服务

(ICV 产业链图示)

图 2-61　ICV 产业链

6）内容提供商，高精度地图、信息服务等的供应商。

三、智能网联汽车的分级

中国智能汽车的分级按照《汽车驾驶自动化分级》（GB/T 40429—2021）见表 2-4，2022 年 3 月 1 日实施。

表 2-4　汽车驾驶自动化分级

分级	名称	持续的车辆横向和纵向运动控制	目标和事件探测与响应	动态驾驶任务后援	设计运行范围
0级	应急辅助	驾驶员	驾驶员及系统	驾驶员	有限制
1级	部分驾驶辅助	驾驶员和系统	驾驶员及系统	驾驶员	有限制
2级	组合驾驶辅助	系统	驾驶员及系统	驾驶员	有限制
3级	有条件自动驾驶	系统	系统	动态驾驶任务后援用户（执行接管后成为驾驶员）	有限制
4级	高度自动驾驶	系统	系统	系统	有限制
5级	完全自动驾驶	系统	系统	系统	无限制

注：排除商业和法规因素等限制。

0 级驾驶自动化（应急辅助）不是无驾驶自动化，0 级驾驶自动化可感知环境，并提供报警、辅助或短暂介入以辅助驾驶员（如车道偏离预警、前碰撞预警、并线辅助等应急辅助功能）。

1 级驾驶自动化（部分驾驶辅助）系统在其设计运行条件内持续地执行动态驾驶任务中的车辆纵向或横向运动控制，且具备与所执行的车辆横向或纵向相适应的部分目标和事物探测与响应能力［如主动式巡航控制（ACC）、自动紧急泊车（AEB）、自动紧急转向（AES）等］。

2 级驾驶自动化（组合驾驶辅助）系统在其设计运行条件内持续地执行动态驾驶任务中的车辆纵向或横向运动控制，且具备与所执行的车辆横向或纵向相适应的部分目标和事物探测与响应能力［如主动式巡航控制（ACC）、车道保持辅助（LKA）、自动泊车等]。

3级驾驶自动化（有条件自动驾驶）系统在其设计运行条件内持续地执行全部动态驾驶任务。对于3级驾驶自动化，动态驾驶任务后援用户以适当的方式执行动态驾驶任务接管。

4级驾驶自动化（高度自动驾驶）系统在其设计运行条件内持续地执行全部动态驾驶任务和执行动态驾驶任务接管。对于4级驾驶自动化，系统发出后援请求时，若乘客无响应，系统具备自动达到最小风险状态的能力（如市区智能、园区智能等）。

5级驾驶自动化（完全自动驾驶）系统在任何可行使条件下持续地执行全部动态驾驶任务和执行动态驾驶任务接管。对于5级驾驶自动化，系统发出后援请求时，乘客无须进行响应。其在车辆可行驶的环境下没有设计运行条件的限制（商业和法规因素等限制除外）。

美国国家公路交通安全管理局（NHTSA）根据技术提供的智能驾驶程度、对驾驶员的解放程度，应用环境等要素，对自动驾驶技术划分为L0~L4共5个等级。而美国汽车工程师学会（SAE）则将L4级别又细分为L4高度自动驾驶和L5完全自动驾驶见表2-5。

表2-5 美国NHTSA和SAE制定的自动驾驶等级划分

自动驾驶分级		名称	定义	驾驶操作	周边监控	接管	应用场景
NHTSA	SAE						
L0	L0	无自动驾驶	由人类驾驶员全权驾驶汽车	人类驾驶员	人类驾驶员	人类驾驶员	无
L1	L1	辅助驾驶	系统对方向盘和加减速中的一项操作提供驾驶，人类驾驶员负责其余的驾驶动作	人类驾驶员和系统	人类驾驶员	人类驾驶员	限定场景
L2	L2	部分自动驾驶	系统对方向盘和加减速中的多项操作提供驾驶，人类驾驶员负责其余的驾驶动作	系统	人类驾驶员	人类驾驶员	
L3	L3	条件自动驾驶	由系统完成绝大部分驾驶操作，人类驾驶员需要集中注意力以备不时之需	系统	系统	人类驾驶员	
L4	L4	高度自动驾驶	由系统完成所有驾驶操作，人类驾驶员无须保持注意力，但限定道路和环境条件	系统	系统	系统	
	L5	完全自动驾驶	由系统完成所有驾驶操作，人类驾驶员无须保持注意力	系统	系统	系统	所有场景

1）L1与L2级别的最大区别在于依靠的是单项还是多项系统辅助。在L1级别下单项驾驶辅助系统通过获取车辆行车环境信息对车辆横向或纵向驾驶动作进行操控，在L2级别下多项驾驶辅助系统通过获取车辆行车环境信息对车辆横向和纵向驾驶动作同时进行操控。

2）L2与L3级别的最大区别在于驾驶操纵主体是人类驾驶员还是系统。在L2级别下,尽管驾驶员可以不再作为主要操纵者,跟车、变道、制动、起步等操作都可以由系统自己来完成,但驾驶主体仍然必须是人类驾驶员。在 L3 级别下,人类驾驶员变为辅助驾驶员,绝大多数情况下都不用人类驾驶员插手,只有紧急情况下需要人类驾驶员接管。

3) L3 与 L4 级别的最大区别在于行为责任主体是人类驾驶员还是系统。在 L3 级别下,尽管绝大多数操作都可以由系统控制完成,但在紧急情况下还是需要人类驾驶员随时准备接管。而到 L4 级别时,人类驾驶员彻底变成了乘客,汽车上甚至可以取消转向盘、制动踏板、加速踏板等装置。

4) L4 与 L5 级别的最大区别在于 L4 是在限定的条件下自动驾驶,L4 级别常应用于城市出租车和港口机场的巴士;而 L5 级别是可以在任何条件下自动驾驶。

课程思政要点

一、思政要素切入点

在介绍新能源汽车和智能网联汽车时,引入"十四五"规划相关内容。《中华人民共和国国民经济和社会发展第十四个五年规划和 2035 年远景目标纲要》第三篇——"加快发展现代产业体系巩固壮大实体经济根基"中,新能源汽车和智能(网联)汽车成为制造业核心竞争力提升中的一项。提到"突破新能源汽车高安全动力蓄电池、高效驱动电机、高性能动力系统等关键技术,加快研发智能(网联)汽车基础技术平台及软硬件系统、线控底盘和智能终端等关键部件"。在第九章——"发展壮大战略性新兴产业"中提出,"聚焦新一代信息技术、生物技术、新能源、新材料、高端装备、新能源汽车、绿色环保以及航空航天、海洋装备等战略性新兴产业,加快关键核心技术创新应用,增强要素保障能力,培育壮大产业发展新动能"。

二、育人目标

培养学生的家国情怀,为学生指明未来努力的方向,树立远大理想。

思 考 题

1. 汽车总体由哪四大部分组成?
2. 汽车汽油发动机的两大结构五大系统是什么?
3. 汽车底盘的四大系统是什么?
4. 汽车的六大性能指标是什么,分别表示什么含义?
5. 增程式混合动力汽车相比传统的发动机汽车有哪些优点?
6. 纯电动汽车与传统的燃油汽车有哪些结构的不同?
7. 燃料电池电动汽车的工作原理是什么?请简要说明。
8. 太阳能汽车的工作原理是什么?请简要说明。
9. 无人驾驶汽车由哪三大部分组成?请谈谈你对无人驾驶汽车的了解。
10. 车联网的具体含义是什么?请谈谈你对车联网技术的了解。

第三章

认识全球汽车行业

第一节 汽车发展简史

汽车的发展历史,就是一段人类工业的发展历史。伴随着人类科技的进步,如今的汽车也不仅仅是一部交通工具那么简单。它正改变着人们的社会生活,促进人类社会和文化更快地发展。

一、车的发明史

1. 中国古代车的发展

中国是世界上最早发明与使用车的国家。相传黄帝时已知如何制作车,但当时,车是一种形制复杂的交通工具。据史料记载,夏朝当时设"车正"官职,负责车的制造、保管和使用。

目前见到的最早的车的形象和实物是1952年考古学家在河南省安阳市殷都区殷墟路殷墟遗址发现的距今3000多年的商代车马遗迹,这是一种造型精致的独辀车。在其后的多年中,独辀车虽然多有改进和发展,但从总体结构上讲,还没有突破商代独辀车(见图3-1)的形制。

直到西周时期,车辆有了重大改革。西周马车,车驾二马的叫"骈";驾三马的称"骖";驾四马的名"驷"(见图3-2),其中驾辕的二马叫服马,两旁拉车的马叫骖马;驾六马为"六騑"。

图 3-1 独辀车

图 3-2 西周马车(驷)

西汉是双辕车渐渐兴起到繁荣的时代。西汉武帝以前，独辀车尚与双辕车（见图 3-3）并存。但到了西汉中晚期，双辕车开始逐渐普及，东汉以后双辕车便基本上取代了独辀车。这一变化过程，从考古发现的西汉晚期与东汉时期的画像石、画像砖和汉墓壁画上可以得到证实。

无论是乘人的马车还是载物的牛车，都需要在较为宽阔的道路上行驶，不适用于在乡村田野、崎岖小路和山峦丘陵起伏地区使用。因此在西汉末东汉初期，一种独轮车（见图 3-4）在当时的齐鲁（今山东）地区和巴蜀（今四川）地区应运而生。这是一种经济实用的交通运输工具，在人类交通史上是一项重要的发明。据史料记载，诸葛亮北伐曹魏时，创造"木牛"为军队运送粮草。许多学者认为当时的"木牛"，就是一种特殊的独轮车。

图 3-3 双辕车

图 3-4 独轮车

2. 西方历史上车的发展

不同于中国车的发展大部分为单轴马车。中世纪的欧洲，大力发展了四轮马车（见图 3-5）。这种马车安装有转向盘，用旋转式前轴形成转动方向的改变。同时出现了封闭式车身与活动车门，在车身与车轴之间，安装了弹簧连接，使舒适性得到很大改善。

图 3-5 四轮马车

二、蒸汽汽车

1. 蒸汽机的发明

人们在日常生活中发现将水烧开会冒出水蒸气，如果把水蒸气向上蒸发的能量收集起来，就可以推动物体的运动。如果将直线运动转化为旋转运动，就可以作为驱动力使车辆前进，这就是蒸汽发动机的原理。

1712 年，英国铁匠托马斯·纽卡门（Thomas Newcomen）制造了早期的工业蒸汽机（纽卡门蒸汽机），用来驱动抽水机将矿井中的水抽出。纽卡门蒸汽机（见图 3-6）不仅笨重，而且使用的范围又受限制。它并不是我们理解的通用蒸汽机，并不能为工厂提供一般性的动力。

1765 年，詹姆斯·瓦特（James Watt）在总结纽卡门蒸汽机的不足的基础上，研制出了瓦特蒸汽机（见图3-7）。这是一种万用蒸汽机，它能为工业化提供普遍的动力。其为汽车的出现创造了必要条件，拉开了第一次工业革命的序幕。

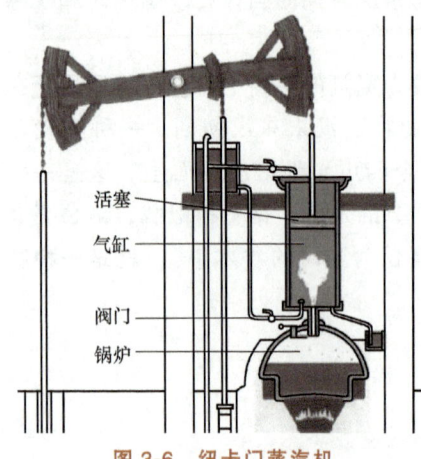

图3-6　纽卡门蒸汽机

图3-7　瓦特蒸汽机

2. 第一辆蒸汽汽车的诞生

1769年，法国的炮兵工程师，尼古拉斯·古诺（Nichoals JosePS Cugnot），造出第一辆蒸汽动力无轨车辆（见图3-8），准备用它来牵引大炮。

车身采用硬木框架，有三个轮子。车长7.32m，车高2.2m。车的前部放置有容积50L的梨形大锅炉，锅炉后边有两个容积为50L的气缸。锅炉产生的蒸汽存入气缸内，再推动活塞往复运动，通过一个简单的曲拐把活塞的运动传给前轮，使前轮转动。前轮直径为1.28m，后轮直径为1.5m。同时前轮还是转向轮，由于前轮上压着很重的锅炉，

图3-8　古诺发明的第一辆蒸汽动力无轨车辆

所以操纵转向杆很费力。这辆蒸汽汽车存在一个致命的缺点，即每走12~15min，锅炉的压力就消耗殆尽，必须停车用15min的时间加水烧开产生蒸汽，因而运行速度仅为3.5~3.9km/h。

3. 蒸汽汽车的后续发展

18世纪末，欧美各国出现了一个研究与制造蒸汽汽车的浪潮，汽车的结构与车身快速改进。进入19世纪中期后，蒸汽汽车迎来黄金时代。

1801年，英国人理查德·特威迪克（Richard Trevithick）将蒸汽机装在后轮上制造了英国最早的蒸汽汽车，轮径2.5m，如图3-9所示。平路上时速为9.6km/h，坡道上时速为6.4km/h。两年后，他又制成了形状类似公共马车的蒸汽汽车。蒸汽机驱动的汽车开始在实际中得到应用。

1803年，法国工程师特利维柯制成新型高压蒸汽汽车，在行驶中平均时速达

13km/h。

1825年，美国人古涅（Goldsworthy Gumey）制造了被认为是最早投入商业运行的车辆，如图3-10所示。汽车前面坐着驾驶员，中部可容纳多名乘客，锅炉位与后部配一名司炉员，蒸汽机气缸位于后轴的前方地板下，以驱动后轮前进。

图3-9 特威迪克发明的蒸汽机车

图3-10 第一辆蒸汽公共汽车

1827年，英国嘉内公爵制成了一辆蒸汽机后置的蒸汽公共汽车，该车的发动机装在后部，后轴驱动，前轴转向。1831年嘉内利用这辆车开始了世界上最早的公共汽车运营业务，所以这辆车也被认为是世界上最早的公共汽车。

1828年，英国哈恩格克制成了比嘉内的汽车性能更好的蒸汽公共汽车，并开始了公共运输事业的企业化。1834年，发展成立了世界上最早的公共汽车运输公司——苏格兰蒸汽汽车公司。

1828年，法国佩夸尔制造了一辆链传动、差速器、独立悬架的蒸汽牵引汽车。这辆汽车首次采用将发动机置于车的前端，而由后轴驱动的总布置方案。在发动机和后轴之间，用链传动。同时他采用了划时代的独立悬架与差速器设计。

1865年，英国颁布了世界上最早的机动车法规——红旗法规。

商业化使用的蒸汽公共汽车如图3-11所示。

4. 蒸汽汽车退出历史舞台

蒸汽机的燃料在锅炉中燃烧把水烧开，将蒸汽送进气缸，推动活塞和曲柄连机构工作，所以蒸汽机也称为外燃机。它的热量损失大，热效率低，仅10%左右，能源浪费严重。同时车身笨重，不便于操控。质量大，惯性大，转弯不灵敏，易发生车祸。乘坐这种车还受天气的影响，如下雨天车上遮盖不严，车内漏雨，道路泥泞不安全；严寒天烧水困难，锅炉容易熄灭，行驶缓慢，浪费时间；炎热天气时很难忍受锅炉的高温；刮风天时还要看风向，顺风时车尾的浓烟会把乘车人熏得喘不过气来。

图3-11 商业化使用的蒸汽公共汽车

到20世纪，随着内燃机的发明，内燃机汽车不断涌现，性能逐渐提高，蒸汽汽车逐渐退出了历史舞台。

三、电动汽车

电动汽车在蒸汽汽车与内燃机汽车时代交替时出现。同时,电动汽车比内燃机汽车早问世 12 年。它是第二次工业革命电气化的产物。

1873 年,英国戴维森(Robert Davidsson)制造的四轮货车是最早的电动汽车。19 世纪 80 年代,在法国已制造了多辆名副其实的电动汽车。当时在欧洲的出租车中电动汽车占了很大一部分。在美国,爱迪生和福特都对电动汽车的开发做出了很大贡献。1899 年,法国的杰那茨(Camille Jenatzy)驾驶着电动汽车创造了 105km/h 的最高车速纪录(见图 3-12)。

由于当时的电池技术、充电设施的限制,电动汽车不适于长途行驶。同时当时高昂的蓄电池充电费用也阻碍了电动汽车的发展。随着内燃机的兴起,电动汽车逐渐被内燃机汽车取代。

图 3-12 车速达 105km/h 的电动汽车

进入 21 世纪,随着人类认识到环境保护的重要性,以及电池技术、充电设施、充电技术的突破,电动汽车得到了长足发展,诞生了一批知名的电动汽车品牌:特斯拉、蔚来、小鹏、理想等;并且很多汽车集团也加入了制造电动汽车的行列。目前的电动汽车,综合工况续航里程可达几百公里之多,充电时间大为减少。结合时下新发展的智能语音交互、辅助驾驶等新技术。电动汽车正成为当今世界汽车发展的潮流。

四、内燃机车的诞生与发展

1. 内燃机的诞生

由于蒸汽机属于外燃机,它的热量损失大,热效率低,能源浪费严重。于是人们开始研究将外燃改为内燃,让燃气燃烧产生的高温高压气体直接推动活塞做功,以提高热机的热效率。

1824 年萨迪·卡诺(Sadi Camot)首次提出卡诺原理。1860 年,法国里诺(Etienne Lenoir)制造了世界上第一台商用煤气机,由于其没有压缩行程,它的热效率只有 4% 左右。

德国工程师尼古拉斯·奥托(Nikolaus Otto)于 1861 年制成第一台煤气内燃机。1867 年,奥托与兰根(Langen)合作研制的改进型煤气内燃机在巴黎博览会上获得金奖。1876 年奥托制成第一台可替代蒸汽机的实用四冲程内燃机。其结构紧凑,性能有了很大改善。转速为 80~250r/min,机械效率达到 12%~14%。奥托内燃机诞生以后在 17 年中卖出 5 万多台。奥托发明的内燃机如图 3-13 所示。

1883 年 8 月 15 日,戈特利布·戴姆勒(Gottlieb Daimler)和卡尔迈巴赫(Karl Maybach)在奥托四冲程发动机的基础上,通过改进开发出了第一台卧式汽油机。后来，他们制成了世界上第一台轻便小巧的化油器式、电点火的小型汽油机，转速达到了当时创纪录的750r/min。这也是世界上第一台立式发动机，取名为"立钟"（见图3-14）。他们在1885年4月3日取得了德国专利。

1897年，德国鲁道夫·狄塞尔（Rudolf Diesel）成功研制出第一台四冲程压缩点火式柴油发动机（见图3-15）。柴油机比汽油机动力强，热效率高。在船舶与汽车上得到了广泛应用。

图3-13 奥托发明的内燃机

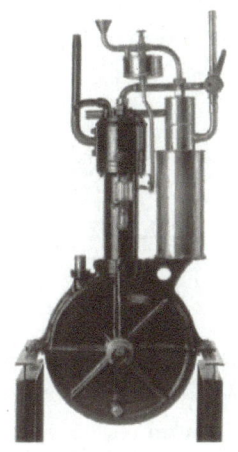

图3-14 立钟

图3-15 第一台柴油发动机

2. 内燃机车的诞生历程

1885年8月29日，戴姆勒将汽油机安装在改装后的自行车上，并申请了专利，专利取名为"石油发动机自行车"。这实际上是世界上第一辆摩托车，如图3-16所示。该款摩托车采用戴姆勒自己制作的单缸、风冷、四冲程、742W的汽油机，车速可达12km/h。

1885年德国工程师卡尔·本茨（Karl F. Benz）将一台自制的单缸两冲程662W内燃机安装在一辆三轮马车前、后轮之间的底盘上（见图3-17）。行驶速度可达15km/h。该车具有火花点火、水冷循环、钢管制车架、后轮驱动、钢板弹簧悬架、前轮转向等现代汽车的主要特点。1886年1月29日，卡尔·本茨成功地为他所研制的三轮汽车取得了"第37435号帝国专利

图3-16 戴姆勒发明的第一辆摩托车

证书"(见图 3-18)。

图 3-17 本茨发明的第一辆三轮汽车

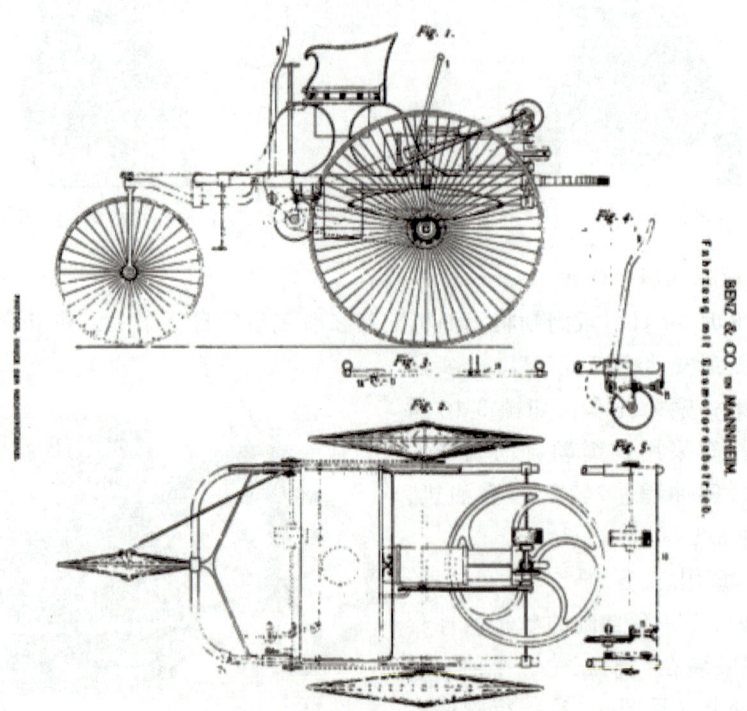

图 3-18 本茨发明的三轮汽车的专利证书

1888 年 8 月,卡尔·本茨的妻子贝尔塔·本茨(Bertha Benz)带着两个孩子驾驶三轮汽车试运行了 144km 到达普福尔茨海姆,成为世界上第一名试车者和女性驾驶员

（见图 3-19）。当行驶至维斯洛赫市时，贝尔塔·本茨在城市药房购买了一些汽油和水。因此，这家药店成为世界上第一个汽车加油站（见图 3-20）。当时，德国的汽油只能在药店买到。同年卡尔·本茨开始雇佣工人，组织批量生产三轮汽车。

图 3-19　世界上第一名试车者及女性驾驶员

图 3-20　世界上第一个汽车加油站

1886 年 8 月，戴姆勒将自己制造的排量为 0.46L、功率为 0.82kW、转速为 650r/min 的立式汽油发动机装在一辆四轮马车上，并增添了传动、转向等必备机构，制造出了世界上第一辆乘坐用的四轮汽油机汽车，即"戴姆勒 1 号"（见图 3-21）。该车车速可达 17.5km/h，可变四个速度（17.5km/h、11km/h、7km/h、4.5km/h）。发动机后置，装有摩擦式离合器，后轮驱动，采用转向杆转向。车架涂着深蓝色漆，座位上套着黑色皮套。车前挂着一盏灯笼用以夜间照明。1887 年 3 月，该车进行了第一次行驶试验。

图 3-21　戴姆勒 1 号

1886 年，被公认为现代汽车诞生之年。戴姆勒和本茨被并称为"汽车之父"。

戴姆勒与本茨的成功是"站在巨人的肩膀上取得的"，早在第一辆汽车发明之前，与它相关的许多发明就已经出现了。要认识到汽车并不完全是由一个人发明的，而是由几百甚至几千项创造发明构成的，是人类智慧的结晶。

3. 内燃机汽车的迅速发展

自 1886 年汽车诞生后，汽车开始了飞速发展。随着新材料、新工艺、新技术的广泛应用。汽车的舒适性，操控性得到很大提高。尤其是随着电子控制技术，智能网联技术的发展，如今的汽车更加自动化、智能化。

第二节　汽车产业对人类社会的影响

一、汽车产业促进其他产业的发展

汽车产业作为我国现阶段的主导产业不仅自身得到了快速的发展，其对我国产业结构体系的引导功能也通过其带动作用实现。数据表明，我国汽车产业的产值占 GDP 的比重已从 2000 年的 0.97% 上升到 2020 年的将近 2%，并且最重要的是汽车工业对上下游产业带动的影响，占 GDP 的比重由原来的 3.37% 上升到 8.3%。

汽车行业产业链长、辐射面广，与其相关的上下游产业极多，其上游涉及钢铁、机械、橡胶、石化、电子、纺织等行业，下游涉及保险、金融、销售、维修、加油站等行业。

新能源汽车产业链全景图如图 3-22 所示。

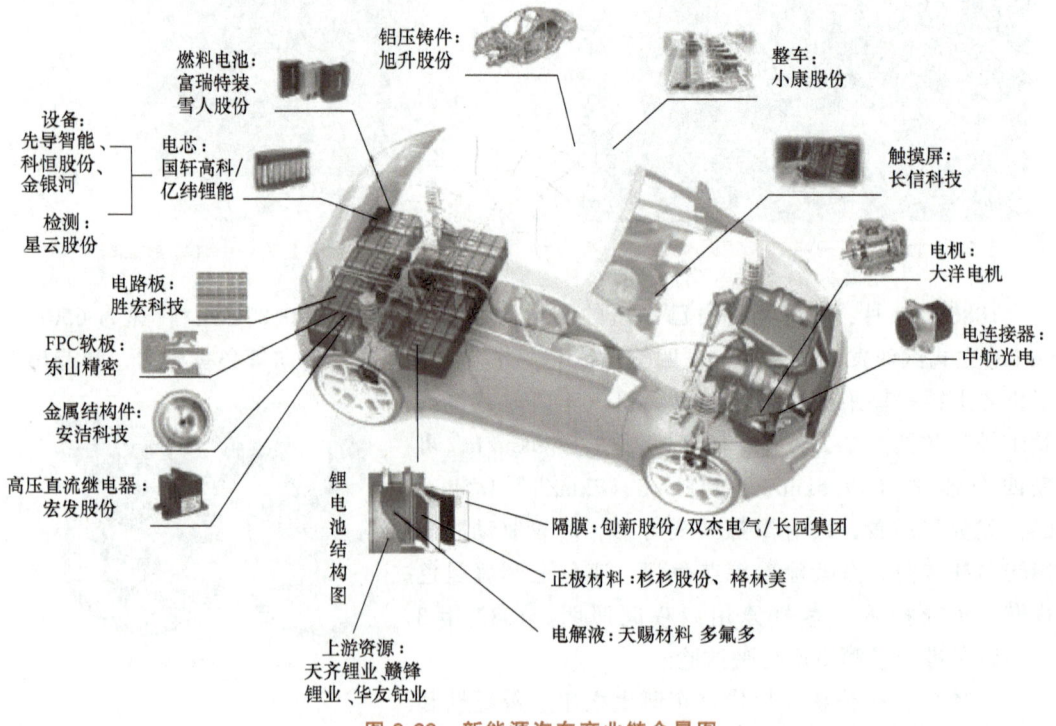

图 3-22　新能源汽车产业链全景图

二、汽车产业促进科技发展

汽车产业作为现代工业的缩影，表现了现代工业高水平、高科技的特征，显示出科技的蓬勃发展和快速进步。

众多高科技如数控加工技术、机器人技术、电磁脉冲焊接技术、柴油机涡轮增压技术、一体车门板技术、铁金属元件硬化技术、记录超高速变化的数字摄像技术、信息技术、纳米技术等新技术在汽车工业中得到了广泛的应用。

总的来说，一方面汽车产业的发展势必要求推进新技术进步，不断扩大的汽车市场使得技术进步有着广阔的前景。汽车产业的发展，产业结构集中度的提高，使得单个汽车厂商的科技投入能力也得到提高，为技术进步提供了强劲的动力和经济上的支持。最后汽车产业依靠着其扩散效应，使得技术进步得以在其他行业传播。

机器人焊接技术在汽车产业中的应用如图 3-23 所示。

图 3-23　机器人焊接技术在汽车产业中的应用

三、汽车产业发展带来巨大社会变革

汽车作为一种交通工具,其灵活性、快捷性和普遍性特征,在现代生活中没有任何其他工具可以与之相媲美。

社会与经济的发展让汽车从可望而不可即变成了一件每家每户都能拥有的物品,出行从此变得无拘无束,汽车让人们的生活更加自由。汽车的普及也为人类社会生活创造了许多新生事物,例如汽车艺术、汽车广告、汽车模特、汽车展会、汽车旅馆、改装汽车等,改造着人们生活方式和传统观念,进而改变着城市结构、乡村结构和就业结构,改变着人们的区域概念、住地选择、消费结构和模式、生活休闲方式,改变着人们的社会关系、沟通方式、知识结构以及文化习俗等。

汽车展会如图 3-24 所示。汽车拆解艺术如图 3-25 所示。

图 3-24　汽车展会

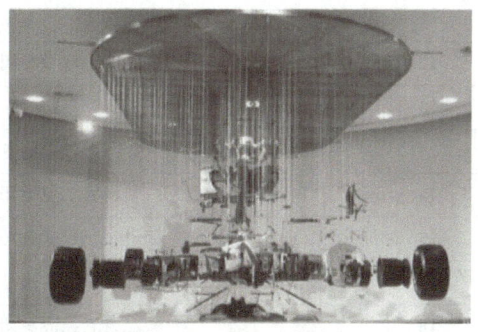

图 3-25　汽车拆解艺术

汽车缩短了两地之间的路程时间,使得城市范围进一步扩大,城市空间放大,城市化进程随之加快。而随着城市空间的放大,汽车使用就变得更加必要,以致汽车流通速度加大,这有利于汽车需求的进一步增大。城镇居民收入稳步增长,成为汽车市场消费的主体。由此循环往复,城市化进程越发加快。汽车制造业作为一种集成行业具有多重行业属性,其中一个属性便是劳动密集型行业。汽车市场的繁荣要求更大规模的标准化生产,这就必然通过扩大生产能力来应付日益增长的需求。这就意味着汽车产业可以提供无数就业岗位,也就是说汽车的发展也为人们提供了大量就业机会,解决了失业这一重要的社会问题,还能维护社会的稳定和谐,促进社会经济的发展。

第三节　国外汽车行业概况

汽车行业，一般是指其汽车产品或具有相同工艺过程或提供同类劳动服务划分的经济活动类别，包括汽车生产、销售、售后、美容等增值服务的总体。

经过100多年的汽车行业发展与全球范围内的并购风潮，世界汽车工业形成以欧洲、美国、东亚为中心的汽车生产格局。

2021年《财富》世界500强车辆与零部件行业排行榜见表3-1。

表3-1　2021年《财富》世界500强车辆与零部件行业排行榜

序号	全榜单排名	企业名称	营收(亿美元)	国家
1	9	丰田汽车公司	2567.21	日本
2	10	大众公司	2539.65	德国
3	24	戴姆勒股份公司	1758.27	德国
4	47	福特汽车公司	1271.44	美国
5	48	本田汽车	1242.4	日本
6	49	通用汽车公司	1224.85	美国
7	54	宝马集团	1127.94	德国
8	60	上海汽车集团股份有限公司	1075.55	中国
9	66	中国第一汽车集团有限公司	1010.75	中国
10	83	现代汽车	881.55	韩国
11	85	东风汽车公司集团有限公司	868.56	中国
12	98	博世集团	814.63	德国
13	116	日产汽车	741.69	日本
14	124	北京汽车集团有限公司	721.47	中国
15	176	广州汽车工业集团有限公司	577.23	中国
16	215	起亚公司	501.55	韩国
17	219	雷诺	495.36	法国
18	239	浙江吉利控股集团有限公司	471.91	中国
19	244	电装公司	465.69	日本
20	272	大陆集团	429.82	德国
21	323	采埃孚	371.58	德国
22	357	印度塔塔汽车公司	340.12	印度
23	365	爱信	332.59	日本
24	392	特斯拉	315.36	美国
25	412	铃木汽车	299.8	日本
26	449	马自达汽车株式会社	271.87	日本
27	459	斯巴鲁公司	266.98	日本

第三章　认识全球汽车行业

一、德国汽车行业及主要汽车企业

1. 德国汽车行业现状

德国是现代汽车的发源地,是生产汽车历史最悠久的国家之一。近年间,德国汽车工业研发投入高达 2000 亿欧元。德国工业领域 28% 的研发人员从事汽车行业的研发工作,每年获得的专利达 3600 多项。汽车产业生产总值占德国 GDP 的近 20%。

2. 主要整车企业

(1) 戴姆勒股份公司　戴姆勒股份公司(Daimler AG)是戴姆勒和本茨于 1886 年创建的世界汽车史上举足轻重的公司,总部位于德国斯图加特。戴姆勒股份公司现正式更名为梅赛德斯·奔驰集团股份公司,更名流程在 2022 年年内完成。集团 2021 年营业额 1758.27 亿美元,《财富》世界 500 强排名第 24 位,员工数将近 30 万人。集团旗下经营范围包括汽车、航天航空、电气、服务等。

集团是世界上资格最老的厂家之一,也是经营风格始终如一的厂家之一。从 1926 年至今,集团不追求汽车产量的扩大,而只追求生产出高质量、高性能的高级别汽车产品。在世界十大汽车公司中,戴姆勒集团产量最小,不到 100 万辆,但它的利润和销售额却名列前五名。奔驰的最低级别汽车售价要 1.5 万美元以上,而豪华汽车则在 10 万美元以上,中间车型在 4 万美元左右。

集团在全世界范围内都设有联络处、销售点以及装配厂,是全球最大的商用车制造商,全球第二大豪华车生产商、第二大货车生产商。集团旗下包括梅赛德斯-奔驰汽车、梅赛德斯-奔驰轻型商用车、戴姆勒重车和戴姆勒金融服务等四大业务单元。

戴姆勒集团旗下品牌及代表车型见表 3-2。

表 3-2　戴姆勒集团旗下品牌及代表车型

车型	图片	车型	图片
奔驰 C 级		奔驰 E 级	
奔驰 GLC		奔驰 EQC	

(续)

车型	图片	车型	图片
乌尼莫克 U400		乌尼莫克 U500	

迈巴赫 S680		迈巴赫 S450	

Smart fortwo		Smart forfour	

（2）宝马集团　宝马集团（Bayerische Motoren Werke AG，BMW）是巴伐利亚发动机制造厂股份有限公司的简称，1916 年成立于德国慕尼黑。2021 年营业额 1127.94 亿美元，《财富》世界 500 强排名第 54 位。集团运营 31 个生产和组装厂在 15 个国家/地区设有工厂，并在全球 140 多个国家/地区拥有销售网络，拥有超过 12 万名员工。集团旗下经营范围包括汽车、航天航空、服务。

集团始终专注于高端细分市场，是全球唯一一家将所有品牌都集中在高端市场的汽车和摩托车制造商。

宝马集团拥有三个品牌宝马、MINI 和劳斯莱斯，是全球领先的汽车和摩托车高级制造商，并且还提供高级金融和创新出行服务。集团的经济成功基于长期的思考和负责任的行动，以及整个价值链在地方、国家和国际层面上的生态和社会可持续性。

宝马集团旗下品牌及代表车型见表 3-3。

第三章　认识全球汽车行业

表 3-3　宝马集团旗下品牌及代表车型

车型	图片	车型	图片

宝马 7 系		宝马 4 系	
宝马 6 系 GT		宝马 X7	

劳斯莱斯幻影		劳斯莱斯魅影	

Mini Cooper		Mini Clubman	

（3）大众集团 大众集团（VolkswagenAG）成立于1937年，总部位于德国沃尔夫斯堡，是欧洲最大的汽车公司，也是世界汽车行业中最具实力的跨国公司之一。2021年营业额2539.65亿美元，《财富》世界500强排名第10位，全球雇员总数超过60万人。集团在欧洲的19个国家拥有120家生产工厂，在美洲、亚洲和非洲的10个国家经营着几十间制造工厂。业务领域包括汽车的研发、生产、销售、物流、服务、汽车零部件、汽车租赁、金融服务、汽车保险、银行、IT服务等。

集团汽车的标志曾发生过多次变化。标志中的VW为全称（Volks Wagenwerk）中两个首个字母。标志像是由三个用中指和食指做出的"V"组成，表示大众公司及其产品必胜-必胜-必胜。

集团建立了一套覆盖以下4个区域的控制结构：欧洲/其余市场、北美市场、南美/南非市场和亚太市场。大众汽车的产品在全球超过150个国家均有销售。集团的目标是为消费者提供安全、环保、有吸引力、有竞争力的汽车产品，代表同类产品的全球最高水平。

大众集团旗下品牌及代表车型见表3-4。

表3-4 大众集团旗下品牌及代表车型

车型	图片	车型	图片

大众朗逸		大众帕萨特	
大众桑塔纳		大众ID.4	

奥迪Q5L		奥迪e-tron	

第三章 认识全球汽车行业

（续）

车型	图片	车型	图片
奥迪 A6L		奥迪 Q3 Sportback	

| 斯柯达明锐 |  | 斯柯达速派 |  |

| 宾利欧陆 |  | 宾利添越 |  |

| 西亚特 LEON |  | 西亚特伊比飒 |  |

75

（续）

车型	图片	车型	图片

布加迪威航		布加迪 Divo	

保时捷 911		保时捷 Macan	

兰博基尼 Gallardo		兰博基尼 Aventador	

3. 主要零部件企业

(1) **博世集团** 博世集团（BOSCH）成立于1886年，总部位于德国的斯图加特。2021年营业额814.64亿美元，《财富》世界500强排名第98位，员工数超过40万人。营业范围包括汽车与智能交通、家居、工业与贸易。

集团作为全球领先的物联网企业，博世为智能家居、智慧城市、互联交通和互联工业提供创新的解决方案。博世运用其在传感器技术、软件和服务领域的专知，以及自身的云平台，为客户提供整合式跨领域的互联解决方案。通过其产品和服务，博世为人们提供创新、有益的解决方案，从而提高他们的生活质量，打造互联生活。凭借其创新科技，博世在世界范围内践行"科技成就生活之美"的承诺。

博世集团服务和产品类型见表3-5。

表3-5 博世集团服务和产品类型

服务类型	产品类型
汽车与智能交通	博世汽车专业维修
	两轮车及运动车辆技术：制动系统、火花塞、车辆传动系统等
	汽车与智能交通技术：汽车电气设备、车载传感器、车载激光雷达、整车控制器、车载摄像头等
	汽车后市场服务
家居	家用电器：电冰箱、洗衣机、洗碗机、厨房电器等
	热力技术：家用壁挂炉、家用采暖系统等
工业与贸易	安防解决方案：视频系统、防盗报警、会议系统等
	传动及控制技术：线性传动、移动机器人组件等
	适用于专业人员的电动工具：锂电修枝剪、电钻等

（2）**大陆集团** 大陆集团（Continental AG，Conti），成立于1871年，总部位于德国的汉诺威。2021年营业额429.82亿美元，《财富》世界500强排名第272位，员工数大约15万人。营业范围包括自动驾驶及安全、车联网及信息、轮胎等。

集团众多事业部都占据领先的市场地位：制动钳、安全电子设备、车载智能通信系统、汽车仪表和供油系统全球销量第一；电子制动系统和制动助力器全球销量第二。集团是全球第四大轮胎供应商，同时也是欧洲最大的轿车和轻型货车、冬季轮胎和商用轮胎供应商。集团下属的康迪泰克公司是汽车内饰涂布材料、输送带和轨道车辆空气弹簧的全球市场领导者。

大陆集团服务和产品类型见表3-6。

表3-6 大陆集团服务和产品类型

服务类型	产品类型
自动驾驶系统	摄像功能：多功能Mono摄像头、360°全景系统、后视系统
	雷达：长距雷达、短距雷达、SRR600
	激光雷达：三维激光扫描雷达、短距激光雷达、HRL131
	控制单元：辅助驾驶控制单元、安全域控制单元等
安全系统	制动系统：电子制动、液压制动、电子驻车制动
	动态控制与舒适：电子空气悬架、底盘电子等
	被动及集成安全：安全气囊控制单元、加速度卫星传感器等
	传感器：底盘传感器、接触传感器系统、轮速传感器等
	清洗系统：摄像头清洗系统、软管、水泵、前照灯清洗喷嘴等

(续)

服务类型	产品类型
车联网系统	车身高性能计算单元
	控制单元：车身控制模块、车门控制系统、智能门控系统等
	舒适与安全：进入控制系统、座椅舒适性控制系统等
	智能设备集成：无线充电、近场通信等
	互联与智能通信：智能通信、智能天线模块、智能手机集成等
信息管理系统	组合仪表：数字化一体式大屏组合仪表
	抬头显示：风窗玻璃抬头显示系统、全息图像抬头显示系统等
	触控系统：曲面中控面板系统、触觉交互显示屏等
橡胶和塑料解决方案	传动带、软管线、表面材料、密封系统、轮胎等
纬湃科技	电动、混动及内燃机驱动系统所用的智能系统解决方案和部件

二、美国汽车行业及主要汽车企业

1. 美国汽车行业现状

截至 2020 年，美国人口总量达 3.3 亿多人，汽车保有量达 2.8 亿，平均 818 辆/千人。从 20 世纪开始，美国的汽车工业已经有 100 多年的历史。它长期主宰世界的汽车工业。是名副其实的汽车工业大国、汽车消费大国和汽车文化大国。美国汽车产业主要分布在五大湖地区。

2. 主要整车企业

（1）**福特汽车公司** 福特汽车公司（Ford Motor Company）于 1903 年由亨利·福特（Henry Ford）创建，总部位于美国的密歇根州。2021 年公司营业收入 1271.44 亿美元，《财富》世界 500 强排名第 47 位，雇员总数超过 18 万人。公司旗下业务有汽车、电视机、收音机、电子通信系统、导弹控制系统、卫星和地面站设备等。

福特汽车的标志是采用福特英文 Ford 字样，蓝底白字。由于创建人福特喜欢小动物，所以标志设计者把福特的英文画成一只小白兔样子的图案。

公司最为著名的是采用流水线生产 T 型车，降低了汽车生产成本，进而使汽车走进千家万户。如今，福特汽车公司是美国最大的工业垄断组织和世界重要跨国企业之一。它拥有世界著名的四大汽车品牌：福特、林肯、水星、野马。公司在世界各地 30 多个国家拥有生产、总装或销售企业。福特货车与轿车的销售网遍及 6 大洲、200 多个国家，经销商超过 10500 家。福特形成了其企业和员工的国际网络，在世界各地从事生产、试验、研究、开发与办公。

福特汽车公司旗下品牌及代表车型见表 3-7。

（2）**通用汽车公司** 通用汽车公司（General Motors Company，GM）于 1908 年由威廉·杜兰特（William Durant）创建，总部位于美国密歇根州底特律。2021 年公司营业收入 1224.85 亿美元，《财富》世界 500 强排名第 49 位，雇员总数超过 17 万人。公司业务主要为汽车生产和销售。

第三章 认识全球汽车行业

表 3-7 福特汽车公司旗下品牌及代表车型

车型	图片	车型	图片

福特蒙迪欧		福特金牛座	
福特福克斯		福特翼虎	
林肯飞行家		林肯航海家	

野马 MUSTANG		野马 R-SPEC	

79

公司标志 GM 取自其英文名称的前两个单词的首字母。通用汽车公司各车型商标都采用了公司下属分部的标志。

通用公司由通用汽车北美地区（GM North America）、通用汽车欧洲地区（GM Europe）、通用汽车国际运营部（GM International Operations）、通用汽车南美地区（GM South America）、通用汽车金融业务（GM Financial）等五个部门组成。

通用汽车在全球生产和销售包括别克、雪佛兰、凯迪拉克、GMC 等一系列品牌车型并提供服务。2014 年，通用汽车旗下多个品牌全系列车型畅销于全球 120 多个国家和地区，包括电动车、微车、重型全尺寸货车、紧凑型车及敞篷车。

通用汽车公司旗下品牌及代表车型见表 3-8。

图 3-8 通用汽车公司旗下品牌及代表车型

车型	图片	车型	图片

雪佛兰科鲁兹		雪佛兰科迈罗	
雪佛兰迈锐宝		雪佛兰探界者	

别克英朗		别克昂科威	

(续)

车型	图片	车型	图片
别克 君越		别克 GL8	

凯迪拉克 XT5		凯迪拉克 CT6	
GMC 多用途货车		GMC 旅居车	

（3）特斯拉　特斯拉（Tesla）成立于 2003 年，总部位于美国加利福尼亚州帕罗阿托。2021 年公司营业收入 315.36 亿美元，《财富》世界 500 强排名第 392 位，雇员总数超 7 万。公司经营范围为高性能纯电动汽车。现今，特斯拉已经成为全世界市值最高的汽车高科技企业。

公司目前在全世界运营着七家超级工厂。内华达州超级工厂负责生产特斯拉电动汽车的电池、储能产品以及 Model 3 的零部件。纽约水牛城超级工厂负责生产太阳能屋顶瓷砖。上海超级工厂生产特斯拉 Model 3 汽车。弗里蒙特整车组装工厂生产特斯拉 Model Y 汽车。荷兰蒂尔堡工厂是特斯拉在美国本土之外首家配套最为完善的工厂，其所使用的设备来自特斯拉在加州费利蒙市的主要生产基地。这家在荷兰的工厂每周最高产能能达到约 1000 辆。特斯拉主要使用蒂尔堡的工厂对来自加利福尼亚州的零部件进行组装工作。柏林超级工厂主要负责 Model Y 车型的生产以及其电池和动力传动系统。奥斯汀超级工厂为一个正在建设的新工厂。

特斯拉代表车型见表3-9。

表 3-9 特斯拉代表车型

车型	图片	车型	图片
特斯拉 Model S		特斯拉 Model 3	
特斯拉 Model X		特斯拉 CyberTruck 多用途货车	

3. 主要零部件企业

(1) **李尔公司** 李尔公司（Lear Corporation Limited）成立于1917年，总部位于美国密歇根州南菲尔德。2021年公司营业收入170.45亿美元，《财富》美国500强排名第179位，雇员数超过17万人。公司在全球38个国家拥有超过300个分支机构，其中包括6家全球性的技术研发中心，在34个国家建立了284个组装厂。公司业务范围主要为汽车座椅及电器电子技术。

公司拥有全面的座椅纵向整合能力，产品涵盖金属骨架、发泡、织物及皮革面料等各个座椅组件，为汽车产业提供高品质的座椅。李尔也是全球为数不多的整车电子及电气系统架构供应商，能够为传统电气架构和高功率及混合动力系统提供完整的配电系统。其产品及服务覆盖了全球所有的主要汽车制造商，应用于400多个品牌的汽车。公司各主要产品全球市场占有率为：座椅排名第一，地毯和声学元件排名第二，门板系统排名第二，顶篷排名第三，电子产品及电器分配系统排名第三，仪表板排名第六。

李尔团队由来自38个国家的精英员工组成，他们是李尔持续创新、运营和可持续发展的基石。李尔的事业旨在为全球消费者提供更加安全、智能和舒适的出行，以科技创新践行"使驾驶更美好"这一愿景。李尔的产品技术及服务覆盖了全球主要汽车制造商。

李尔公司徽标如图3-26所示。

(2) **康明斯公司** 康明斯公司（Cummins）由克莱西·莱尔·康明斯成立于1919年，总部设在美国印第安纳州哥伦布市。2021年营业收入198.11亿美元，《财富》美国500强排行榜第150位，雇员总数超过

图 3-26 李尔公司徽标

34000人。公司通过其遍布全球160多个国家和地区550家分销机构和5000多个经销商网点向客户提供服务。业务范围包括燃油系统、控制系统、进气处理、滤清系统、排气处理系统和电力系统在内的发动机及其相关技术，并提供相应的售后服务。

公司由五大业务部门组成：

1）发动机事业部。发动机事业部生产和经销功率范围宽广的柴油和天然气发动机以及相应的零部件产品，用于汽车、工业和发电设备等领域。康明斯发动机排量2.8~95L，功率范围覆盖74~5500马力（1马力=735.50W），广泛应用于重型货车、中型货车、客车、旅居车、轻型商用汽车和多用途货车等公路用车辆，以及工程机械、矿山设备、农业机械、船舶和铁路等非公路领域。

2）动力系统事业部。动力系统事业部专注于为电力、矿山设备、船机、油气田以及铁路提供动力的大功率发动机。产品线包括柴油和代用燃料发电机组（2.5kW~2.7MW）、交流发电机（0.6~30000kV·A）、机组用发动机、控制系统、转换开关（40~3000A）和开关柜等，广泛用于办公楼宇、医院、工厂、市政、发电厂、大学、娱乐休闲车辆、游艇和家庭电源等领域。

3）零部件事业部。零部件事业部由以下五个业务部组成。

① 康明斯滤清系统（原弗列加）：柴油和燃气发动机空气、燃油、液压油和润滑油滤清器，以及各种化学添加剂。

② 康明斯涡轮增压技术系统（原霍尔塞特）：生产3L以上柴油和天然气发动机的全系列涡轮增压器及相关产品，主要应用于全球商用车辆和工业市场。

③ 康明斯排放处理系统：中重型柴油机排气催化净化系统及相关产品，业务主要包括为主机厂新机型配套和对在用车辆进行改造。其主要产品包括整体式催化净化系统、后处理系统专用零部件以及为发动机厂商提供系统集成服务。

④ 康明斯燃油系统：提供8~78L排量范围的柴油机燃油系统。

⑤ 伊顿康明斯：提供高品质自动变速器技术，以最佳燃油经济性、产品性能和出勤保障为全球用户服务。

4）新能源动力事业部。新能源动力事业部包含电动动力和氢能源技术及产品两部分业务，由前电动动力事业部和氢能源业务合并成立于2019年。电动动力业务设计并制造电动动力技术和产品，应用场景包括道路用（摆渡车、校车、中型货车、城市物流车等）及非道路应用（工程机械、航站楼拖车、货物运输设备等），到目前，该业务已在全球6大市场为7类应用场景提供完整的电动动力解决方案。氢能源动力业务包括工业及商业制氢、氢燃料电池及兆瓦级能源存储的解决方案，应用领域广泛，可为工业操作和燃料站的质子交换膜及碱性制氢设备，以及电动交通工具提供氢燃料电池，应用于独立电动动力工厂燃料电池，关键动力、不间断的动力供应系统装配及"电产气"产品等。

5）分销事业部。分销事业部由17家康明斯独资分销商和10家合资分销商组成，网络覆盖全球90多个国家和地区的233个地点，为全球客户提供康明斯产品、零部件和售后服务。

在北美市场，康明斯分销服务网络由合资分销商组成。在国际市场，康明斯分销服务体系由合资和康明斯独资分销商组成。

透过康明斯全球分销服务体系，受过专门训练的康明斯服务人员为客户提供全方位的零件和服务支持。

康明斯独资拥有的分销机构网络覆盖全球主要关键市场，包括北美、印度、中国、日本、澳大利亚、英国以及南非等地区。

康明斯公司服务和产品类型见表3-10。

表3-10 康明斯公司服务和产品类型

服务类型	产品类型
公路用发动机	重型柴油发动机(308~600马力)：L、G、M、X、Z系列
	中型柴油发动机(190~315马力)：B、C、D、F系列
	中型柴油发动机(130~194马力)：F、B、D系列
非公路用发动机	工程机械市场(46~675马力)：F、B、C、L、M、G、Z、N、X系列
	农业市场(46~4400马力)：KV系列
	铁路市场(46~4400马力)
	油气田市场：发动机、钻机主动力发电机组和移动式电站等动力设备
	船机市场：推进主机、发电机用原动机、发电机组以及辅机动力系统等
电力产品 (一站式预集成电力解决方案专家)	柴油发电机组和代用燃料发电机组(8~3750kV·A)
	交流发电机(0.6~30000kV·A)、STAMFORD(7.5~5000kV·A)、AvK(600~10000kV·A)
	机组用发动机
	控制系统
	自动转换开关(40~2000A)
	开关柜
滤清系统	空气进气系统滤清产品：传统径向密封空滤OptiAir系列、直流空滤Direct Flow系列及空气预滤器等
	燃油过滤系列：易用型滤清器UFF系列、Firefox & Avalon Module系列和Pro智能油水分离器系列等
	机油过滤系列：易用型滤清器UFF系列、Venturi系列及Centriguard系列等
	曲轴箱通风器系列：Falvon系列、Avalon及Firefox系列等
	冷却液：Compleat & Fleetcool系列冷却液产品和DEF车用尿素产品及燃油添加剂等
	天然气滤清器、液压系统过滤等
涡轮增压技术系统	3L以上柴油和天然气发动机的全系列涡轮增压器及相关产品
排放处理系统	CES系列：生产与集成氧化催化器、壁流式和半壁流式颗粒过滤器、选择性催化还原器等排放控制系统
电子与燃油系统	Celect燃油系统
	高压喷射系统
	大功率高压喷射系统
	康明斯共轨燃油泵
	超高压喷射系统
电动动力业务	摆渡车、校车、中型货车、城市物流车等道路用解决方案
	工程机械、航站楼拖车、货物运输设备等非道路用解决方案
氢能源动力业务	用于工业操作和燃料站的质子交换膜及碱性制氢设备
	为电动交通工具提供氢燃料电池
	独立电动动力工厂的燃料电池装配
	关键动力、不间断的动力供应系统、"电转气"动力解决方案

第三章 认识全球汽车行业

三、日本汽车行业及主要汽车企业

1. 日本汽车行业现状

截至 2021 年，日本人口约为 1.27 亿，汽车保有量超过 7500 万辆。日本汽车工业奉行精益生产的理念，最大化地降低成本。在于其他汽车巨头竞争时，日本的汽车工业取得了不俗的成绩。

2. 主要整车企业

（1）**丰田汽车公司** 丰田汽车公司（トヨタ自動車株式会社，Toyota Motor Corporation）简称"丰田"（Toyota），由丰田喜一郎在 1937 年创立，总部设在日本爱知县丰田市。2021 年营业收入 2567.21 亿美元，《财富》世界 500 强第 9 位，全球雇员大约 36 万人。其业务范围包括汽车、钢铁、电子、化工等。

丰田的三个椭圆的标志是从 1990 年初开始使用的。标志中的大椭圆代表地球，中间由两个椭圆垂直组合成一个 T 字，代表丰田公司。它象征丰田立足于未来，对未来的信心和雄心；象征着丰田立足于顾客，对顾客的保证；还象征着用户的心和汽车厂家的心是连在一起的，具有相互信赖感，同时喻示着丰田的高超技术和革新潜力。

丰田是日本最大的汽车公司，隶属于丰田财团。丰田财团是以丰田佐吉创立的丰田自动织机为母体发展起来的庞大企业集团。丰田自 2008 年始逐渐取代通用汽车公司而成为全世界排行第一位的汽车生产厂商。其旗下品牌主要包括丰田、雷克萨斯等系列高、中、低端车型等。2021 年丰田汽车销量位列世界第一名，达 1050 万辆。丰田汽车最大市场仍为北美地区，全年贡献销量约 233 万辆，中国地区贡献销量约 194.4 万辆。丰田汽车依然是日本军用汽车与装甲车的最大生产商，并且每年负责大量日本装甲车与军用汽车维护。

丰田汽车公司旗下品牌及代表车型见表 3-11。

表 3-11 丰田汽车公司旗下品牌及代表车型

车型	图片	车型	图片
丰田卡罗拉		丰田凯美瑞	
丰田威兰达		丰田汉兰达	

（续）

车型	图片	车型	图片
丰田 亚洲龙		丰田 亚洲狮	
丰田 RAV4 荣放		丰田 bZ4X	
丰田 皇冠威尔法		丰田 埃尔法	
丰田 Supra		丰田 柯斯达	

雷克萨斯 ES		雷克萨斯 LS	
雷克萨斯 UX		雷克萨斯 CT	

（2）**本田汽车公司** 本田汽车公司（本田技研工业株式会社，Honda Motor Co. Ltd）简称"本田"（Honda），由本田宗一郎于1948年创建，总部设在日本东京。

第三章 认识全球汽车行业

2021年公司营业收入1242.4亿美元，《财富》世界500强第48位，雇员总数超过21万人。公司经营范围包括汽车、摩托、动力产品和飞机。

本田商标"H"是本田汽车和本田摩托车的图形商标，是"本田"日文拼音"Honda"的首个字母。本田摩托车商标中的字母"HM"是"Honda Motor"的缩写，在这两个字母上有鹰的翅膀，象征着"飞跃的本田的技术和本田公司前途无量"。"人和车、车和环境的协调一致"是本田公司的发展方向；动感、豪华、流畅是本田公司的一贯风格；设计动力澎湃、低耗油、低公害的发动机是本田公司的技术目标；靠先进而实用的设计、卓越的制造质量和相对低廉的价格吸引更多顾客是本田公司的宗旨。

公司根据"哪里有需求，就在哪里生产"的基本方针，积极推进现代化体制，通过各地区人们之手开发、生产、销售适应各地区顾客需求的产品。截至2021年年底，本田在全球29个国家和地区拥有130个以上的生产基地。本田在全世界29个国家拥有120个以上的生产基地，在海内外建有的13家研究开发机构，通过摩托车、汽车和通用产品，每年惠顾的客户多达1700万以上。本田的比利时工厂、滨松制造所、通用动力产品工厂、栃木制造所已获得了环境管理系方面的国际标准——"ISO 14001"认证。

本田汽车公司旗下品牌及代表车型见表3-12。

表 3-12 本田汽车公司旗下品牌及代表车型

车型	图片	车型	图片

本田飞度		本田凌派	
本田思域		本田享域	
本田英仕派		本田雅阁	

(续)

车型	图片	车型	图片
本田 CR-V		本田 XR-V	
本田 缤智		本田 皓影	
本田 艾力绅		本田 奥德赛	

车型	图片	车型	图片
讴歌 RDX		讴歌 CDX	

(3) 日产汽车　日产汽车（日产自动车株式会社，Nissan Motor Co., Ltd.）简称"日产"，成立于1933年12月，总部位于日本神奈川县横滨市。2021年公司营业收入741.69亿美元，《财富》世界500强第116位，雇员总数近14万人。公司经营范围包括汽车事业、叉车事业与船舶事业。

公司在全世界100多个国家拥有业务分布。汽车主要品牌有天籁、轩逸、奇骏、逍客等及豪华品牌英菲尼迪。日产目前聚焦于智能互联技术，使汽车更自信、更激情、更互联。日产智行科技致力于汽车可以互相学习，电动车可以边开边充电，而无须充电线。

日产汽车旗下品牌及代表车型见表3-13。

表 3-13 日产汽车旗下品牌及代表车型

车型	图片	车型	图片

日产天籁		日产轩逸	
日产蓝鸟		日产骐达	
日产楼兰		日产奇骏	
日产逍客		日产纳瓦拉	

英菲尼迪 Q70L		英菲尼迪 QX60	

（4）**马自达株式会社** 马自达株式会社（マツダ株式会社，Mazda Motor Corporation）简称"马自达"（Mazda），于1920年1月成立，总部位于日本广岛县。2021年

营业收入271.87亿美元,《财富》世界500强第449位,雇员总数超过5万人。公司业务范围包括乘用车、货车制造和销售。

2021财年(2020年4月至2021年3月)马自达销量约128.7万辆,均由Mazda单一品牌贡献,最大市场为北美市场,年销量约40.3万辆,最大市场为美国市场,销量约29.5万辆;其次是中国市场,销量约22.8万辆。

马自达是全球第一家实现转子发动机量产的汽车企业,也曾在全球最为严苛的勒芒24小时耐力赛中赢得过综合冠军桂冠。凭借着持之以恒的挑战精神,克服重重难关。新一代"创驰蓝天"技术以及"魂动"的设计主题,同样彰显出这种不惧艰险、勇往直前的挑战者精神。

马自达株式会社旗下品牌及代表车型见表3-14。

表3-14 马自达株式会社旗下品牌及代表车型

车型	图片	车型	图片

马自达昂克赛拉		马自达阿特兹	
马自达CX4		马自达CX5	
马自达CX8		马自达CX30	

3. 主要零部件企业

(1) **电装株式会社** 电装(DENSO)株式会社成立于1949年,总部位于日本。2021年公司营业收入465.69亿美元,《财富》世界500强第244位,雇员总数近17万人。公司业务主要为汽车零部件及系统。

公司在全球30多个国家和地区设有超过200家关联公司。在汽车零部件制造商中,营业额规模达到世界第二位,其中日本以外的海外占比为57%。电装为世界顶级汽车技术、系统以及零部件的全球性供应商,电装在环境保护、发动机管理、车身电子产品、驾驶控制与安全、信息和通信等领域,成为全球主要整车生产商可信赖的合作伙伴。

电装公司服务和产品类型见表 3-15。

表 3-15 电装公司服务和产品类型

服务类型	产品类型
空调系统	暖通空调单元:蒸发器、加热器核心、伺服模块、鼓风机、鼓风机控制器、伺服电动机等
	热泵空调系统:电动压缩机、外部热交换器、气体液体分离器、电子扩展阀、客舱凝结器、热泵电子控制单元等
	控制系统产品:温度传感器、湿度传感器、太阳能传感器、排气传感器、矩阵红外传感器、压力开关、制冷剂压力传感器等
	热交换器:蒸发器、加热器核心、冷凝器、凝结器等
	制冷剂产品:压缩机、膨胀阀、电子扩展阀、电磁阀等
	冷却产品:电动水泵、高压热水器等
	总线空调系统
	汽车冷冻机
动力传动系统	进气系统:排气再循环阀门、电子节气门、气流计、可变感应空气控制阀、电子废气阀门执行器、进气温度传感器、进气压力传感器等
	燃油喷射和控制系统:发动机 ECU、燃油喷射器、曲柄轴位置传感器等
	点火系统:点火线圈、虹膜火花塞、敲击传感器等
	废气系统:氧气传感器、空气燃料比传感器、废气温度传感器、排气压力传感器、酶作用物等
	阀门控制系统:可变凸轮正时、凸轮位置传感器等
	燃料系统:蒸汽密封阀、蒸发泄漏检查模块、油箱压力传感器、燃油泵模块等
	冷却系统:散热器、电风扇、储液罐、冷却液温度传感器等
	起动产品:起动机
	生成产品:交流发电机
	电源产品:电力动力总成控制单元、镁离子电池电子控制单元、电池监控单元、电池电流传感器等
	变电站产品:逆变器、直流变频器
	电动机发生器
	驾驶系统:加速度踏板模块、车辆速度传感器等
安全和驾驶室系统	驱动环境识别系统:毫米波雷达传感器、激光雷达、立体视觉传感器、声呐传感器、声呐 ECU、环绕视觉 ECU 等
	车辆动态控制系统:转向扭矩传感器、制动助推器压力传感器、车轮速度传感器、惯性传感器、电动转向电动机等
	碰撞安全系统:安全气囊 ECU、安全气囊电子卫星传感器、安全气囊系统加速度计、行人碰撞检测传感器、轮胎压力监测系统接收器等

(续)

服务类型	产品类型
安全和驾驶室系统	可见性支持系统：数字外镜 ECU、光传感器、擦拭系统、步进电动机、前照灯清洁泵等
	驾驶室信息系统：触摸显示屏、抬头显示单元、仪表集群、远程触摸控制器、驱动程序状态监视器、通信机载设备、电子收费系统等
	信息安全系统：中央网关电子控制单元、智能电子控制单元
	其他产品：发射机、车身电子控制单元、远程无钥匙进入接收器、智能卡键、触摸传感器、座椅电动机、电动天窗电动机、电源窗口电动机、门关闭电动机等
汽车维修用零部件及配件	维护部件：火花塞、油滤清器、乘员舱空气过滤器、擦拭刀片等
	维修零件：起动机、交流发电机、压缩机、氧气传感器、燃油泵、空调服务部件等
	碰撞部件：散热器、冷凝器
	业务使用产品：货车制冷、公共汽车空调、驱动程序状态监视器等
	服务工具：制冷剂回收、充电机回收

(2) 爱信精机株式会社 爱信精机株式会社（アイシン精機株式会社，Aisin Seiki）简称"爱信精机"，于1969年成立，总部位于日本。2021年公司营业收入332.59亿美元，《财富》世界500强第365位，雇员总数超过11万人。公司业务为汽车零配件、汽车保修设备、五金。截至2021年4月1日，爱信精机全球子公司207家（日本国内75家、海外132家），权益法适用关联公司10家（日本国内6家、海外4家）。

爱信精机不仅涉足了以CASE（C：互联互通，A：自动驾驶，S：共享服务，E：电动化）为主的汽车领域的开发，还参与了居住环境与科学研究，以及人工智能、激光等尖端技术的研究。爱信精机以现有商品的全球拓展与技术突破为目标，在世界范围内建立了多个研发基地和尖端研究机构。

爱信精机通过快速向客户提供高质量商品，推进数字化转型（DX），力求为营造富足且可持续发展的社会做出贡献。爱信精机对数字化信息进行充分利用，通过提高模拟精度，减少返工次数，连续使用3D数据来缩短开发工时，同时在各商品的开发阶段，在全球范围内推进全公司数据的联合、联动，进一步提升全球竞争力。

爱信精机株式会社服务和产品类型见表3-16。

表3-16 爱信精机株式会社服务和产品类型

服务类型	产品类型
动力总成单元	电动化动力总成单元 eAxle Offset Design（150kW）
	1马达HV变速器
	FR多级混合动力变速器
	大转矩容量FR10速自动变速器
	带起动齿轮的CVT

第三章　认识全球汽车行业

（续）

服务类型	产品类型
动力总成组件	发动机制冷用电动水泵
	变频器制冷用水泵
	可变气门正时系统
	可变吸气进气歧管
	连续可变容量油泵
停车和驾驶辅助	自动泊车系统
	驾驶员监测系统
制动和转向相关	电子控制制动系统
	盘式制动器
	主动后轮转向系统
车门	电动后门系统
	电动滑门系统
车顶和车头	天窗
	格栅百叶窗
座椅	气动座椅
CSS	拼车服务"Choisoko"
	雷克萨斯原厂语音导航系统
	五十铃汽车专用地图定位 ECU
能源解决方案	家用热电联产系统
	燃气热泵空调
	温水洗净便座
	帕尔帖模块（热电交换元件）
新业务及其他	个人代步工具"ILY-Ai"
	IMRA 光纤激光器
	音响设备"TAOC"

四、其他国家汽车行业及主要汽车企业

1. 法国汽车行业及主要汽车企业

（1）法国汽车行业现状　截至 2021 年末，法国人口超过 6781 万人，汽车保有量超过 4500 万辆。汽车产业是法国的经济支柱之一。受新冠肺炎疫情影响，2020 年法国汽车总产量为 132 万辆（2019 年为 217.5 万辆），2020 年 5 月，法国启动了 80 亿欧元的汽车行业扶持计划。2021 年 10 月，法国推出"法国 2030"，设定到 2030 年法国电动汽车及混合动力汽车产量达到 200 万辆的目标。法国汽车总体特点是设计新颖并且车体较小，符合大众化的需求，但高端车不如其他国家出色。

（2）主要整车企业

1）标致雪铁龙集团（PSA 集团）。标致雪铁龙集团，由标致和雪铁龙合并成立于

1976 年。公司总部位于法国吕埃尔-马尔迈松镇。2020 年营业收入 836.43 亿美元,《财富》世界 500 强排名第 101 位,全球汽车销量达到 259 万辆。(2021 年因公司合并,不再上榜。)集团旗下业务包括汽车、汽车零部件和金融。2021 年 1 月 16 日,标致雪铁龙集团发文,PSA 集团与菲亚特克莱斯勒汽车公司(FCA)的合并交易正式完成,双方从而合并成为一家全新的集团:Stellantis。

1896 年,阿尔芒·标致(Armand Peugeot)创建了第一家汽车公司。自那时起,标致家族一直是集团重要的股东。

1976 年,标致和雪铁龙合并成立了 PSA 集团。1978 年,收购了克莱斯勒欧洲子公司。这样,成立于 1966 年的标致股份有限公司持有两大汽车公司 100% 的股份,是欧洲第二大汽车生产厂商,也是欧洲第一大轻型商用车生产厂商。

PSA 集团凭借其两大强势品牌——标致和雪铁龙,在汽车和工业领域取得了丰富的经验,并对未来几年的发展制定了三个目标:以环境、舒适、安全为宗旨进行实用性创新;拓展国际市场,提高集团销量;实现盈利,确保投资,保持集团的独立性。为了实现这三个目标,PSA 集团拥有世界级规模的工业设施,每年都会招募最优秀的人才。

PSA 集团旗下品牌及代表车型见表 3-17。

表 3-17　PSA 集团旗下品牌及代表车型

车型	图片	车型	图片

标致 408		标致 508	
标致 5008		标致 e2008	

（续）

车型	图片	车型	图片

雪铁龙 C6		雪铁龙 C3-XR	
雪铁龙 天逸 C5		雪铁龙 凡尔赛 C5X	

DS9		DS7	

欧宝 科萨		欧宝 雅特 PHEV	

(续)

车型	图片	车型	图片

沃克斯豪尔 VIVA		沃克斯豪尔 Astra	

2) 雷诺汽车公司。雷诺汽车公司（Renault）简称"雷诺"，由路易·雷诺三兄弟成立于1898年，总部位于法国布洛涅—比扬古。2021年营业收入495.36亿美元，《财富》世界500强排名第219位，公司雇员数超过12万人。公司业务主要为汽车的制造与销售。目前，雷诺汽车公司是法国第二大汽车公司，主要产品有雷诺牌轿车、公务用车及运动车等。雷诺汽车是出口德国最多的车种之一，它的质量及可靠性也被认为是一流的。

公司的图形商标是四个菱形拼成的图案，象征雷诺三兄弟与汽车工业融为一体，表示"雷诺"能在无限的（四维）空间中竞争、生存、发展。

雷诺重视本公司赛车活动的发展。雷诺在路易·雷诺开创初期就是大奖赛常胜军。在19世纪50年代F1形成之后，雷诺在60年代正式加入角逐冠军的行列，但和它在90年代的建树相比，表现只是一般。在19世纪70和80年代之交，雷诺强烈地投入赛车运动，成立专门的赛车部门——Renault Sport，并且赢得利曼24小时耐久赛。在1977年雷诺为自家F1赛车发动机上装上涡轮。在1992年雷诺凭借英国车手文素和威廉士车队拿下史上第一个年度车队冠军，并且接下来五年的年度车队冠军也都是使用雷诺发动机（除1995年是班尼顿车队，其余皆为威廉士车队），不过随着其在1998年退出F1，雷诺在F1的霸业也宣告结束。

雷诺汽车公司旗下品牌及代表车型见表3-18。

表3-18 雷诺汽车公司旗下品牌及代表车型

车型	图片	车型	图片

雷诺 e诺		雷诺 梅甘娜	
雷诺 纬度		雷诺 风朗	

(续)

车型	图片	车型	图片
三星 XM3	 	三星 SM7	
达西亚 Duster	 	达西亚 Sandero	

（3）主要零部件企业 米其林集团（The Michelin Group）成立于1889年，总部位于法国克莱蒙费朗。2020年营业收入270.13亿美元，《财富》世界500强排名第472位，雇员总数超过11万人。（2021年未能上榜）。

集团自1889年发明首条自行车可拆卸轮胎与1895年发明首条轿车用充气轮胎以来，在轮胎科技与制造方面发明不断。除了轮胎以外，米其林集团还生产轮辋、钢丝、移动辅助系统（如PAX系统）、旅游服务（如viaMichelin、GPS）、地图及旅游指南，其中地图与指南出版机构是该领域的领导者。著名的《米其林指南》在2020年已超过100岁。

集团在五大洲设立75家工厂、6个橡胶种植园；分别在法国、日本、美国、泰国及中国设有研究与测试中心，在超过170个国家设立了销售与市场机构。米其林集团每年全球生产超过1.9亿条轮胎和超过1900万份地图及旅游指南。著名的米其林星级餐厅也是由米其林集团评定。

米其林集团旗下轮胎系列产品见表3-19。

表3-19 米其林集团旗下轮胎系列产品

竞驰系列（PILOT SPORT）	运动操控系列（快速响应,高性能驾控体验）
浩悦系列（PRIMACY）	舒适静音（有效降噪,满足舒适驾乘体验）

（续）

韧悦系列（ENERGY）	坚韧耐磨（高韧性耐磨，悦享长里程）
跨悦系列（CROSSCLIMATE）	能兼顾少雪区域需求的全季节性轮胎
冰驰系列（X-RICE）	出色的冰雪抓地能力，持久的冬季安全性能
越野系列（LTX FORCE）	从容掌控泥泞、沙石、碎地等非铺装路况

2. 意大利汽车行业及主要汽车企业

（1）**意大利汽车行业现状** 意大利汽车工业汽车产品结构主要为乘用车和小型载货汽车。截至2021年年底，意大利人口6048万人，每100名居民汽车拥有量近70辆，居欧盟国家首位。其汽车设计居世界领先地位，拥有一批被世界公认的汽车设计大师。宾尼法利纳、乔治亚罗和博通等设计公司展出的最新概念车，无论是设计理念还是设计手段都代表着当前世界最新的设计潮流，超前并准确地表达一种追求和价值体现。意大利汽车工业在跑车和赛车领域颇有建树。都灵汽车工业园区是世界汽车工业领域中最重要的中心之一，当地有无数具有优良技术传统的钣金冲压工匠以及长期从事汽车设计的大小规模工作坊，可提供世界一流的设计、开发、原型车制作等服务。

（2）**主要整车企业** 菲亚特汽车公司（Fabbrica Italianadi Automobili Torino, FIAT），由乔瓦尼·阿涅利（Giovanni Agnelli）于1899年7月成立，总部位于意大利都灵。2020年公司位于福布斯全球企业2000强榜第232位，雇员总数达到27万人。公司经营范围包括车辆、农用机械和建筑机械、冶金、零部件、生产系统、航空、出版通信、保险和相关服务，共涉及十大领域。2014年10月12日，菲亚特与其美国公司克莱斯勒合并的决议生效。2014年10月13日产生了全新的菲亚特克莱斯勒汽车公司FCA（Fiat Chrysler Automobiles）。

菲亚特公司的标志几经变迁，最初是盾形的，自1899年创立意大利汽车公司时开始使用。1906年成立意大利都灵汽车厂，标志采用了该厂名中意文4个单词的首个字母F.I.A.T，这就是菲亚特的来源。1918年公司决定取消字母中所加的标点，即写成Fiat或FIAT，1921年又出现圆形FIAT商标，1931年开始使用矩形商标FIAT，为统一车头上的字体，菲亚特车头标志都是采用矩形商标。

集团在全球64个国家拥有1063家公司，超过11万名员工分布在意大利以外的国家。集团拥有242家生产厂（其中167家在国外）和131家研究开发中心（其中61家在国外），约39%的产值在国外实现，境外营业额占全部营业额的67%。秉承创造价值、客户满意和发挥人的价值并尊重人的三个核心价值观，菲亚特集团制定了自身发展的政策，这些政策是集团一致的规则的总和，它构成了集团共同归属的框架下自主开发业务的基础。在菲亚特发展的百年历史中，始终坚持两个战略方针：生产多元化和致力于发展最具潜力的新兴市场。菲亚特集团业务市场已遍及世界各洲，尤其在南美、东欧和亚洲新兴的发展中国家成长迅猛，市场份额迅速提高。

菲亚特集团旗下品牌及代表车型见表3-20。

表 3-20　菲亚特集团旗下品牌及代表车型

车型	图片	车型	图片

菲亚特菲翔		菲亚特500	
菲亚特致悦		菲亚特派力奥	

玛莎拉蒂MC20		玛莎拉蒂总裁	

法拉利458		法拉利812	

（续）

车型	图片	车型	图片

蓝旗亚 Thema		蓝旗亚 Thesis	

阿尔法罗密欧 Giulia		阿尔法罗密欧 Stelvio	

阿巴斯 500		阿巴斯 695	

第三章 认识全球汽车行业

（续）

车型	图片	车型	图片
依维柯褒迪	 IVECO	依维柯都灵	
道奇挑战者	 DODGE	道奇战马	
JEEP牧马人	 Jeep	JEEP指南者	

3. 英国汽车行业及主要汽车企业

英国汽车产业拥有悠久的发展历史，从汽车发明的一百多年里，英国车一直被认为是代表着汽车工艺的极致以及品位、价值、豪华、典雅诸多词语在汽车上最完美的体现。专业的知识和前瞻性的思维赋予了英国开发核心汽车技术的独特优势。

英国汽车的制造能力十分强大，从产品的制造范围和所涉及的行业品牌规模便可见一斑。英国汽车的制造范围涵盖了包括轿车、商用车、公交车、客车等多领域，目前英国拥有可进行批量生产的 7 家轿车制造商、8 家商用车制造商、11 家公交车客车制造商、10多家大型高档车兼跑车制造商。全球20家顶级汽车零部件制造商中的19家，均在英国设有生产基地。

  英国的汽车品牌均为高端品牌，但是由于经济危机以及英国汽车产业追求完美的原因导致其汽车产业无法在目前汽车制造商业化、流水线化的主流市场单独生存。其高端汽车品牌被其他国家大型汽车集团所收购。全球知名豪华汽车品牌宾利汽车被大众集团收购。世界顶级豪华汽车品牌劳斯莱斯被宝马集团收购。世界豪华汽车品牌捷豹、路虎目前属于印度的塔塔集团。MINI品牌被宝马集团收购。路特斯品牌目前属于吉利汽车集团。罗孚汽车为上汽荣威的前身，同时名爵品牌也属于上汽集团。

  英国部分豪华汽车品牌及其代表车型见表3-21。

表3-21 英国部分豪华汽车品牌及其代表车型

车型	图片	车型	图片

迈凯伦 720S		迈凯伦 P1	

捷豹 XFL		捷豹 F-TYPE	

路虎 揽胜		路虎 极光	

第三章 认识全球汽车行业

（续）

车型	图片	车型	图片
路虎卫士		路虎发现	

4. 韩国汽车行业及主要汽车企业

（1）**韩国汽车行业现状** 截至2021年，韩国人口约5127万人，汽车保有量达到2500万辆，几乎是按人口计算的47%。其汽车工业从起步至今，从无到有，从弱到强，仅用不到60年时间就走完了发达国家百余年的历程，并成为当今世界汽车生产大国，其成就举世瞩目。如今它已经发展成为世界第五大汽车制造国、第六大汽车出口国。并形成了现代、起亚、大宇、双龙四大汽车鼎足的国内市场格局。

（2）**主要整车企业**

1）现代汽车集团。现代汽车集团（현대자동차 주식회사，Hyundai Motor Company），由郑周永于1967年12月29日创建，总部位于韩国首尔。2021年集团销量排名世界第四位，共售出车辆667万辆，营业收入881.55亿美元，《财富》世界500强第83位，雇员总数超过11万人。集团营业范围主要为汽车制造。

现代汽车集团建立了以南阳研发中心（现代起亚汽车在韩国的研发中心）为核心的全球研发网络，综合在美国、欧洲、日本和印度的研发力量，以保持集团汽车产品的灵活性，即时响应本地市场和消费者的需求。海外研发中心也负责每个区域的战略车型的开发并支持本地化生产。通过遍布于美国、欧洲、日本和印度的全球研发网络，现代汽车集中力量开发适合区域性市场的关键技术和车辆。

现代汽车集团旗下品牌及代表车型见表3-22。

表3-22 现代汽车集团旗下品牌及代表车型

车型	图片	车型	图片

现代伊兰特		现代博纳	

(续)

车型	图片	车型	图片
现代悦动		现代索纳塔	
现代悦纳		现代昂西诺	
现代途胜		北京现代ix35	

2) 起亚汽车。起亚汽车（기아자동차, Kia Motors Corporation, Kia）创建于 1944 年 12 月 11 日，总部位于韩国首尔，2000 年起亚并入现代汽车，形成现代起亚汽车集团。2021 年公司营业收入 501.55 亿美元，《财富》世界 500 强第 215 位，雇员总数超过 5 万人。公司营业范围主要为汽车制造和销售。

起亚在韩国本土、中国、美国、墨西哥、斯洛伐克分别建立了生产基地。在韩国本土，起亚拥有所下里、华城、瑞山、光州四个生产基地，其中华城基地规模最大、产量最高，并且基地内还分为整车工厂、发动机厂、变速器厂以及实验研究室和 4km 高速测试场，其投产车型也为面向海内外战略车型，华城基地在研发能力上走在起亚的前列，多项混合动力技术都出自华城基地。中国市场作为起亚的重点考量，在盐城开发区内先后建设投产三个工厂，担负了中国市场的产能计划，其生产线先进化程度处于起亚全球生产基地中一流水准，冲压、焊接生产线达到 100% 的自动化率。起亚先后在美国建成投产两家工厂，投产的也是北美市场最受欢迎的 Optima（北美版 K5）和索兰托车型。墨西哥生产基地的建立主要目的在于缓解美国工厂产能不足的压力，新工厂设计年产量将达 30 万，根据起亚公司计划，其中 60% 将出口北美市场，20% 供应墨西哥市场，剩余 20% 供应其他拉美国家，同时也成为南北美市场的枢纽。斯洛伐克工厂承担起扩展土耳其及中东市场的任务。

起亚汽车旗下品牌及代表车型见表 3-23。

第三章 认识全球汽车行业

表 3-23 起亚汽车旗下品牌及代表车型

车型	图片	车型	图片

起亚 K5		起亚 K3	
起亚福瑞迪		起亚焕驰	
起亚 KX3		起亚 KX5	

第四节 中国汽车行业概况

一、中国汽车行业现状

1. 汽车市场规模不断扩大

改革开放以后,中国汽车产业迅速发展。尤其在加入 WTO 后,中国汽车市场迅速扩大。轿车销量连续多年保持两位数的增速,截至 2020 年年底,我国汽车销量达到 2531.1 万辆,成为世界上汽车销量最多的国家。2020 年,受新冠肺炎疫情影响,世界各国汽车生产陷于停滞状态。中国汽车生产逆势而上,中国汽车产量达到 2522.5 万辆,占世界汽车产量的 32.5%,创下历史新高。而 1978 年,我国汽车产量仅为 14.9 万辆,占当年世界汽车产量的 0.4%。我国已连续九年成为世界第一汽车制造大国。

我国 2011 年—2021 年汽车产销量情况如图 3-27 所示。

2. 产业技术水平有较大提高

改革开放刚开始时,我国汽车工业与国际一流水平存在着 30 年左右的巨大差距。经过 40 多年的不懈努力,我国汽车企业通过并购、合资等方式学习外国先进技术,并与自主开发相结合。目前,我国汽车工业水平在整体上与世界先进水平的差距已经极大地缩短。汽车发动机开发获得了巨大的成功,自主研制的商用车发动机甚至超过国际先

105

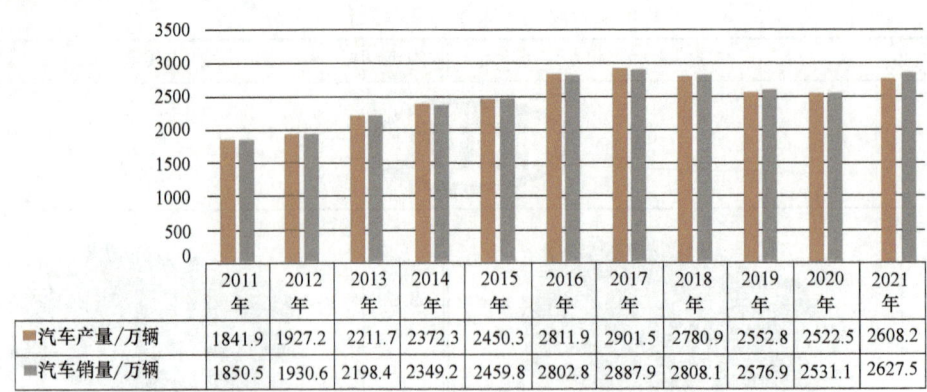

图 3-27　我国 2011 年—2021 年汽车产销量情况

进水平。图 3-28 所示为潍柴 2020 年 9 月开发的国六热效率 50.26% 发动机。

图 3-28　潍柴 2020 年 9 月开发的国六热效率 50.26% 发动机

3. 挑战与机遇并存

在我国的汽车市场中，商用车领域自主品牌基本占主导地位；轿车领域自主品牌的市场份额也在逐渐增加。但我国汽车产业在发展中也形成了某种程度的路径依赖，造成自主开发产品的整体性能指标与国外同类产品仍有较大差距。中高档轿车开发能力仍然较弱。

在汽车零部件方面问题尤为突出。目前国内汽车零部件企业对国外技术输入有较强的依赖性。中国汽车零部件企业在某些中低附加值产品方面具有一定的开发能力，但是与国际先进水平相差较大，尚不具备进行基础研发、同步开发、系统开发和超前开发的能力。

外商在中国投资的零部件企业有 1100 余家，多数生产技术相对先进、附加值高的产品。随着国内市场开放程度逐渐提高，外资企业逐渐由"合作型"转变为"控制型"。日资、韩资企业的控股、独资化尤其明显。

随着欧、美、日、韩主要整车生产企业进入中国，在不同标准体系制约下，不同利益目标驱使下，各自形成新的封闭配套体系，限制了中国汽车零部件产业资源的优化配置,影响了中国汽车工业产业链条的完整以及中国主要汽车企业的自主开发。汽车零部件的发展状况,在相当程度上决定着中国成为世界汽车强国的进程。

全球百强零部件企业各国营收合计占比如图3-29所示,中国占11%。

4. 中国汽车企业分布

中国汽车企业形成了东北、长三角、珠三角、华北、华中、西南集群式分布。

东北以一汽集团为核心,长三角以上汽集团、金龙客车为核心,珠三角以广汽集团、比亚迪为核心,华北以北京汽车整车企业为核心,华中以东风汽车集团为核心,西南以长安汽车集团为核心形成了行业供应链。

中国汽车工业协会发布2021年中国汽车工业整车20强企业名单见表3-24,零部件30强企业名单见表3-25。

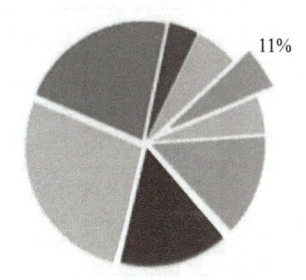

图 3-29 全球百强零部件企业各国营收合计占比

表 3-24 中国汽车工业协会发布整车 20 强企业名单

序号	企业名称	省直辖市自治区	2020 年营业收入/亿元
1	上海汽车集团股份有限公司	上海市	7421.32
2	中国第一汽车集团有限公司	吉林省	6974.25
3	东风汽车集团有限公司	湖北省	5993.09
4	北京汽车集团有限公司	北京市	4978.18
5	广州汽车工业集团有限公司	广东省	3982.96
6	浙江吉利控股集团有限公司	浙江省	3256.19
7	中国长安汽车集团有限公司	北京市	2061.43
8	中国重型汽车集团有限公司	山东省	1756.48
9	比亚迪股份有限公司	广东省	1565.98
10	长城汽车股份有限公司	河北省	1033.08
11	陕西汽车控股集团有限公司	陕西省	930.09
12	奇瑞控股集团有限公司	安徽省	828.96
13	安徽江淮汽车集团控股有限公司	安徽省	582.55
14	郑州宇通集团有限公司	河南省	255.43
15	蔚来控股有限公司	安徽省	162.58
16	厦门金龙汽车集团股份有限公司	福建省	139.58
17	庆铃汽车(集团)有限公司	重庆市	94.48
18	成都大运汽车集团有限公司	四川省	91.86
19	重庆理想汽车有限公司	重庆市	83.83
20	汉马科技集团股份有限公司	安徽省	64.28

表 3-25 中国汽车工业协会发布零部件 30 强企业名单

序号	企业名称	省直辖市自治区	2020 年零部件业务收入/亿元
1	潍柴控股集团有限公司	山东省	2493.30
2	华域汽车系统股份有限公司	上海市	1335.78
3	万向集团公司	浙江省	695.52
4	宁德时代新能源科技股份有限公司	福建省	483.76
5	宁波均胜电子股份有限公司	浙江省	478.90
6	广西玉柴机器集团有限公司	广西壮族自治区	368.63
7	广汽零部件有限公司	广东省	330.46
8	中国航空汽车系统控股有限公司	北京市	308.00
9	中策橡胶集团有限公司	浙江省	281.48
10	陕西法士特汽车传动集团有限责任公司	陕西省	269.27
11	联合汽车电子有限公司	上海市	235.53
12	中信戴卡股份有限公司	河北省	216.56
13	东风汽车零部件(集团)有限公司	湖北省	195.61
14	长春一汽富维汽车零部件股份有限公司	吉林省	187.64
15	山东玲珑轮胎股份有限公司	山东省	183.83
16	福耀玻璃工业集团股份有限公司	福建省	179.42
17	宁波华翔电子股份有限公司	浙江省	168.92
18	万丰奥特控股集团有限公司	浙江省	167.60
19	北方凌云工业集团有限公司	河北省	158.52
20	宁波继峰汽车零部件股份有限公司	浙江省	156.19
21	一汽解放汽车有限公司无锡柴油机厂	江苏省	150.95
22	郑州煤矿机械集团股份有限公司	河南省	150.24
23	赛轮集团股份有限公司	山东省	147.10
24	诺博汽车系统有限公司	河北省	135.28
25	精诚工科汽车系统有限公司	河北省	130.14
26	广西汽车集团有限公司	广西壮族自治区	129.03
27	无锡威孚高科技集团股份有限公司	江苏省	124.30
28	安徽中鼎控股(集团)股份有限公司	安徽省	124.22

(续)

序号	企业名称	省直辖市自治区	2020年零部件业务收入/亿元
29	富奥汽车零部件股份有限公司	吉林省	107.09
30	安徽环新集团股份有限公司	安徽省	105.94

二、主要大型国有汽车集团

国有汽车集团作为中国汽车行业的领头羊，在中国汽车行业的发展中起到了不可替代的作用。其中有代表性的国有汽车集团有一汽集团、东风汽车集团、上汽集团、北汽集团、广汽集团与中国长安。

1. 中国第一汽车集团有限公司

中国第一汽车集团有限公司（FAW，简称一汽集团，中国一汽或一汽）于1953年7月15日奠基，由毛主席为奠基题词，饶斌创建，总部位于中国长春。2021年集团营业收入1010.75亿美元，《财富》世界500强第66位，雇员总数超过12万人。集团业务领域包括汽车的研发、生产、销售、物流、服务、汽车零部件、金融服务、汽车保险、移动出行等。

中国一汽已与全球78个国家建立业务联系，整车出口产品涵盖红旗高端乘用车、奔腾乘用车、解放商用车等全系列产品，遍布东欧、拉美、东南亚、中东、非洲等5大区域市场，并实现了对日本、挪威、阿联酋等高端市场的产品突破。海外一级代理商数量超过90家，在南非、俄罗斯、坦桑尼亚等国家建立海外子公司自建营销渠道。在"一带一路"倡议指引下，中国一汽积极参与"一带一路"沿线市场建设，加快布局国际产能合作，在南非、巴基斯坦、墨西哥、俄罗斯等14个国家建有16个海外组装生产基地，形成了以"一带一路"实施路径为基础的东、南、西、北四条海外生产力布局。未来，中国一汽将继续把"走出去"战略与"一带一路"倡议深度融合，坚持加强合作，生态共赢发展，到2025年，充分覆盖"一带一路"沿线市场、持续深耕关键贸易市场、完善布局全球核心市场，逐步将海外业务打造成为中国一汽新的增长极。

中国一汽红旗品牌的全球研发总部位于长春，已组建红旗造型设计院、新能源研发院、智能网联研发院。在北京，组建了前瞻技术创新分院和体验感知测量研究院；在上海，组建了新能源研发分院；在德国慕尼黑，组建了前瞻设计分院主导前瞻造型研究，与总部的红旗品牌造型所共同致力于探索先进文化、前沿科技与中国传统文化精髓融合之法，打造新时代红旗品牌的设计基因；在美国硅谷，组建了人工智能研发分院，致力于智能网联前瞻技术研究，包括时下最热的人工智能、智能驾驶、大数据等；在南京，设立了技术开发公司，吸引国内人工智能领域人才，着重研究人工智能等前瞻网联技术；在海南，设有海南试验公司，是国内技术领先的整车腐蚀、老化等环境适应性特色试验基地；在山东，启动了智能网联汽车试验场建设，将打造世界级的智能汽车、智慧交通研发测试平台。

中国第一汽车集团有限公司旗下品牌及代表车型见表3-26。

表 3-26 中国第一汽车集团有限公司旗下品牌及代表车型

车型	图片	车型	图片

红旗 H9		红旗 H7	
红旗 H5		红旗 L5	
红旗 HS7		红旗 HS5	
 一汽奔腾 BESTUNE			
奔腾 B70		奔腾 T77	
奔腾 T55		奔腾 E01	

（续）

车型	图片	车型	图片

解放 J7 6×4 牵引车		解放 J6 6×4 牵引车	
解放 J6M 8×4 自卸车		解放 J6M 6×2 载货车	

注：合资品牌包括：一汽大众、一汽奥迪、一汽丰田、一汽马自达、一汽通用。

2. 东风汽车集团有限公司

东风汽车集团有限公司（Dongfeng Motor Corporation）简称"东风"，前身为第二汽车制造厂，于1969年由国家单独出资成立，属于中央直管的特大型汽车企业，总部位于中国武汉。2021年集团营业收入868.56亿美元，《财富》世界500强第85位，雇员总数超过16万人。集团主营业务涵盖全系列商用车、乘用车、新能源汽车、军车、关键汽车总成和零部件、汽车装备以及汽车相关业务。

集团事业分布在武汉、十堰、襄阳、广州等国内20多个城市，在瑞典建有海外研发基地，在中东、非洲、东南亚等区域建有海外制造基地，在南美、东欧、西亚等区域建有海外营销平台，拥有法国PSA集团14%的股份，是PSA集团三大股东之一。经营规模超过400万辆。

集团坚持创新驱动，致力于建设世界汽车科技强企。研发实力雄厚，目前已形成以东风公司技术中心为主体、各子公司研发机构协同运作的复合开发体系，东风公司技术中心是国家级"企业技术中心"、国家一类科研院所、国家级"海外高层次人才创新创业基地"。乘用车形成多个整车平台和发动机平台，具备K&C试验⊖、整车NVH⊜试验、电磁兼容试验等试验能力；商用车具备整车、发动机、车身开发和关键总成零部件的开发能力。科技创新能力保持行业领先，中国汽车工业科学技术奖获奖数量、质量居行业前列，东风猛士获国家科学技术进步奖一等奖，混合动力城市客车节能减排关键技

⊖ 悬架运动学及柔顺性试验。
⊜ NVH，即Noise（噪声）、Vibration（振动）和Harshness（声振粗糙度）的首字母大写组合。

术获国家科技进步奖二等奖。

集团坚持自主发展，矢志不渝地发展自主品牌。东风自主品牌乘用车已形成东风风神、东风风行、东风风光、东风启辰等多个子品牌齐头并进、协同发展的格局，产品涵盖轿车、SUV、MPV、CUV等各类车型，覆盖高级、中级、经济型等各个级别；商用车涵盖重、中、轻、微、特全系列；新能源汽车涵盖纯电动、插电式混合动力、燃料电池等多个系列，纯电动车续航里程达到行业领先水平；把握汽车产业与互联网融合发展趋势，前瞻布局智能网联汽车，建立了车联网品牌WindLink，无人驾驶乘用车和商用车已分别达到了L3和L4水平。东风自主品牌销量跨越百万辆，位居行业第三位，其中商用车位居行业第一位。创新出行服务模式，汽车分时租赁平台"东风出行"已上线运行。实施东风品牌战略，"品质、智慧、和悦"的核心价值理念深入人心。

东风汽车集团有限公司旗下品牌及代表车型见表3-27。

表3-27 东风汽车集团有限公司旗下品牌及代表车型

车型	图片	车型	图片
风神奕炫		风神AX7	
风神A9		风神AX4	
风行CM7		风行SX6	
菱智M3		菱智V3	

（续）

车型	图片	车型	图片
景逸 S50		景逸 X5	
风光 IX5		风光 580	

岚图 VOYAH

岚图 FREE		岚图 梦想家	

启辰

启辰 T90		启辰 D60	

（续）

车型	图片	车型	图片
裕隆优5	 	裕隆纳5	
天龙KX牵引车		天龙KL载货车	
凯普特ZD30		途逸	
学生专用校车		公路客车	

注：合资品牌东风日产、东风本田、东风雪铁龙、东风标致、东风英菲尼迪、东风悦达起亚。

3. 上海汽车集团股份有限公司

上海汽车集团股份有限公司（SAIC Motor Corporation）简称"上汽集团"，总部位于中国上海。2021年集团营业收入1075.55亿美元，《财富》世界500强第60位，雇员总数超过14万人。集团主要业务涵盖整车（包括乘用车、商用车）、零部件的研发、生产、销售、物流、车载信息、二手车等汽车服务贸易业务，以及汽车金融业务。

第三章　认识全球汽车行业

2021年，上汽集团全年销售整车546.4万辆，其中，上汽自主品牌销售258.7万辆，在总销量中占比达到52.3%，创出新高；新能源汽车销量为73.3万辆，海外市场销量为69.87万辆，实现全面领跑。

集团牢牢把握科技进步大方向、市场演变大格局、行业变革大趋势，继续深入推进"电动化、智能网联化、共享化、国际化"的"新四化"战略，努力提升业绩的同时，深入部署推进创新链建设，在全球汽车产业价值链重构的过程中，全力抢占有利地位和制高点，加快推动业务转型升级，向成为具有全球竞争力和影响力的世界一流汽车企业的目标大步迈进。

上海汽车集团股份有限公司旗下品牌及代表车型见表3-28。

表3-28　上海汽车集团股份有限公司旗下品牌及代表车型

车型	图片	车型	图片

车型	图片	车型	图片
荣威 i5		荣威 i6	
荣威 RX5		荣威 iMAX8	

车型	图片	车型	图片
名爵 MG5		名爵 MG3	

115

（续）

车型	图片	车型	图片
名爵 MG ZS		名爵 MG 领航	

大通 G50		大通 D90	
大通 T90		大通 V90	
大通 生活家 V90		大通 探险家 X50	

（续）

车型	图片	车型	图片
上汽跃进 SAIC YUEJIN			
跃进 S80		跃进 X500	
跃进 C500		跃进 H500	
五菱汽车			
五菱宏光		宏光 MINI EV	
上汽红岩 HONGYAN			
红岩 杰狮		红岩 杰豹	

注：合资品牌包括上汽大众、上汽通用汽车、申沃客车、南京依维柯。

4. 北京汽车集团有限公司

北京汽车集团有限公司（Beijing Automotive Group，BAIC）简称北汽集团，成立于1958年，总部位于中国北京。2021年集团营业收入721.47亿美元，《财富》世界500强第124位，雇员总数超过12万人。集团经营范围包括整车制造、整车研发、新能源汽车、零部件、服务贸易、投资与资产管理、通用航空现代农业装备。

集团旗下拥有北京汽车、北汽新能源、北汽越野车、昌河汽车、北汽福田、北京现代、北京奔驰、北京通航、北汽研究总院等知名企业与研发机构。以北京为中心,北汽集团建立了分布全国十余省市的自主品牌乘用车基地、自主品牌商用车基地、新能源整车基地、合资品牌乘用车基地和通用航空产业基地。研发体系布局全球五国七地,在30多个国家和地区建立了整车及 KD⊖ 工厂,市场遍布全球 80 余个国家和地区。

近年来,集团坚持"电动化、智能化、网联化、共享化"的创新发展理念,大力推动资源优化整合和核心能力再造,超前谋划布局新能源汽车产业,积极开展智能网联、大数据等前瞻技术研究和产业化探索,打造自主品牌核心竞争力,深耕汽车后市场,加快"走出去"的步伐,深入推进从传统制造型企业向制造服务型和创新型企业的战略转型。

北京汽车集团有限公司旗下品牌及代表车型见表 3-29。

表 3-29　北京汽车集团有限公司旗下品牌及代表车型

车型	图片	车型	图片

北京 U5		北京 X5	
北京 BJ40		北京 BJ80	
昌河 Q35		昌河 M60	

⊖ KD, Knocked Down, 散件组装。

（续）

车型	图片	车型	图片
昌河 A6		昌河 Q7	

| 幻速 S6 | | 幻速 H3 | |

福田风景		福田祥菱	
福田时代		福田奥铃	
福田欧曼		福田瑞沃	

(续)

车型	图片	车型	图片
BAIC BJEV 北汽新能源			
BEIJING EU7		BEIJING EX5	
BEIJING EC5		BEIJING LITE-R300	
BGAC 北京通航			
R750		AW189	
天眼无人机		小青龙无人机	

注：合资品牌包括北京奔驰、北京现代、福建奔驰。

5. 广州汽车工业集团有限公司

广州汽车工业集团有限公司（GAC Group）简称广汽集团，于2000年6月8日在广州汽车集团有限公司和广州五羊集团有限公司的基础上重组而成，是广州市政府国有资产授权经营企业集团，总部位于中国广州。2021年集团营业收入577.23亿美元，《财富》世界500强第176位，雇员总数约9.4万人。集团主要业务有面向国内外市场的汽车整车制造、销售及服务业务，汽车商贸及物流业务，汽车零部件业务，汽车金融业务及相关服务业务，具有真正意义上独立完整的产、供、销及研发体系。

集团拥有独资与合资企业112家，主要有广州汽车集团有限公司、广州摩托集团公司、广州本田汽车有限公司、广州丰田汽车有限公司、广汽丰田发动机有限公司、五羊-本田摩托（广州）有限公司、广州五十铃客车有限公司、广州骏威客车有限公司、广州羊城汽车有限公司、广州汽车集团零部件有限公司、香港中隆投资有限公司、广州汽车集团商贸有限公司以及广州汽车工程技术研究开发中心等。

广州汽车工业集团有限公司旗下品牌及代表车型见表 3-30。

表 3-30　广州汽车工业集团有限公司旗下品牌及代表车型

车型	图片	车型	图片

广汽传祺 GA8		广汽传祺 影豹	
广汽传祺 GS8		广汽传祺 M8	

埃安 S		埃安 LX	

注：合资品牌包括广汽本田、广汽丰田、广汽讴歌、广汽菲克、广汽三菱、广汽蔚来。

6. 中国长安汽车集团有限公司

中国长安汽车集团有限公司（CCAG）简称"中国长安"，成立于 2005 年 12 月，总部位于中国北京。2021 年集团营业收入 845.65 亿元人民币，《财富》中国 500 强第 133 位，雇员总数超过 9 万人。集团拥有整车、零部件、动力总成、商贸服务四大主业板块。

集团拥有强大的整车制造和零部件供应能力。长安及其控股企业在全国拥有重庆、黑龙江、河北、江西、江苏、安徽、浙江、广东等整车生产基地，33 个整车（发动机）工厂和 18 家直属企业，整车及发动机年产能力 230 万辆（台），并在全球 30 多个国家建立了营销机构，产品销往 70 多个国家和地区。中国长安具有完善的产品谱系。经过多年的发展，中国长安已形成覆盖微车、轿车、客车、校车、重卡、专用车等宽系列、多品种的产品谱系，拥有排量从 0.8~2.5L 的发动机平台。其中，长安汽车、哈飞汽车、江铃汽车、江滨活塞、建安车桥、山川减振、湖南天雁均荣获"中国驰名商标"称号。此外，公司还拥有青山变速器、东安动力、东安三菱、建安车桥、宁江山川减振器等众多汽车零部件自主品牌。

集团始终坚持"以我为主、自主创新"的发展模式，经过多年的努力，形成了重庆、上海、北京、江西、意大利都灵、日本横滨、英国诺丁汉、美国底特律"五国多地、各有侧重"的24小时不间断全球化研发体系，拥有核心研发人员3500余人，专家博士150余人，优秀外籍专家70余人。

中国长安汽车集团有限公司旗下品牌及代表车型见表3-31。

表3-31 中国长安汽车集团有限公司旗下品牌及代表车型

注：合资品牌包括长安福特、长安马自达、长安铃木、长安标致雪铁龙。

三、民营整车企业代表

经过改革开放40多年的发展，中国诞生了一批拥有自主知识产权的民营整车企业，其中有代表性的企业有吉利、比亚迪与长城。

1. 浙江吉利控股集团有限公司

浙江吉利控股集团有限公司（GEELY）简称"吉利控股集团"，成立于1986年，

1997年进入汽车行业，总部位于中国杭州。2021年集团营业收入471.91亿美元，《财富》世界500强第239位，雇员总数超过13万人。集团业务有汽车整车、动力总成和关键零部件设计、研发、生产、销售和服务，并涵盖出行服务、线上科技创新、金融服务、教育、体育等行业。

集团旗下拥有吉利汽车、几何汽车、领克汽车、沃尔沃汽车、极星汽车、宝腾汽车、路特斯汽车、伦敦电动汽车、远程汽车、曹操出行、太力飞行车、荷马、盛宝银行、铭泰等品牌。吉利控股集团还是沃尔沃集团第一大持股股东、戴姆勒股份公司第一大股东。

吉利在全球建有吉利汽车（杭州湾研究总院）、吉利杭州研发中心、吉利汽车欧洲研发中心（CEVT）、吉利英国考文垂研发中心、吉利德国研发中心这五大工程研发中心，共有研发设计人员2万多人，拥有大量发明创新专利，全部产品拥有完整知识产权。

吉利控股集团在中国、美国、英国、瑞典、比利时、白俄罗斯、马来西亚建有世界一流的现代化汽车整车和动力总成制造工厂，拥有各类销售网点超过4000家，产品销售及服务网络遍布世界各地。

浙江吉利控股集团有限公司旗下品牌及代表车型见表3-32。

表3-32 浙江吉利控股集团有限公司旗下品牌及代表车型

车型	图片	车型	图片
\multicolumn{4}{c}{GEELY 吉利控股集团}			
\multicolumn{4}{c}{吉利汽车 GEELY AUTO}			
吉利缤越		吉利博瑞	
吉利博越		吉利帝豪	
吉利远景		吉利嘉际	

（续）

车型	图片	车型	图片

几何 C		几何 A	
LYNK&CO			
领克 05		领克 09	

沃尔沃 XC90		沃尔沃 S90	
 极星汽车			
极星 2		极星 5	

(续)

车型	图片	车型	图片

路特斯 Evora		路特斯 Evija	
远程 FX		远程 E6	

2. 比亚迪股份有限公司

比亚迪股份有限公司（BYD）成立于 1995 年，总部位于中国深圳。2021 年公司营业收入 1565.97 亿元人民币，《财富》中国 500 强第 73 位，雇员总数超过 20 万人。公司业务为 IT、汽车及新能源三大产业群。

公司已建成西安、北京、深圳、上海、长沙、天津等六大汽车产业基地，在整车制造、模具研发、车型开发、新能源等方面都达到了国际领先水平，产业格局日渐完善并已迅速成长为中国最具创新的新锐品牌之一。汽车产品包括各种高、中、低端系列燃油轿车，以及汽车模具、汽车零部件、双模电动汽车及纯电动汽车等。

公司设立研究院、汽车工程研究院以及电力科学研究院，负责高科技产品和技术的研发，以及产业和市场的研究等；拥有可以从硬件、软件以及测试等方面提供产品设计和项目管理的专业队伍，拥有多种产品的完全自主开发经验与数据积累，逐步形成了自身特色并具有国际水平的技术开发平台。强大的研发实力是比亚迪迅速发展的根本。

比亚迪股份有限公司旗下品牌及代表车型见表 3-33。

表 3-33 比亚迪股份有限公司旗下品牌及代表车型

车型	图片	车型	图片
比亚迪秦 Pro		比亚迪唐 DM	

(续)

车型	图片	车型	图片
比亚迪宋 Pro		比亚迪汉 EV	
比亚迪纯电动出租车		比亚迪纯电动公交车	
比亚迪纯电动客车		比亚迪纯电动商品物流车	
比亚迪纯电动环卫车		比亚迪纯电动叉车	

3. 长城汽车股份有限公司

长城汽车股份有限公司（Great Wall Motor Company Limited）简称"长城汽车"，成立于1984年，总部位于中国保定。2021年公司营业收入1033.07亿元人民币，《财富》中国500强第103位，雇员总数近7万人。公司业务包括汽车产品的研发、生产与销售。

公司在国内已形成八大生产基地，保定、徐水、天津、重庆永川、江苏泰州生产基地已经建成投产，江苏张家港、山东日照和浙江平湖几大项目已经启动或开工建设。在海外，长城汽车还在厄瓜多尔、马来西亚、突尼斯和保加利亚等多国建设了KD工厂。长城汽车独资兴建的俄罗斯图拉州工厂于2019年6月5日正式竣工投产，这是中国民营汽车企业在海外首个具备四大工艺的整车工厂。公司在全球60多个国家建立了营销网络，海外网络已达500余家，累计实现海外销售70多万辆。目前，长城汽车海外市场覆盖俄罗斯、南非、澳大利亚、中南美洲、南亚地区、中东地区和非洲地区。

长城汽车先后在日本、美国、德国、印度、奥地利和韩国设立海外研发中心，构建以中国总部为核心，涵盖欧洲、亚洲、北美的全球化研发布局。在新能源汽车领域，长城汽车研发已达10年之久，现已建成电芯、机理分析、PACK、BMS试制试验室以及电池试制车间、试验中心、分析中心等。在车联网领域，长城汽车正在构建开放的技术创新平台，共同推动5G、物联网、自动驾驶、车联网V2X等关键技术的研发，加速共性技术的产业化步。

长城汽车股份有限公司旗下品牌及代表车型见表3-34。

表3-34　长城汽车股份有限公司旗下品牌及代表车型

车型	图片	车型	图片

	HAVAL SUV领导者		
哈弗 H6		哈弗 F7	
哈弗赤兔		哈弗初恋	
哈弗大狗		哈弗 H9	
	 WEY		
WEY 摩卡		WEY VV7	

127

(续)

车型	图片	车型	图片
ORA 欧拉			
欧拉好猫		欧拉 iQ	
欧拉白猫		欧拉黑猫	
风骏 7		长城炮	
TANK			
坦克 300		坦克 800	

注：合资品牌包括光束汽车。

四、造车新势力代表

随着汽车新四化的发展，造车新势力逐渐成为中国汽车产业中一股不可忽视的力量。其中有代表性的企业有蔚来、小鹏和理想。

1. 蔚来汽车

蔚来汽车（NIO）于 2014 年 11 月成立，总部位于中国合肥。2020 年公司营业收入 162.58 亿元人民币，雇员总数近 1 万人。公司业务包括汽车的研发、生产和销售。

公司形成了全球布局的研发与销售网络。蔚来全球总部、量产车研发中心在上海，主要承担整车研发、制造运营、营销和服务职能。蔚来中国总部在合肥，是整车先进制造基地，是国内核心业务总部。蔚来全球软件研发中心在北京，主要承担车载娱乐系统、车联网、电源管理等软件开发工作。蔚来电驱系统制造基地在南京，具有卓越的技术创新实力和先进制造能力，为用户提供更环保、更高效和更安全的电动力解决方案。圣何塞是蔚来北美总部、全球自动驾驶研发中心，位于美国硅谷核心区，占地超过18.7万 ft²〇。蔚来全球造型设计中心，位于德国慕尼黑，是世界汽车设计重镇，主要负责蔚来产品造型设计。蔚来全球极限与前瞻概念研发中心，位于英国牛津，主要负责FE项目运营管理、策略及EP9超跑项目。蔚来挪威公司位于奥斯陆，从这座城市开始，将蔚来完整的产品与服务体验带到挪威。

蔚来的英文名 NIO 取意 A New Day（新的一天）。"NIO 蔚来"表达了蔚来追求美好明天和蔚蓝天空、为用户创造愉悦生活方式的愿景。全新 Logo 由象征着开放、未来的天空，以及象征着行动、前进的道路组成，诠释了蔚来 NIO 的品牌理念。

蔚来汽车代表车型见表 3-35。

表 3-35　蔚来汽车代表车型

车型	图片	车型	图片
蔚来 ES6		蔚来 ES8	
蔚来 EC6		蔚来 ET7	

2. 小鹏汽车

小鹏汽车正式成立于 2015 年，总部位于中国广州。2020 年公司营业收入 58.44 亿元人民币，雇员总数超 5000 人，除一线员工外，研发人员占比约 60%。公司业务为汽车的研发、生产和销售。

小鹏汽车立足全球，服务本土。成立六年以来，小鹏汽车完成了全球化布局。公司研发总部位于广州，并在北京、上海、深圳、硅谷、圣地亚哥、广东肇庆和郑州建立设计、研发、生产制造与营销机构，通过全球化布局组建了一支规模化、多元化、重自研

〇　1ft² = 0.093m²。

的跨界团队。小鹏汽车在广东肇庆、广东广州和湖北武汉布局智能制造基地,前瞻性战略布局满足小鹏汽车高速增长的市场需求。肇庆智能网联科技产业园总体规划 60 万 m²,目前建筑面积 22.7 万 m²,2020 年 5 月获得主要审批许可,共设有冲压、焊装、涂装、总装、Pack 五大车间,具备不同平台 4 种车型柔性生产能力,设计生产能力每年 10 万台。

品质制造是基础,生态运营是核心。小鹏汽车在打磨产品品质的同时,全面布局销售、售后以及充电服务等各项工作,通过产品运营闭环和服务运营闭环,满足产品全生命周期的用户全触点体验。小鹏汽车通过"自建自营+授权经营、2S+2S、线上+线下"的新零售模式为用户提供"一体化、多触点"的服务体验,实现全国线上线下价格统一、销售流程一致、服务标准一致,保障用户体验;小鹏汽车官方金融服务品牌小鹏金服,包括融资租赁、汽车保险等,致力于为用户提供高效便捷的一站式购车金融服务;小鹏汽车自建自营超级充电站,并持续通过高质量对外合作和服务运营,与优秀的伙伴共建智能生态圈,为用户提供便捷的免费充电服务,有效解决智能电动车用户的里程焦虑;售后服务方面,小鹏汽车依托自主开发的远程诊断系统、智能理赔、移动服务等功能,提高用户的服务效率和智能体验。

小鹏汽车代表车型见表 3-36。

表 3-36 小鹏汽车代表车型

车型	图片	车型	图片
小鹏 P7		小鹏 G3	

3. 理想汽车

理想汽车成立于 2015 年 7 月,总部位于中国北京。2020 年公司营业收入 94.6 亿元人民币,雇员总数超 4000 人。公司业务为汽车的研发、生产和销售。

理想汽车的首款产品理想 ONE 于 2018 年 10 月发布,是一款智能电动中大型 SUV,搭载领先的增程电动技术与智能科技,为家庭用户提供 6 座的舒适空间。2020 年,理想 ONE 取得中国新能源 SUV 市场销量冠军,同时成为 30 万元以上国产车型销量冠军。截至 2021 年 5 月,理想 ONE 已经交付车辆超过 5 万辆,创下新造车势力最快交付纪录。常州基地设计年产能 10 万辆,涵盖冲压、焊接、涂装、总装四大车间,采用大量的先进工艺和设备,保障理想 ONE 的制造品质达到豪华品牌标准。

理想汽车搭建了线上线下一体化的直营销售和服务系统,比传统汽车厂家高度依赖第三方的方式更为高效,向用户直接提供更透明、更便捷、更高效的服务。截至 2021

年 5 月，理想汽车在全国已有 83 家零售中心，覆盖 57 个城市；售后维修中心及授权钣喷中心 147 家，覆盖 109 个城市。

理想汽车代表车型见表 3-37。

表 3-37 理想汽车代表车型

车型	图片	车型	图片
理想 ONE		理想 X01	

五、主要零部件企业

1. 潍柴控股集团有限公司

潍柴控股集团有限公司（WEICHAI）成立于 1946 年，总部位于中国潍坊。2021 年集团营业收入 1974.91 亿元人民币，中国 500 强第 56 位，雇员总数近 9 万人。集团业务范围包括动力系统、汽车业务、工程机械、智能物流、农业装备、海洋交通装备等业务板块。其分子公司遍及欧洲、北美、亚洲等地区，产品远销 110 多个国家和地区。

集团高度重视科技创新，拥有内燃机可靠性国家重点实验室、国家燃料电池技术创新中心、国家商用汽车动力系统总成工程技术研究中心、国家商用汽车与工程机械新能源动力系统产业创新战略联盟、国家专业化众创空间等国家研发平台，设有"博士后工作站"等研究基地，建有国家智能制造示范基地。在中国潍坊、上海、西安、重庆、扬州等地建立研发中心，并在全球多地设立前沿技术创新中心，搭建全球协同研发平台，确保企业技术水平始终紧跟世界前沿。

集团坚持国际化发展战略，在全球打造了协同并进的产业布局。2004 年，潍柴动力在香港上市，成为我国内燃机行业首家在港上市公司。2005 年，潍柴动力并购湘火炬汽车集团，打造了重卡黄金产业链（潍柴发动机+法士特变速器+汉德车桥+陕汽重卡），之后通过换股吸收合并湘火炬，开创了资本市场上的"潍柴模式"。2009 年以来，潍柴先后并购具有百年历史的法国博杜安发动机公司，战略重组豪华游艇制造企业意大利法拉帝集团，与工业叉车及服务提供商德国凯傲集团战略合作，并购德国林德液压并实现国产化落地，支持凯傲集团收购自动化物流提供商美国德马泰克公司，战略投资可替代燃料动力系统提供商美国 PSI 公司、固态氧化物燃料电池供应商英国锡里斯公司和氢燃料电池提供商加拿大巴拉德公司，战略重组德国欧德思公司、奥地利威迪斯公司，实现了战略业务覆盖全球、均衡发展。同时，通过技术输出、产能合作等方式，潍柴在印度等地建立生产基地，实现了本土化制造的落地。

潍柴控股集团有限公司服务和产品类型见表 3-38。

表 3-38　潍柴控股集团有限公司服务和产品类型

服务类型	产品类型
动力系统	客车用发动机：RA 系列、WP 系列
	货车用发动机：WP 系列
	工程机械用发动机：WP 系列
	船舶动力：WP 系列、WH 系列、M 系列、MH 系列
	工业动力发动机：WP 系列、M 系列
	燃气发动机：WP 系列
	农业装备用发动机：WP 系列
	发电机组：标准型发电机组、方舱发电机组、陆用拖车型发电机组
	变速器
	车桥（汉德车桥）：单级减速驱动桥、单级驱动桥
整车整机	重卡（陕西重型汽车有限公司）：奥龙系列重卡、德龙系列重卡
	客车（扬州亚星客车股份有限公司）：校车系列、公交系列、
	特种车（潍柴（扬州）特种车有限公司）：垃圾车、洗扫车、宽体矿用车、铁水专用列车
	商用车（扬州亚星商用车有限公司）
关键零部件	液压件（林德液压（中国）有限公司）：变量泵、变量马达、定量马达、电控单元、斜轴式定量马达、斜轴式变量马达、整体式多路阀
	火花塞：汽车火花塞、摩托车火花塞
	齿轮（株洲齿轮有限责任公司）：差减总成、精锻齿轮、圆柱齿轮、螺伞齿轮
	活塞销：异性销、气门挺柱、发动机用活塞销
后市场业务	备品（配件）：主机配套液压泵产品、主机配套空气滤芯产品、主机配套产品离合产品
	再制造（潍柴动力再制造有限公司）：再制造机体、再制造零部件
	油品（潍柴专用油品）
豪华游艇	游艇（法拉帝集团）

2. 宁德时代新能源科技股份有限公司

宁德时代新能源科技股份有限公司（Contemporary Amperex Technology Co., Limited, CATL），成立于 2011 年，公司总部位于中国宁德市。2021 年公司营业收入 503.19 亿元，《财富》中国 500 强第 231 位。公司经营范围包括锂离子电池、锂聚合物电池、燃料电池、动力电池等。

公司拥有行业领先的智能制造系统,通过顶尖技术团队的自主研发,持续引领设备及工艺创新。生产自动化、智能化及信息化水平达世界一流水平,率先运用人工智能、图像识别、机器学习、预测性算法和5G等新技术,打造高效智能工厂。工厂电芯及模组单线生产效率分别为1.7s/个、20s/个。工厂中95%生产设备联网,超过3600个质量控制点实时监控。

公司建立了四大研发基地,分别位于福建宁德、上海、江苏溧阳与德国的慕尼黑。同时,拥有六大生产基地,位于福建宁德、青海西宁、江苏溧阳、广东肇庆、四川宜宾与德国的埃尔福特。

宁德时代新能源科技股份有限公司服务和产品类型见表3-39。

表3-39 宁德时代新能源科技股份有限公司服务和产品类型

服务类型	产品类型
乘用车解决方案	纯电动私家车解决方案:实现超长续航,出行无忧
	纯电动运营解决方案:开创超长寿命动力电池系统解决方案,完美适配运营车辆的高频使用特点,实现24h×365天无间断运营
	混合动力私家车解决方案:小而轻便的高功率电芯,与各主流混动系统相互配合
商业应用	道路客运解决方案:针对道路客运交通高频次使用、高稳定性要求等特点,提供安全、可靠、耐久的场景化解决方案
	城市配送解决方案:提供安全、可靠的电池整体解决方案,实现降本增效
	重载运输解决方案:为重载运输车辆提供清洁动力,满足矿区、港口、城市倒短、工程建设等工况要求,适应工业和交通电动化的需求,大幅提升运营效率
	城市道路清洁解决方案:根据不同的道路清洁车辆需求,提供定制化解决方案;电池产品具备高安全、长寿命、强环境适应性等特点
	工程机械解决方案:提供安全、可靠、耐久的电池产品解决方案,广泛应用于叉车、装载机、挖掘机等
	两轮车解决方案:为两轮车提供绿色、智能、安全的锂电解决方案,应用于通勤、外卖、快递等多个场景,可充可换,轻松续航
	船舶解决方案:为船舶电动化提供安全可靠,绿色环保的解决方案,助力水域生态文明建设
	特种应用解决方案:为机场园区、港口码头的电动化发展保驾护航,提供了绿色清洁、安全可靠的产品解决方案,广泛应用在机场摆渡车、飞机牵引车、港口牵引车中
储能系统	发电侧储能:凭借电芯良好的一致性与电池管理系统强大的计算能力,帮助发电侧恢复电网的稳定,优化发电的出力曲线,减少弃风弃光,提供系统惯量及调频调峰等功能,提高可再生能源发电占比,优化能源结构
	电网侧储能:储能系统为输配电侧提供智慧的负荷管理,根据电网负荷情况及时峰调频
	用电侧储能:储能系统为用户提供峰谷套利模式和稳定的电源质量管理
循环回收	依托子公司广东邦普,打造电池生产→使用→梯次利用→回收与资源再生闭环

3. 宁波均胜电子股份有限公司

宁波均胜电子股份有限公司（Ningbo Joyson Electronic Corp.）成立于1992年8月7日,总部位于中国宁波。2021年公司营业收入478.9亿元,《财富》中国500强第243

位，雇员总数超过 5 万人。公司业务包括汽车安全系统、智能驾驶系统、新能源汽车动力管理系统和车联网核心技术等的研发与制造。

公司下辖汽车安全、汽车电子、智能车联三大领域。

均胜汽车安全事业部主要由均胜安全系统有限公司组成，致力于为汽车市场及非汽车市场提供关键性安全组件、系统和技术。尤其在安全气囊、安全带、高级驾驶辅助系统（ADAS）和转向盘等汽车安全系统和其关键零部件的设计、开发及制造，均胜处于全球领先水平，产品已广泛用于全球 60 多个客户的超过 300 种轿车车型。事业部的总部设在美国底特律的奥本山，全球有四个区域经营总部，分别在中国、日本、德国和美国，其 98 个销售、工程和生产分支机构遍布全球。

均胜汽车电子事业部核心竞争力涵盖产品概念设计、结构设计、软硬件开发与测试、传感器技术、工业工程技术、模具和工装技术等领域。研发中心专业测试都可以直接在公司内部完成，从而确保开发全流程达到行业的最高质量标准，使公司在产品验证速度上具备领先优势。

均胜智能车联事业部主要由宁波均联智行科技有限公司组成。事业部总部位于中国浙江省宁波市，欧洲区总部设在德国德累斯顿。公司在全球范围内有 4 个研发中心，1 个生产基地及 3 处办公室，包含 1300 余名员工及 800 多名研发工程师。均联智行拥有超 20 年全球顶级车厂一级供应商经验，是大众集团的长期合作伙伴。公司多年来致力于智能驾舱、智能车联、智能云、智能驾驶及软件增值服务领域产品的研发及生产。

宁波均胜电子股份有限公司服务和产品类型见表 3-40。

表 3-40 宁波均胜电子股份有限公司服务和产品类型

服务类型	产品类型
汽车安全产品	主动安全(无人驾驶)：自动驾驶辅助、紧急制动、360°环绕视野技术、车身防碰撞、车辆火灾保护系统、快速关闭装置、电子安全带、触感电子转向盘、信息娱乐
	被动安全：安全气囊模块、碰撞传感器
	特殊产品：安全气囊、充气式安全带、创新型越野牵引器、新型充气式安全头盔、坠车保护、阿斯顿·马丁/法拉利/玛莎拉蒂豪华品牌方向盘独家供应商，碳纤维内饰
智能驾驶	驾驶员控制系统
	空调控制系统
	传感器系统
	电子控制单元
	智能车联电子系统
新能源汽车动力控制	新能源车 BMS 解决方案
	48V 轻混系统 BMS 产品
	无线充电技术

第三章　认识全球汽车行业

(续)

服务类型	产品类型
智能车联	智能驾舱
	智能车联
	智能云
	智能驾驶
	软件增值服务

课程思政要点

一、思政要素切入点

在介绍中国汽车行业概况时，增加介绍一些企业的发展历程和现状。推荐学生看《与汽车同行》《汽车百年》，并写心得体会。

二、育人目标

1. 培养学生艰苦奋斗、勤奋学习的品质。
2. 培养学生的爱国情怀，民族自信和民族自豪感。

思　考　题

1. 为何说蒸汽机的发明和应用是第一次工业革命的标志？
2. 为什么内燃机汽车得以发展，而其他动力源的汽车渐渐衰落？
3. 你所了解的国外整车生产企业及它们的品牌？
4. 你所了解的国外有名的零部件企业及它们的业务范围？
5. 你知道多少个中国自主汽车品牌和它们的生产厂家？
6. 你知道多少个中国自主零部件企业及它们的业务范围？
7. 请谈一谈你对中国汽车工业发展现状的了解？
8. 你对中国汽车工业发展的前景有什么看法？
9. 请谈一谈你对"汽车工业在国民经济中具有重要地位"这句话的理解？

第四章

认识汽车产业链

 第一节 汽车产业链概述及分析

一、汽车产业链概述

1. 产业及产业链的定义

产业是指由利益相互联系的、具有不同分工的、由各个相关行业所组成的业态总称,尽管它们的经营方式、经营形态、企业模式和流通环节有所不同,但是它们的经营对象和经营范围是围绕着共同产品而展开的,并且可以在构成业态的各个行业内部完成各自的循环。

产业链是指各个产业部门之间基于一定的技术经济关联,并依据特定的逻辑关系和时空布局关系客观形成的链条式关联关系形态。产业链主要是基于各个地区客观存在的区域差异,着眼发挥区域比较优势,借助区域市场协调地区间专业化分工和多维性需求的矛盾,以产业合作作为实现形式和内容的区域合作载体。

2. 汽车产业链的定义

汽车产业链是以汽车制造企业为龙头,吸引为龙头企业配套的上、下游企业,相关的服务业,管理机构等形成动态联盟,共同完成产品的采购、生产、销售、服务等全生命周期的管理。其中,汽车产业链的上游涉及钢铁、机械、橡胶、石化、电子、纺织等行业;下游涉及保险、金融、销售、维修、加油站、充电站、物流、餐饮、旅馆等行业。图4-1和图4-2分别展示了传统汽车产业链和新能源汽车产业链。

3. 汽车产业链的结构

汽车产业链的结构主要包括四个方面:①汽车产品的技术;②汽车零部件的采购;③汽车制造厂商;④汽车销售和服务。

4. 汽车产业链的特征

汽车产业链具有以下重要特征:①构成产业链的各个组成部分是一个有机的整体,相互联动、相互制约、相互依存;②产业链上的各个环节的角色重要性存在差异,汽车制造商是产业链上的一个关键环节,是形成产业链的内核;③产业链上龙头企业与上、下游合作伙伴之间的信息交流及数据交换频繁,实时性要求高,特别适合应用网络化制造这种先进模式战略进行。

二、汽车产业链分析

汽车产业链相对较长,主要由四大部分构成,如图4-3所示。以汽车整车制造业为

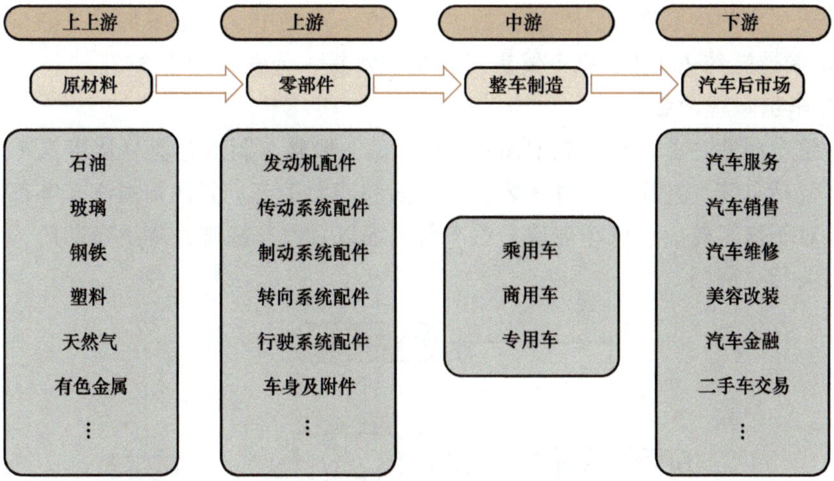

第四章　认识汽车产业链

图 4-1　传统汽车产业链

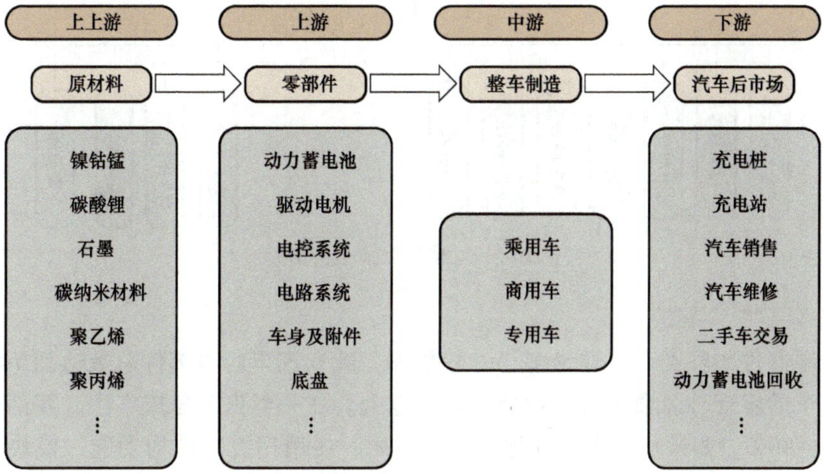

图 4-2　新能源汽车产业链

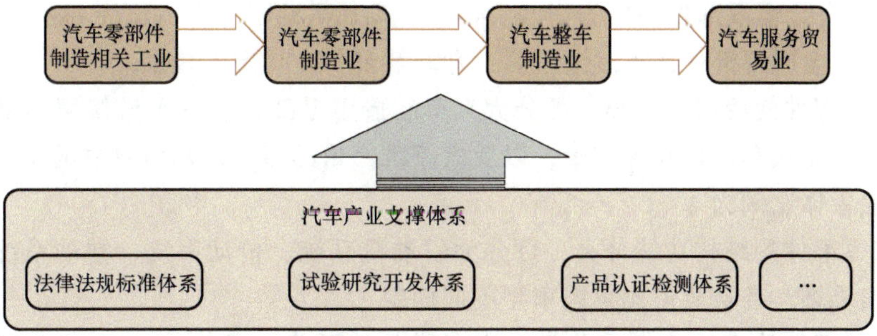

图 4-3　汽车产业链结构

核心，向上可延伸至汽车零部件制造业以及汽车零部件制造相关工业；向下可延伸至汽车服务贸易业，包括汽车销售、维修、金融等服务；此外，在汽车产业链的每一个环节都有完善的支撑体系，包括法律法规标准体系、试验研究开发体系、产品认证检测体系

137

等。如果从利润的构成来看,在成熟的国际化汽车市场中,一般零部件采购供应链约占 1/5、整车制造链约占 1/5、服务贸易(物流、贸易、金融)约占 3/5。

1. **汽车整车制造业**

汽车整车制造企业,其构成如图 4-4 所示。一般整车制造企业只从事汽车总装及车身制造,包括总装、冲压、车身焊装、车身涂装四大工艺。其他则由汽车零部件制造企业生产。对于汽车轮胎、汽车玻璃、汽车蓄电池以及汽车橡塑件等生产部门,习惯上称为汽车相关行业部门。

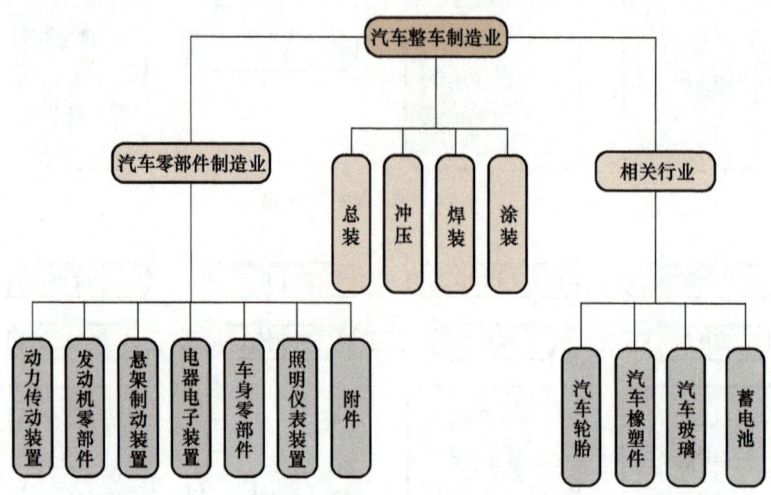

图 4-4 汽车整车制造业构成

2. **汽车零部件制造业**

汽车零部件的种类名目非常多,一般情况,载货汽车的零部件总数达到 7000~8000 个,而轿车的零部件总数更多,达到 1 万个以上。在一辆汽车总成本中,零部件成本要占到 70%~80%。如果从汽车零部件的使用材质、使用用途、结构功能、模块化供应等方面来看,大致可以分为以下几类:

1)按零部件的材质分类,可分为金属零部件和非金属零部件。金属零部件占比为 60%~70%;非金属零部件占比为 30%~40%,其中塑料零部件占比为 5%~10%。从发展趋势来看,金属零部件比重逐渐下降,塑料零部件占比逐渐增加。

2)按零部件使用用途分类,可分为汽车制造用零部件和汽车维修用零部件,各自所占比重决定于汽车产量和保有量,以及汽车维修量的多少。从世界总的状况来看,两类零部件的大体比例为 4∶1。

3)按零部件的结构功能分类,可分为发动机系统、传动系统、制动系统、电气系统及汽车内外饰。各自所占比重因车型不同而定。

4)按零部件的模块化供应分类,汽车零部件可分为"模块→总成→组件→零部件"几个层次,在理论上一般依次称为一级零部件供应商、二级零部件供应商、三级零部件供应商。但由于受零部件技术水平及传统生产方式的影响,这种真正意义上的模块化生产即使在欧美发达国家也很少见。以中高级轿车为例,如图 4-5 所示的整车模块化构成,包括驾驶室模块、车门模块、干式界面制动模块、前端集成模块和动力/燃油模块。

第四章 认识汽车产业链

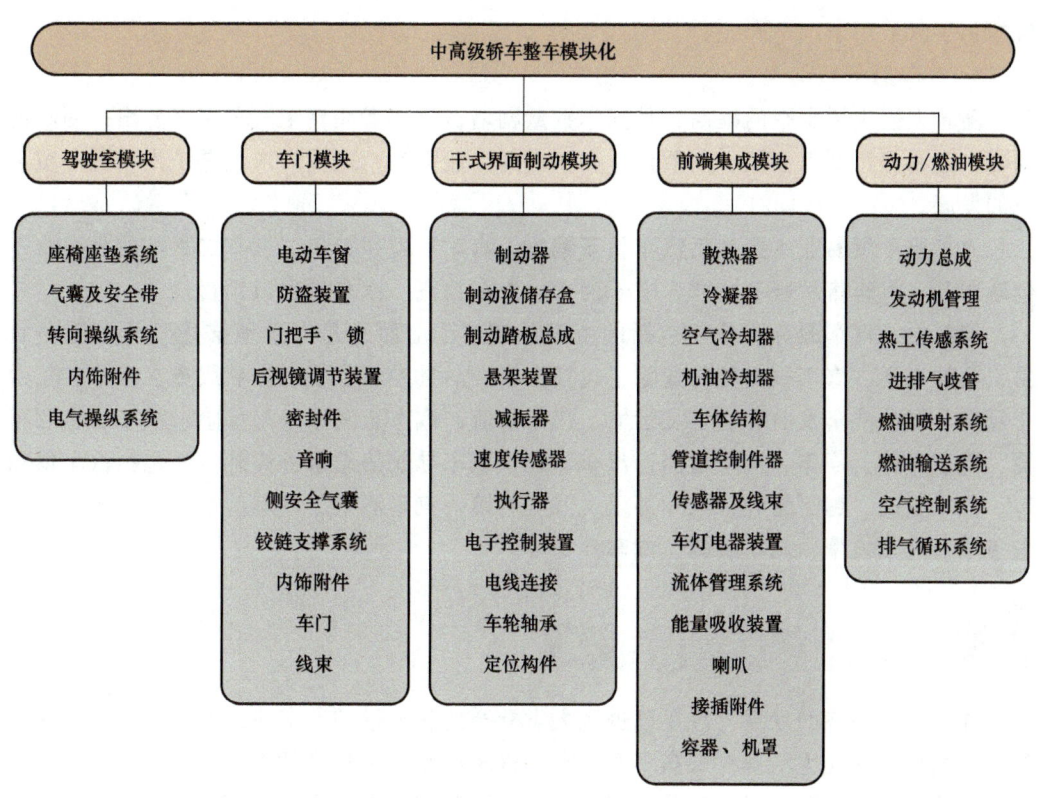

图 4-5 中高级轿车整车模块化构成

3. 汽车零部件制造相关工业

汽车生产涉及钢铁、冶金、塑料、陶瓷等原材料工业,以及电子、电器等其他十多个产业部门,如图 4-6 所示这些相关工业和汽车产业的关系都十分密切。目前全世界钢材产量的约 15%、铝产量的约 25%、橡胶产量的约 50%、塑料产量的约 10%、石油产

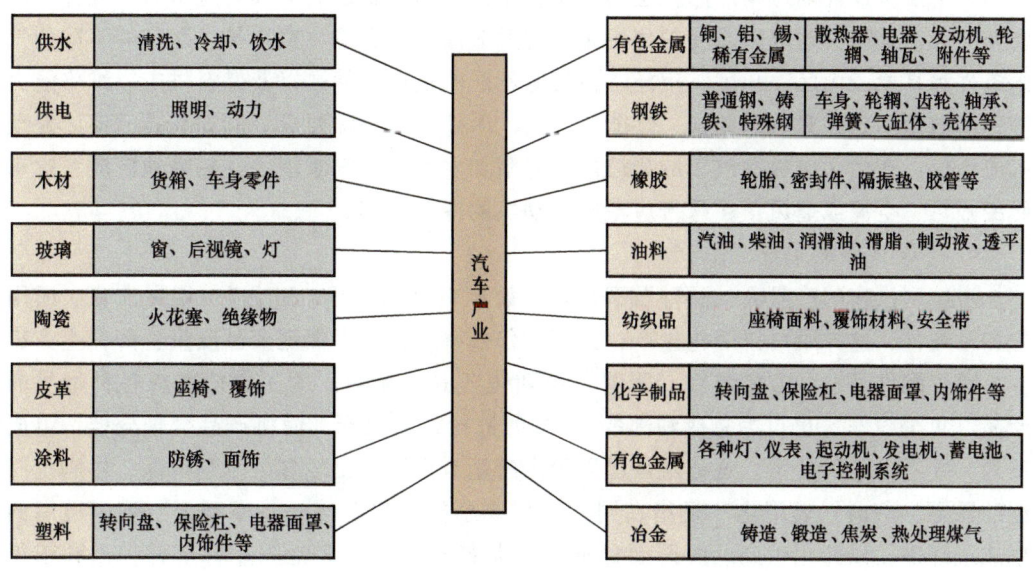

图 4-6 汽车产业与相关工业关系

量的 1/3 以上用于汽车产业。

4. 汽车服务贸易业

随着人们生活水平的提高，私家车数量剧增，消费者在享受汽车带来的出行便利的同时，还渴望得到更便捷、高质量、高水准的专业服务，这些需求促进了汽车服务贸易业的发展。

汽车服务贸易业主要包括汽车整车销售、汽车零配件销售、汽车二手车贸易、汽车金融服务、汽车售后服务、汽车电子商务、汽车物流、汽车进出口销售。

实际上，汽车服务贸易业包括的范围非常广，上面只是大致地描述下汽车服务贸易，具体来说，汽车服务贸易业除了包括汽车产品批发和零售、售后服务、维修、二手车经营、加油洗车及美容、客货运输、汽车物流、汽车金融服务与保险、汽车出租和租赁、汽车媒体、停车、汽车检测、汽车认证、汽车导航信息服务等外，还包括汽车俱乐部、汽车运动、越野驾驶、汽车娱乐、汽车旅馆、汽车酒吧、汽车博物馆、汽车历史和老爷车、汽车模型、汽车绘画、汽车沙龙等。

第二节 汽车设计

随着社会经济的发展，汽车已进入人类社会的各个领域。工业、农业、商业与国际贸易、国防、现代生活现在都离不开汽车，汽车被赋予了越来越多的功能，因此如何实现这些功能、让汽车更好地为我们服务，便成了我们要去解决的问题，而汽车设计便是解决这一问题的第一步，也是一辆汽车诞生的开始。

一、汽车设计的特点与要求

1. 考虑使用条件的复杂多变

为了使所设计的汽车产品在全国甚至是全世界的广阔市场上具有竞争力，设计中就要充分考虑提高其对复杂多变的使用条件的适应性。特别应注意热带、寒带等不同的气候条件和高原、山区、丘陵、沼泽、沿海等不同的地理条件，以及燃料供应、维修能力等不同的使用条件对汽车结构、性能、材料、附件等的特殊要求。例如在高原地区发动机应增压；在山区应提高汽车的爬坡能力并附加发动机排气制动；在热带地区应考虑车厢的隔热、空调或通风；在寒带应考虑发动机的冷起动等。

2. 尽最大可能实行三化

考虑到汽车的产量大、品种及型号多，设计中应该实行"三化"，即标准化、通用化和系列化，这样既可以简化生产，提高工作效率，又可以保证产品质量，降低生产成本，减少配件品种，方便维修。所谓"系列化"是指制造厂为了既能供应各种型号的产品（可为汽车，也可为总成和部件），又能进行大量生产，而将产品合理分档，组成系列，并考虑各种变型。这样就可以以较少的基本型衍生出较多的系列产品，以满足广泛的需要。所谓"通用化"是指在同一系列或总质量相近的一些车型上，采用通用的总成或部件，以简化生产。所谓"标准化"是指在设计中广泛采用标准件，以利于组织生产、提高质量、降低造价和方便维修。

3. 在保证可靠性的前提下尽量减小汽车的自身质量

和固定的机械设备不同，作为运输用的汽车其自身质量直接影响其燃油经济性。与单件生产、小批量生产的产品不同，作为大批量生产的汽车，减小其自身质量可节约大量的制造材料，降低生产成本。合理地减小汽车的自身质量对汽车工业和汽车运输业会带来巨大的经济效益。采用新材料、优化结构设计等方法可满足这方面的设计要求。

4. 严格遵守和贯彻有关法规、标准中，注意不要侵犯专利

除设计图纸的绘制与标注应按有关国家标准进行外，汽车设计还应遵守与汽车有关的一些标准与法规。中国汽车工业标准包括与国际基本通用的汽车标准以及为宏观控制汽车产品性能和质量的标准，它包括国家标准、行业标准和企业标准。这些标准又分为强制性标准和推荐性标准。为使我国汽车产品进入国际市场，设计时也应考虑到国际标准化组织道路车辆技术委员会（ISO/TC 22）制定的一些标准和国际自动机工程师学会（SAE）标准、日本工业标准（JIS）、日本汽车标准组织（JASO）标准，以及联合国欧洲经济委员会（ECE）、欧洲经济共同体（EEC）等所制定的汽车法规。

5. 车身设计既重视工程要求更注重外观造型

汽车车身的外形、油漆及色彩是汽车给人们的第一个外观印象，是人们评价汽车的最直接方面，也是汽车的重要市场竞争因素，是汽车设计非常重要的内容。车身造型既是工程设计，又是美工设计。从工程设计来看，它既要满足结构的强度要求、整车布置的匹配要求和冲压分块的工艺要求，又要适应车身的空气动力学要求而具有最小的风阻系数；从美工设计来看，它应当适应时代的特点和人们的爱好，要像对待工艺品那样进行美工设计，给人以高度美感，起到美化环境的作用。

6. 重视汽车使用中的安全、可靠、经济与环保

良好的使用性能显然是各种产品的设计者都要追求的目标，对汽车设计者来说更是如此。所不同的是汽车的使用性能是多方面的（如动力性、燃油经济性、制动性、操纵稳定性、平顺性、舒适性、通过性以及可靠性、耐久性、维修性和对环境保护的影响性等），而且在某些性能之间有时是相互矛盾的。因此，汽车设计的特点还在于要在给定的使用条件下，协调各种使用性能的要求，优选各使用性能指标，使汽车在该使用条件下的综合使用性能达到最优。特别要重视使用中的安全、可靠、经济与环保。

7. 汽车设计应考虑人机工程学特性

汽车是由人来驾驶和乘坐的，因此其设计必须考虑这种人-车关系，即操纵要方便、乘坐要舒适。所以在做汽车设计的时候，通常要考虑人机工程学，把人-车-环境系统作为一个统一的整体来研究，以创造出最适合人操作和乘坐的环境，使人-车-环境系统相互协调，从而获得系统的最高综合效能。

二、汽车设计的基本流程

研发流程主要包括管理、设计、组织等方方面面的辅助流程。专业的汽车设计开发流程是汽车研发中的核心流程，这一流程的起点是项目立项，终点是量产启动，主要包括产品策划阶段、概念设计阶段、工程设计阶段、样车试制试验阶段和投产启动阶段五个阶段，如图4-7所示。

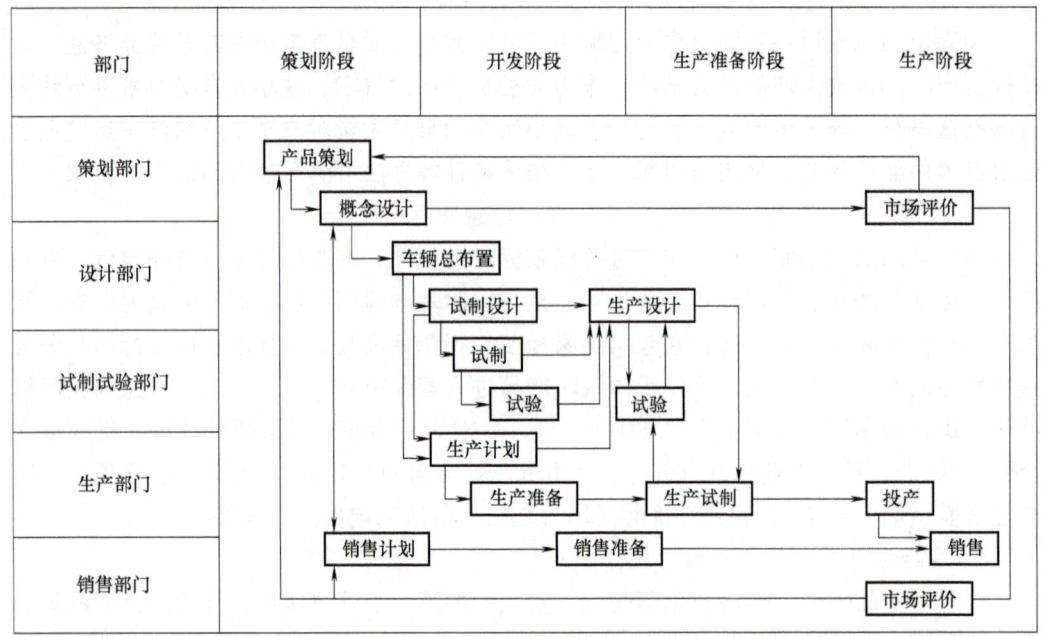

图 4-7　汽车设计开发流程

1. 产品策划阶段

产品策划是以市场调查与预测和企业目前以及在未来的一段时间内可能发展所达到的状态，还有其他相关企业同类产品的技术发展水平为基础制订出来的。

产品策划主要包括市场调研、项目可行性分析、产品目标、目标大纲，如图 4-8 所示。

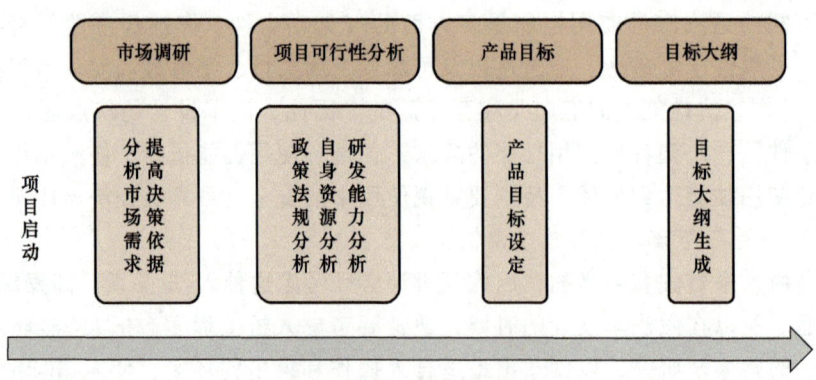

图 4-8　产品策划流程

市场调研是指对相关的市场信息进行系统的收集、整理、记录和分析，可以了解和掌握消费者的汽车消费趋势、消费偏好和消费要求的变化，确定消费者对新的汽车产品是否有需求，或者是否有潜在的需求等待开发，然后根据调研数据进行分析研究，总结出科学可靠的市场调研报告，为企业决策者的新车型研发项目计划提供科学合理的参考与建议。汽车市场调研包括市场细分、目标市场选择、产品定位等几个方面。

项目可行性分析是在市场调研的基础上生成项目建议书，进一步明确汽车形式

（也就是车型确定）以及市场目标。项目可行性分析包括外部的政策法规分析、内部的自身资源和研发能力的分析，包括设计、工艺、生产以及成本等方面的内容。

在完成项目可行性分析后，就可以对新车型的产品目标进行初步的设定了，设定的内容包括车辆形式、动力参数、底盘各个总成要求、车身形式及强度要求等，从而形成目标大纲。

2. 概念设计阶段

概念设计是指从产品创意开始，到构思草图、出模型和试制出概念样车等一系列活动的全过程，是将商品计划中确定开发的产品定义更具体化，使之达到能进行具体设计的程度。概念设计包括总体布置草图和造型设计。

（1）总体布置草图主要任务

1) 根据汽车的总体方案及整车性能要求提出对各总成及部件的布置要求和特性参数等设计要求。

2) 协调整车与总成间、相关总成间的布置关系和参数匹配关系，使之组成一个在给定使用条件下的使用性能达到最优并满足产品目标大纲要求的整车参数和性能指标的汽车。

总体布置草图主要内容包括：

车厢及驾驶室的布置，主要依据人机工程学来进行布置，在满足人体舒适性的基础上，合理地布置车厢和驾驶室、发动机与离合器及变速器、传动轴、车架和承载式车身底板、前后悬架、制动系统、油箱、备胎、行李舱、空调装置等。图4-9所示为保时捷跑车总体布置方案正视图。

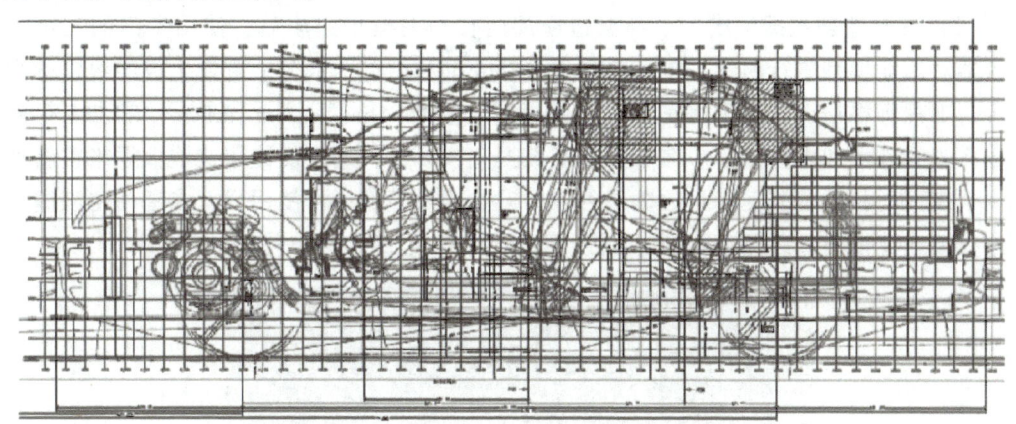

图4-9 保时捷跑车总体布置方案正视图

（2）造型设计 造型设计包括外部造型设计、内饰设计和色彩设计。要求造型设计达到既实用又美观。优美的外部造型设计能给人美的享受同时还影响市场销售，是一项重要工作。但外部造型设计必须建立在汽车总体布置基础上，并考虑汽车应当有良好的空气动力学特性和制造工艺性。汽车的总体布置是建立在保证汽车有良好使用性能的基础上进行的，因此，当外部造型设计与总体布置设计出现矛盾的时候，应该服从总体设计的需要。这就给外部造型的设计工作带来不小的困难，要求造型设计人员能结合各种限定的条件从事创造性工作。在概念设计期间，通过绘制外形构思草图、美术效果图和制作油泥模型等系列工作，能体现出造型设计的主要工作。图 4-10 所示为外形构思草图，图 4-11 所示为油泥模型。

图 4-10 外形构思草图

图 4-11 油泥模型

3. 工程设计阶段

在完成造型设计以后，项目就开始进入工程设计阶段，工程设计阶段的主要任务是完成整车各个总成以及零部件的设计，协调总成与整车和总成与总成之间出现的各种矛盾，保证整车性能满足目标大纲要求。工程设计就是一个对整车进行细化设计的过程，各个总成分发到相关部门分别进行设计开发，各部门按照开发计划规定的时间节点分批提交零部件的设计方案。工程设计阶段主要包括以下几个方面：

（1）**总布置设计** 在前面总布置草图的基础上，深入细化总布置设计，精确地描述各部件的尺寸和位置，为各总成和部件分配准确的布置空间，确定各个部件的详细结构形式、特征参数、质量要求等条件。总布置设计主要的工作包括设计并绘制发动机舱详细布置图、底盘详细布置图、内饰布置图、外饰布置图以及电器布置图。

（2）**车身造型数据生成** 车身或造型部门在油泥模型完成后，使用专门的三维测量仪器对油泥模型进行测量，测量的数据包括外形和内饰两部分。测量生成的数据称为点云，工程师根据点云使用汽车 A 面制作软件，例如 Alias、Lcem-surface、CATIA 等来构建汽车的外形和内室模型。在车身造型数据完成以后，通常要使用这些数据来重新铣削一个模型，目的是验证车身数据是否有错误。这个模型通常使用代木或者高密度塑料来进行加工，以便日后保存。图 4-12 所示为 CATIA 绘制的汽车外形。

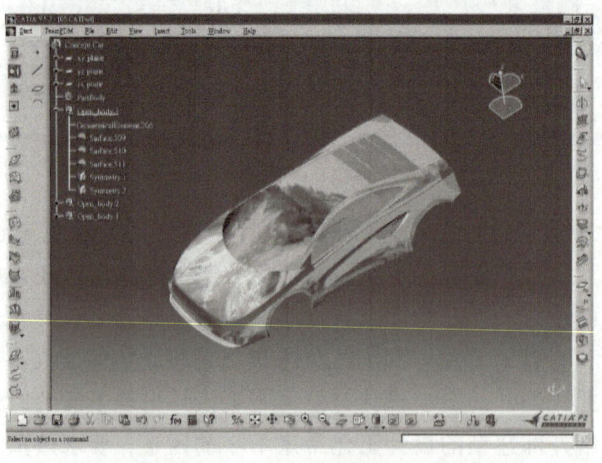
图 4-12 CATIA 绘制的汽车外形

（3）发动机工程设计　一般新车型的开发都会选用原有成熟的发动机动力总成，发动机部门的主要工作是针对新车型的特点以及要求，对发动机进行布置，并进行发动机匹配，这一过程一直持续到样车试验阶段，与底盘工程设计同步进行。

（4）白车身工程设计　白车身指的是车身结构件以及覆盖件的焊接总成，包括发动机舱盖、翼子板、侧围、车门以及行李舱盖在内的未经过涂装的车身本体，如图4-13所示。白车身是保证整车强度的封闭结构。白车身由车身覆盖件、梁、支柱以及结构加强件组成，因此该阶段的主要工作任务就是确定在校结构方案，对各个组成部分进行详细设计，使用工程软件如 NX、CATIA 等完成三维数模构建，并进行工艺性分析完成装配关系图及车身焊点图。

图 4-13　汽车白车身

（5）底盘工程设计　底盘工程设计的内容就是对底盘的四大系统进行详细的设计，包括传动系统设计、行驶系统设计、转向系统设计以及制动系统设计。底盘工程设计的主要工作包括：

1）对各个系统零部件进行尺寸、结构、工艺、功能以及参数等方面的定义。

2）根据定义进行结构设计及计算，完成三维数模。

3）零部件样件试验。

4）完成设计图和装配图。

其中，传动系统的主要设计内容为离合器、变速器、驱动桥的设计，行驶系统的主要设计内容为悬架设计，如图4-14所示，转向系统的主要设计内容为转向器及转向传动机构的设计，制动系统的设计内容包括制动器及 ABS 的设计。

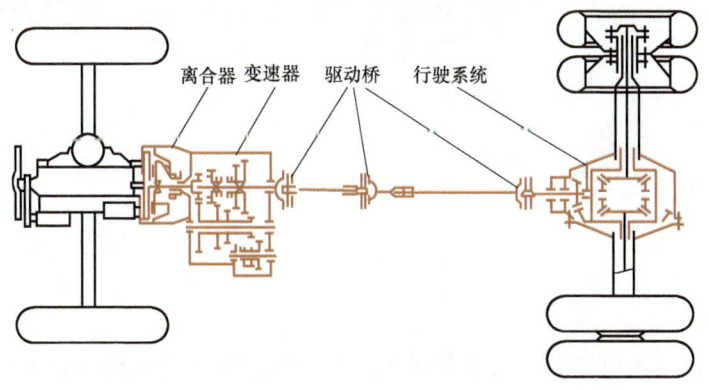

图 4-14　汽车底盘图

(6) 内外饰工程设计 汽车内外饰包括汽车外装件以及内饰件,如图 4-15 所示,因内外饰件安装在车身本体上,也称为车身附属设备。外装件的主要设计包括前后保险杠、玻璃、车门防撞装饰条、进气格栅、行李架、天窗、后视镜、车门机构及附件、密封条等的设计。内饰件主要设计包括仪表板、转向盘、座椅、安全带、安全气囊、地毯、侧壁内饰件、遮阳板、扶手、车内后视镜等的设计。

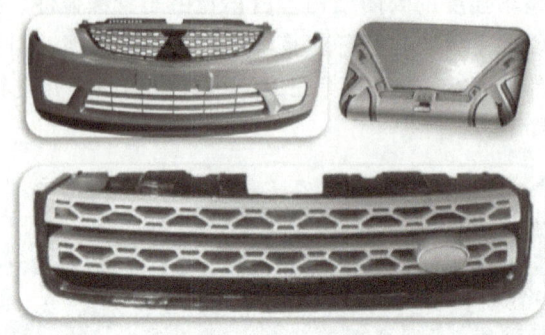

图 4-15 汽车内外饰图

(7) 电器工程设计 电器工程设计负责全车的所有电器设计,包括刮水系统、空调系统、各种仪表、整车开关、前后灯光以及车内照明系统的设计。

图 4-16 所示为汽车电器分布图。经过以上各个总成系统的设计,工程设计阶段完成,最终确认整车设计方案。此时可以开始编制详细的产品技术说明书以及详细的零部件清单列表,验证法规。确定整车性能后,将各个总成的生产技术进行整理合成。

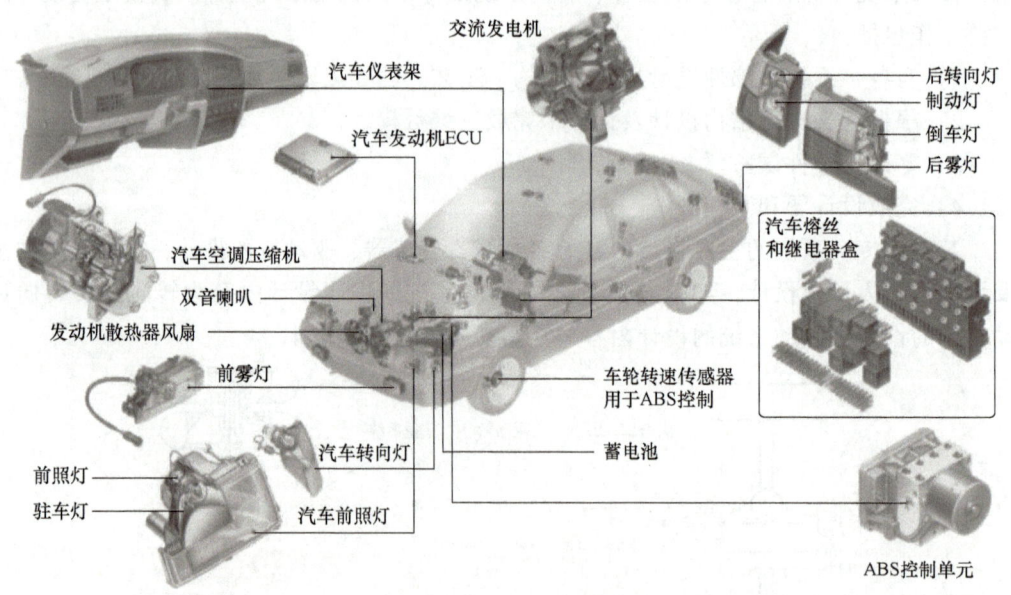

图 4-16 汽车电器分布图

4. 样车试验试制阶段

工程设计阶段完成以后进入样车试制试验阶段,样车的试制由试制试验部门负责,根据工程设计阶段的数据,制作各种试验［如试验场试验（图 4-17、图 4-18）、道路测试、风洞试验、碰撞试验（图4-19）等］样车。样车的试验包括两个方面：性能试验和可靠性试验。性能试验，其目的是验证设计阶段各个总成以及零部件经过装配后能否达到设计要求，以便及时发现问题并做出设计修改完善设计方案。可靠性试验的目的是验证汽车的强度以及耐久性。试验应根据国家制定的有关标准逐项进行，不同车型有不同的试验标准。根据试制试验的结果进行分析总结，对出现的各种问题进行改进设计，再进行第二轮试制试验，直至产品定型。

图4-17 汽车试验场

图4-18 试验场不同路段

图4-19 汽车碰撞试验

5. 投产启动阶段

投产启动阶段的主要任务是进行投产前的准备工作，包括制定生产流程链、各种生产设备到位、生产线铺设等。在试验阶段就同步进行的投产准备工作包括模具的开发和各种检具的制造。投产启动阶段大约需要半年的时间，在此期间要反复地完善冲压、焊装、涂装以及总装生产线，在确保生产流程和样车性能的条件下，开始小批量生产，进一步验证产品的可靠性，确保小批量生产三个月产品无重大问题的情况下，正式启动量产。图4-20所示为汽车设计整体流程。

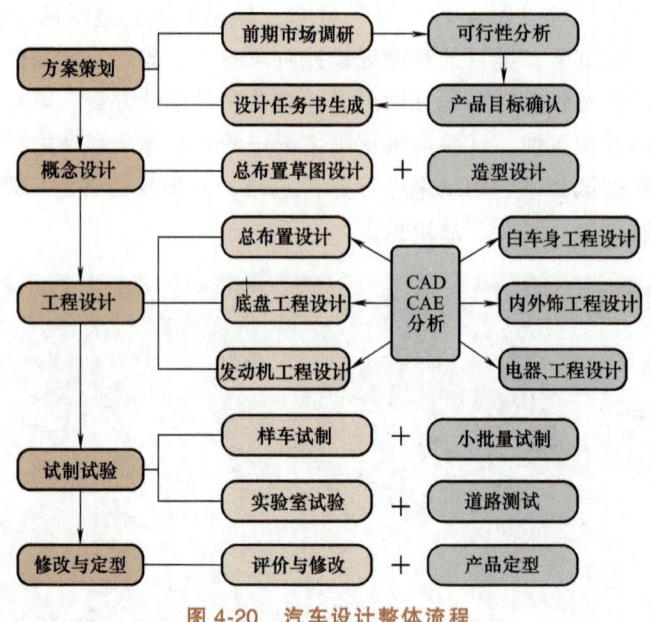

图 4-20 汽车设计整体流程

第三节 汽车制造

汽车设计完成之后,接下来的一步便是汽车制造。汽车不仅要设计好,汽车制造也是一个至关重要的环节,汽车的生产制造水平直接决定了一辆车的品质,是汽车功能的保证。

汽车制造过程主要分为机加工工艺、冲压工艺、焊装工艺、涂装工艺、总装工艺。后面四种合起来便是我们熟知的汽车四大工艺,如图 4-21 所示。

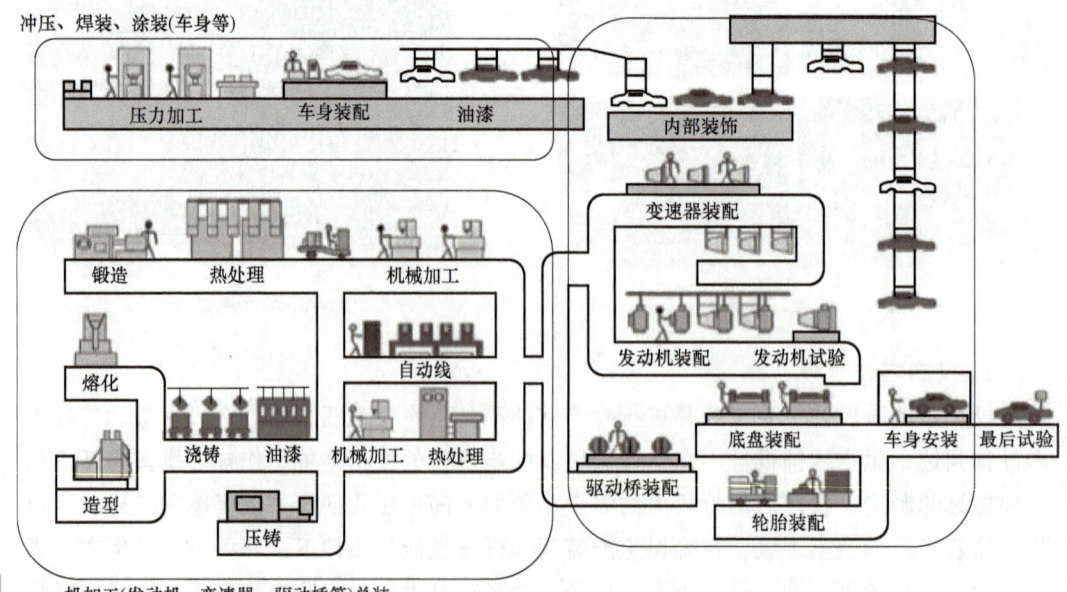

图 4-21 汽车制造过程

一、机加工工艺

机加工工艺是工件或者零件制造加工的步骤，采用机加工的方法，直接改变毛坯的形状、尺寸和表面质量等，使其成为零件的过程。例如一个普通零件的加工工艺流程是粗加工—精加工—装配—检验—包装，就是加工的笼统流程。

机加工工艺就是在流程的基础上，改变生产对象的形状、尺寸、相对位置和性质等，使其成为成品或半成品，是每个步骤、每个流程的详细说明。例如上面说的，粗加工可能包括毛坯制造、打磨等，精加工可能分为车、钳工、铣床等，每个步骤都有精度要求。

汽车中有着数以万计的零件，其中有很大一部分零件都需要进行机加工，如发动机缸体（见图4-22）、连杆、曲轴、半轴、齿轮、活塞、凸轮等，想要知道一辆车是如何制造出来的，就需要了解其中的工艺。以汽车发动机缸体为例，它是汽车上的一个典型机加工零件，从原材料到成品，其中要经过许多工艺，如图4-23所示，每个工艺里面又涉及许多知识。

图4-22 发动机缸体

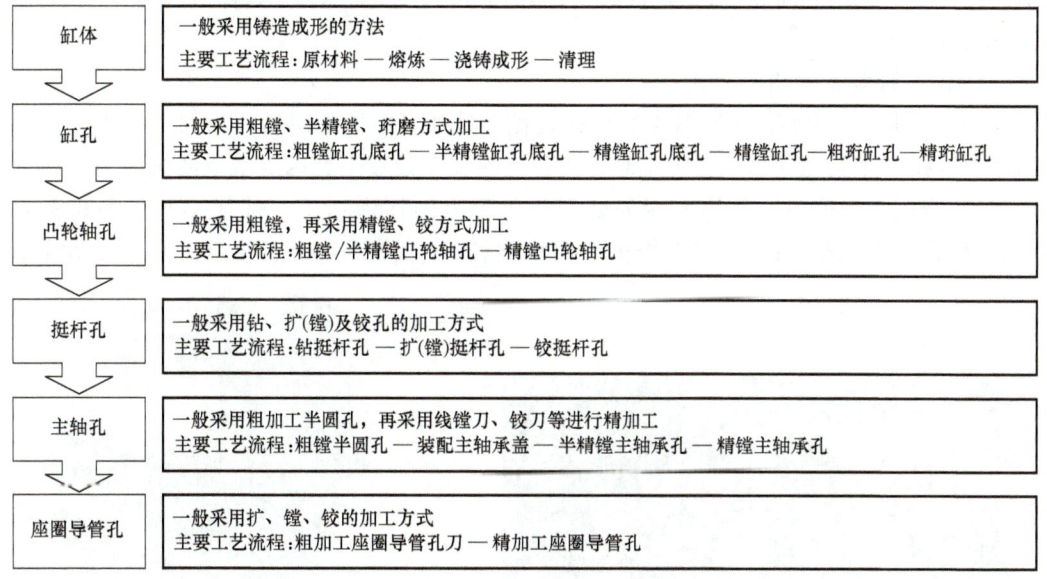

图4-23 发动机缸体制造流程

1. 冷加工

（1）**冷加工的定义** 在金属工艺学中，冷加工是指金属在低于再结晶温度进行塑性变形的加工工艺，如冷轧、冷拔、冷锻、冲压、冷挤压等。冷加工变形抗力大，在使金属成形的同时，可以利用加工硬化提高工件的硬度和强度。在机械制造工艺学中，冷加工通常指金属的切削加工。

(2) 切削加工

1) 切削加工的分类。切削加工是利用切削工具从工件上切去多余材料的加工方法。通过切削加工，使工件变成符合图样规定的形状、尺寸和表面粗糙度等方面要求的零件。切削加工分为机加工和钳工加工两大类。

机械加工是利用机械力对各种工件进行加工的方法。一般是通过工人操纵机床设备进行加工的，其方法有车削、钻削、镗削、铣削、刨削、拉削、磨削、研磨、超精加工和抛光等。

钳工加工是指一般在台上以手工工具为主，对工件进行加工的各种加工方法，钳工加工的工作内容一般包括画线、锯削、锉削、刮削、研磨、钻孔、扩孔、铰孔、攻螺纹、套螺纹、机械装配和设备修理等。

2) 切削加工的特点和作用。①切削加工的精度和表面粗糙度的范围广泛，且可获得高的加工精度和低的表面粗糙度。②切削加工零件的材料、形状、尺寸和重量的范围较大。切削加工多用于金属材料的加工，也可用于某些非金属材料的加工；对于零件的形状和尺寸一般不受限制，只要能在机床上实现装夹，大都可进行切削加工，且可加工常见的各种型面。切削加工零件重量的范围很大。③切削加工的生产率较高。在常规条件下，切削加工的生产率一般高于其他加工方法。只是在少数特殊场合，其生产率低于精密铸造、精密锻造和粉末冶金等方法。④切削过程中存在切削力，刀具和工件均须具有一定的强度和刚度，且刀具材料的硬度必须大于工件材料的硬度。因此，这限制了切削加工在细微结构与高硬高强等特殊材料加工方面的应用，从而给特种加工留下了生存和发展的空间。

(3) 几种常见的切削方式

1) 车削。车削加工（见图 4-24）是机械零件加工中最常用的一种加工方法。它是利用车刀在车床上完成加工，加工时，工件旋转，车刀在平面内直线或曲线移动。

2) 铣削：铣削加工是用旋转的铣刀作为刀具的切削加工，铣削一般在卧式铣床（简称卧铣）（见图 4-25）、立式铣床（简称立铣）（见图 4-26）、龙门铣床、工具铣床

图 4-24 车削加工

图 4-25 卧式铣床

以及各种专用铣床上或镗床上进行。

3）磨削：磨削加工是利用高速旋转的砂轮等磨具，加工工件表面的切削加工，磨削加工一般在磨床上进行，如图 4-27 所示。

图 4-26　立式铣床

图 4-27　磨削加工

4）钻削：钻削加工（见图 4-28）是用钻头或铰刀、锪刀在工件上加工孔的方法，主要用来钻孔、扩孔、铰孔、锪孔、钻中心孔、攻螺纹等加工。图 4-29 所示为钻床。

图 4-28　钻削加工

图 4-29　钻床

5）镗削：镗削加工是利用镗刀刀具在镗床上完成的加工。在镗削加工时，镗床主轴带动镗刀做旋转运动，工件或镗刀做进给运动完成切削加工，是孔加工常用的方法之一，如图 4-30 所示。

6）拉削：拉削加工是用拉刀作为刀具加工工件通孔、平面和成形表面的切削加工方法。拉削能获得较高的尺寸精度和较小的表面粗糙度，生产率高，适用于成批大量生产，如图 4-31 所示。大多数拉削加工时，拉床只有拉刀做直线拉削的主运动，而没有进给运动。

（4）冷加工的特点

1）在强化金属的同时可以获得所需的形状。

2）可以获得很好的尺寸公差和表面粗糙度。

3）价格实惠。

图 4-30　气缸的镗削加工　　　　　图 4-31　齿轮键槽拉削加工

4）有些金属只能进行有限程度的冷加工是因为它们在室温下表现为脆性。

5）冷加工削弱了延展性、导电性和耐腐蚀性。但因冷加工而导致的导电性减小的程度小于其他强化加工的影响，所以冷加工也被用来强化导电材料，如铜丝。

6）如果各向异性的特性和残余应力控制得当的话，它们也会带来好处。如果控制不当，就会大大削弱材料性能。

7）由于冷加工的效果会在高温下降低甚至消失，所以对于那些工作在高温环境下的部件来说，不适用冷加工强化。

(5) **冷加工的限制**　冷加工会导致一些不需要的效果。例如延展性的降低以及残余应力的增加。由于冷加工或加工硬化的机制是增加了位错密度，因此任何可以重新排列或消除位错的处理方法都可以消除冷加工的效果，如加工退火。

2. 热加工

(1) **热加工定义**　热加工是在高于再结晶温度的条件下，使金属材料同时产生塑性变形和再结晶的加工方法。热加工通常包括铸造、锻造、焊接、热处理等工艺。热加工能使金属零件在成形的同时改变它的组织或者使已成形的零件改变既定状态以改善零件的机械性能。

(2) **热加工常见工艺**

1）铸造。铸造是熔炼金属，制造铸型，并将熔融金属浇入铸型，凝固后获得一定形状和性能的铸件的成形方法。铸造是一门应用科学，广泛用于生产机器零件或毛坯，其实质是液态金属逐步凝固成形，具有以下优点：①可以生产出形状复杂，特别是具有复杂内腔的零件毛坯，如各种箱体、床身、机架等。②铸造生产的适应性广，工艺灵活性大。工业上常用的金属材料均可用来进行铸造，铸件的重量可由几克到几百吨，壁厚可由 0.5mm~1m。③铸造用原材料大都来源广泛，价格低廉，并可直接利用废机件，故铸件成本较低。

但是，液态成形也给机件带来某些缺点，如铸造组织疏松、晶粒粗大，内部易产生缩孔、缩松、气孔等缺陷。因此，铸件的力学性能，特别是冲击韧度低于同种材料的锻件。加之铸造工序多，且难于精确控制，使得铸件质量不够稳定，同时铸造的劳动条件差。

第四章 认识汽车产业链

随着铸造技术的发展，除了机器制造业外，在公共设施、生活用品、工艺美术和建筑等国民经济各个领域也广泛采用各种铸件。铸件的生产工艺方法大体分为砂型铸造和特种铸造两大类。

① 砂型铸造。砂型铸造是在砂型中生产铸件的铸造方法，如图 4-32 所示。砂型铸造中，造型和造芯是最基本的工序，它们对铸件的质量、生产率和成本的影响很大。造型通常可分为手工造型和机器造型，手工造型是用手工或手动工具完成紧砂、起模、修型工序。手工造型主要适应于单件、小批量铸件或难以用造型机械生产的形状复杂的大型铸件。

随着现代化大生产的发展，机器造型已代替了大部分的手工造型，机器造型不但生产率高，而且质量稳定，劳动强度低，是成批大量生产铸件的主要方法，机器造型的实质是采用机器完成全

图 4-32 砂型铸造

部操作，至少完成紧砂操作的造型方法，效率高、铸型和储件质量高，但投资较大，故适用于大量或成批生产的中小铸件。

② 特种铸造。随着科学技术的发展和生产水平的提高，对铸件质量、劳动生产率、劳动条件和生产成本有了进一步的要求，因而铸造方法有了长足的发展。特种铸造是指有别于砂型铸造方法的其他铸造工艺。现今特种铸造方法已发展到几十种。常用的有熔模铸造、金属型铸造、离心铸造、压力铸造、低压铸造、陶瓷型铸造、实型铸造、磁型铸造、石墨型铸造、差压铸造、连续铸造、挤压铸造等。图 4-33 和图 4-34 所示分别为离心铸造机和差压铸造机。

图 4-33 离心铸造机

图 4-34 差压铸造机

2）焊接。焊接是现代制造技术中重要的金属连接技术。焊接成形技术的本质在于利用加热、加压或者同时加热加压的方法，使分离的金属零件形成原子间的结合，从而形成新的金属结构，如图 4-35 所示。

焊接的实质是使两个分离的物体通过加热或加压，或两者并用，在用或不用填充材料的条件下借助原子间或分子间的联系与质点的扩散作用形成一个整体的过程，要使两个分离的物体形成永久性结合，必须使两个物体相互接近到 0.3～0.5nm 的距离，使之达到原子间的力能够互相作用的程度。这对液体来说是很容易的，但对固体则需外部给予很大的能量才会使其接触表面之间达到原子间结合的距

图 4-35　焊接

离。而实际金属由于固体硬度较高，无论其表面精度多高，实际上也只能是部分点接触，加之其表面还会有各种杂质，如氧化物、油脂、尘土及气体分子的吸附所形成的薄膜等，这些都是妨碍两个物体原子结合的因素，焊接技术就是采用加热、加压或两者并用的方法，来克服阻碍原子结合的因素，以达到二者永久半固连接的目的。

焊接的优点：接头的力学性能与使用性能良好；与铆接相比，采用焊接工艺制造的金属结构重量轻，节约原材料，制造周期短，成本低。

焊接存在的问题：焊接接头的组织和性能与母材相比会发生变化；容易产生焊接裂纹等缺陷；焊接后会产生残余应力与变形。这些都会影响焊接结构的质量。

3) 锻造。在冲击力或静压力的作用下，使热锭或热坯产生局部或全部的塑性变形，获得所需形状、尺寸和性能的锻件的加工方法称为锻造。

锻造一般是将轧制圆钢、方钢（中、小锻件）或钢锭（大锻件）加热到高温状态后进行加工。锻造能够改善铸态组织、铸造缺陷（缩孔、气孔等），使锻件组织紧密、晶粒细化、成分均匀，从而显著提高金属的力学性能。因此，锻造主要用于那些承受重载、冲击载荷、交变载荷的重要机械零件或毛坯，如各种机床的主轴和齿轮、汽车发动机的曲轴和连杆、起重机吊钩、各种刀具和模具等。图 4-36 与图 4-37 所示为大型锻造设备和锻造钢件。

图 4-36　大型锻造设备

图 4-37　锻造钢件

锻造分为自由锻造、胎模锻造及模型锻造。

① 自由锻造。只采用通用工具直接在锻造设备的上、下砧铁间使坯料变形获得锻件的方法称为自由锻造。自由锻造的原材料可以是轧材（中小型锻件）或钢锭（大型件）。自由锻造工艺灵活、工具简单，主要适合各种做件的单件小批生产，也是特大型锻件的唯一生产方法。

② 胎模锻造。胎模锻造是在自由锻造设备上使用可移动的简单模具生产锻件的一种锻造方法。胎模锻造一般先采用自由制坯，然后在胎模中锻造成形，锻件的形状和尺寸主要靠胎模的型槽来保证。胎模不固定在设备上，锻造时用工具夹持着进行锻造。

③ 模型锻造。模型锻造简称为模锻，是将加热到锻造温度的金属坯料放到固定在模锻设备上的模膛内，使坯料受压变形，从而获得锻件的方法。

4）热处理。热处理是指材料在固态下，通过加热、保温和冷却的手段，以获得预期组织和性能的一种金属热加工工艺。在从石器时代进展到铜器时代和铁器时代的过程中，热处理的作用逐渐为人们所认识。

热处理主要有以下几种：

① 正火：将钢材或钢件加热到临界点 Ac_3 或 Acm 以上的适当温度保持一定时间后在空气中冷却，得到珠光体类组织的热处理工艺。正火是为了细化材料晶粒，均匀内部组织的热处理方法，目的是消除机加工产生的内应力及压延等塑性加工时产生的纤维组织。

② 退火：将亚析共钢工件加热至 Ac_3 以上 $20\sim40℃$，保温一段时间后，随炉缓慢冷却（或埋在砂中或石灰中冷却）至 $500℃$ 以下再在空气中冷却的热处理工艺。退火是为了软化金属、调整结晶组织、去除内部应力、改善冷轧加工及切削性。

③ 淬火：将钢件奥氏体化后以适当的冷却速度冷却，使工件在横截面内全部或一定的范围内发生马氏体等不稳定组织结构转变的热处理工艺。淬火是金属经高温加热后快速冷却处理的热处理方法，目的是提高金属硬度、强度及耐磨性。

根据冷却条件淬火有水淬、油淬、真空淬等形式。多数情况下，淬火后的零件必须回火处理才能使用。

④ 回火：将经过淬火的工件加热到临界点 Ac_1 以下的适当温度保持一定时间，随后用符合要求的方法冷却，以获得所需要的组织和性能的热处理工艺。回火的目的是调整材料硬度、提高韧性及消除内部应力。根据回火温度的不同分为低温回火和高温回火，回火温度越高，材料的硬度越低，韧性越高，否则反之。调质处理后的回火处理一般是高温回火、高频淬火，渗碳淬火的回火处理一般是低温回火。

⑤ 调质处理：一般习惯将淬火加高温回火相结合的热处理称为调质处理。调质处理广泛应用于各种重要的结构零件，特别是那些在交变负荷下工作的连杆、螺栓、齿轮及轴类等。调质处理后得到回火索氏体组织，它的力学性能均比相同硬度的正火索氏体组织更优，它的硬度取决于高温回火温度并与钢的回火稳定性和工件截面尺寸有关，一般在 $200\sim350HBW$。

二、冲压工艺

冲压是汽车制造的第一步，是把金属片材通过专用模具加工成特定形状的零件。从钢厂采购回来的钢卷（见图4-38），经过第一次落料模具的冲压，切割加工成特定的料片形状（见图4-39），这个料片形状是工程师经过AutoForm等软件分析计算得出来的，这个形状一方面要保证经济性（节省材料），另一方面要保证零件的成形性。

图4-38 原材料钢卷

图4-39 钢片切割加工

料片经过拉延成形、修边冲孔、翻边整形等模具的冲压就加工出来了白车身零件，零件需要质量人员上检具检查，对于侧围外板、翼子板、车门、发盖外板、尾门外板、顶盖等外观零件线边质量人员需要重点关注零件的外观质量，内板件相对来讲要求没有外板件高。图4-40所示为侧围外板冲压工艺流程图。图4-41所示为压制成形的车辆侧车身。

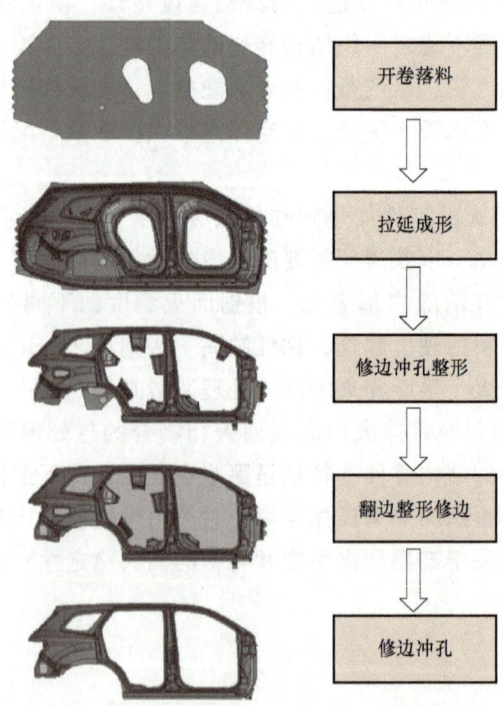

图4-40 侧围外板冲压工艺流程图

第四章 认识汽车产业链

图 4-41 压制成形的车辆侧车身

冲压出来的零件在满足质量、外观、尺寸要求的情况下才能存储到仓库进入下一道序，冲压工艺过程如图 4-42 所示。

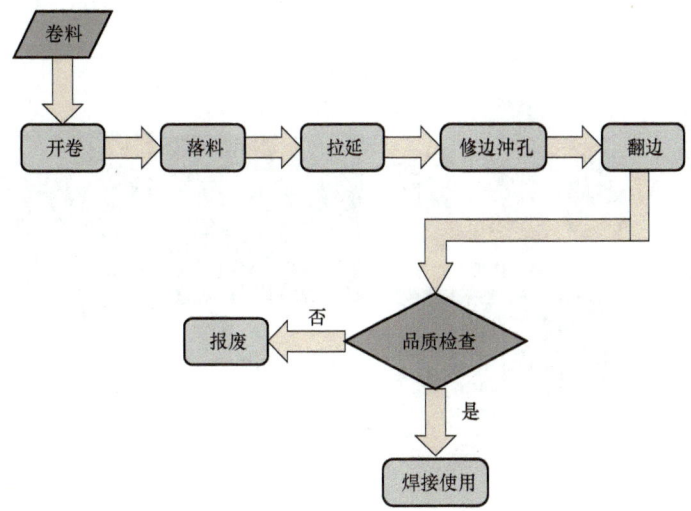

图 4-42 冲压工艺过程

三、焊装工艺

焊装工艺是汽车制造的第二步，焊装其实包括焊接和部分装配。焊接，也称作熔接，是一种以加热、高温或者高压的方式接合金属或其他热塑性材料，如塑料的制造工艺及技术。焊接的分类如图 4-43 所示。部分焊接方式如图 4-44 所示。

冲压加工出来的都是单个的白车身零件，工人或者机器人将冲压单件放入特定的焊接工序夹具上，焊接工人或者机器人通过焊枪把不同的冲压零件焊接成分总成，分总成然后焊接成总成，总成最后焊接成完整的白车身。图 4-45 和图 4-56 分别为人工焊接生产线和机器人焊接生产线。

主要的焊接总成有发动机舱总成、前后地板总成、侧围总成、前后门总成、尾门总成、发动机舱盖总成等，如图 4-47 所示。

总成的打胶、包边工序也是焊接工程师负责，目前常见的包边实现方式有包边机器

车辆工程专业导论

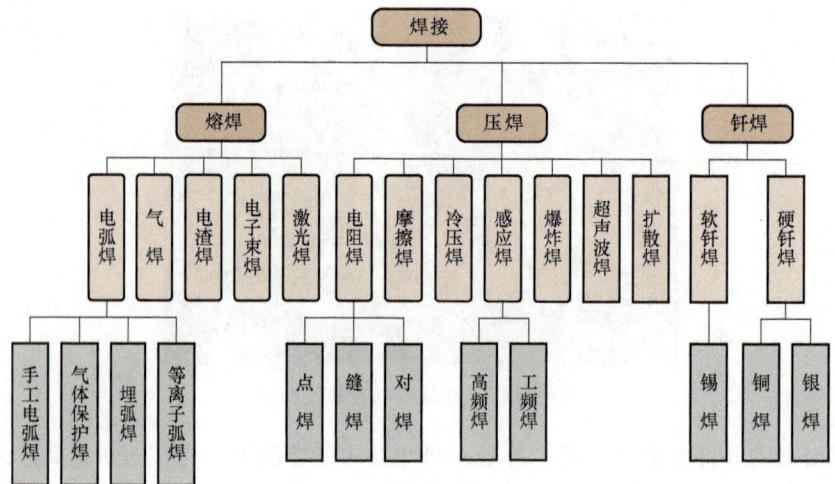

图 4-43 焊接的分类

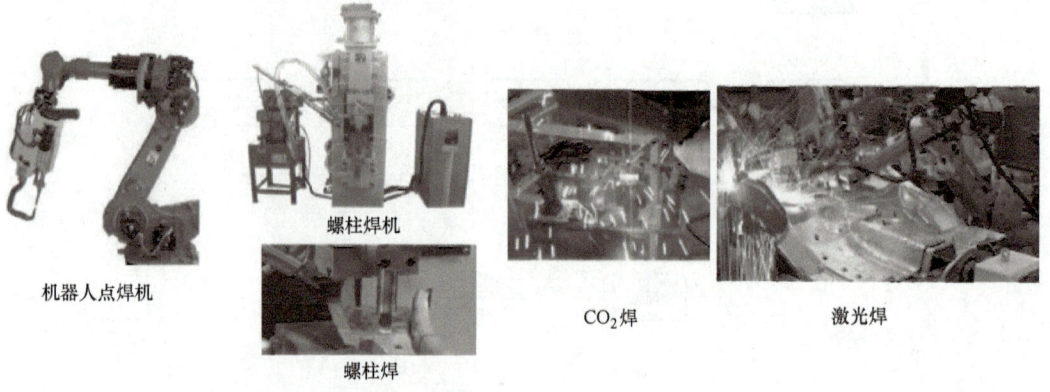

图 4-44 部分焊接方式

图 4-45 人工焊接生产线

图 4-46 机器人焊接生产线

人和包边模具两种。图 4-48 所示为包边机器人。

焊接完的分总成、总成、白车身是需要进行焊接质量检测（见图 4-49）的，常见的焊接质量问题有焊渣、虚焊、过焊等。

总结焊装工艺流程如图 4-50 所示。

第四章　认识汽车产业链

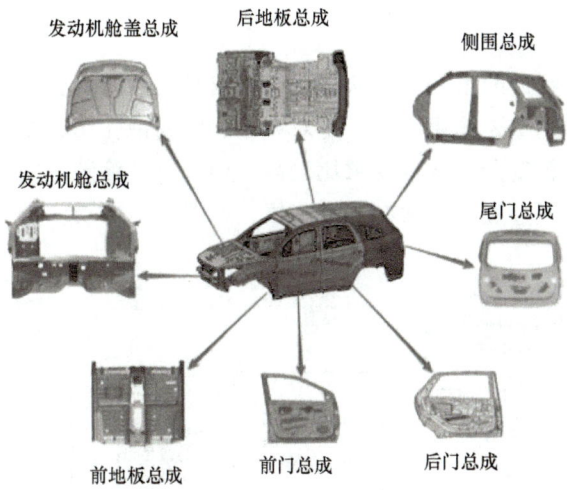

图 4-47　白车身和焊接总成

图 4-48　包边机器人

图 4-49　工人进行焊接质量检测

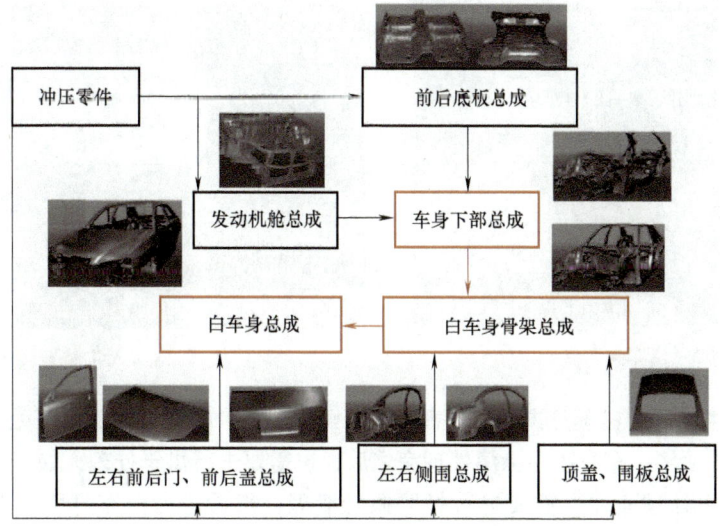

图 4-50　焊装工艺流程图

四、涂装工艺

涂装工艺是汽车制造的第三步,从焊装车间出来的白车身会进入涂装车间,涂装对于汽车制造来讲有两个重要作用,第一是对汽车有防腐蚀作用,第二是给汽车增加美观度。涂装工艺过程比较复杂,技术要求比较高。白车身在涂装车间主要是经过电泳、中涂、喷涂面漆三个处理过程,一共有 5 个漆层,如图 4-51 所示。

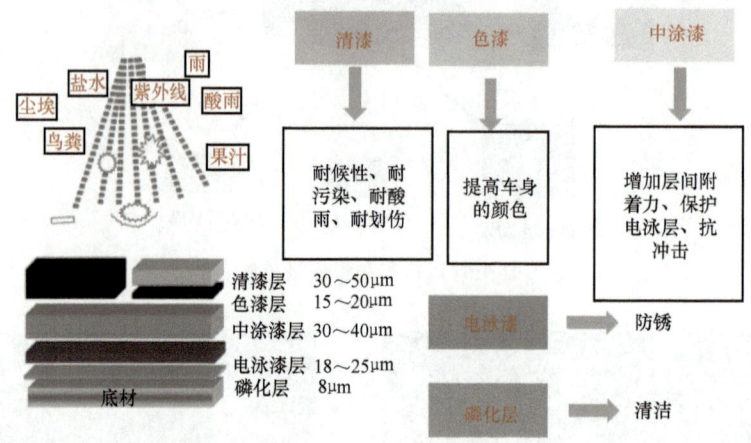

图 4-51　涂装各层及作用

在白车身进行电泳之前需要进行杂质清理、油污清理、磷化处理等,目的是提升电泳漆与白车身的附着力。电泳有两个主要作用:一是增强白车身的防腐蚀性能,二是对底材有一定的填充功能,在某种程度上可填补底材的缺陷,保证面漆的良好外观,如图 4-52 所示。电泳完后经过烘干处理以及人工检查清理进入下一工艺流程,如图 4-53 所示。

图 4-52　汽车电泳处理

图 4-53　人工检查清理

对电泳漆烘干后的白车身再进行喷密封胶、贴阻尼板、喷防石击涂料等处理,然后进行清理后进行喷中涂漆,车身喷中涂漆处理完之后,也需要进行烘干处理,如图 4-54 所示。

中涂漆烘干处理完后,需要进行打磨抛光清理,然后进行白车身面漆喷涂处理,在这之后进行烘干处理,然后进行最后一轮的检查修复抛光处理。最后将车身输送到总装车间。图 4-55 所示为涂装完成的汽车。

图 4-54　汽车喷漆处理

图 4-55　涂装完成的汽车

总结涂装工艺流程如图 4-56 所示。

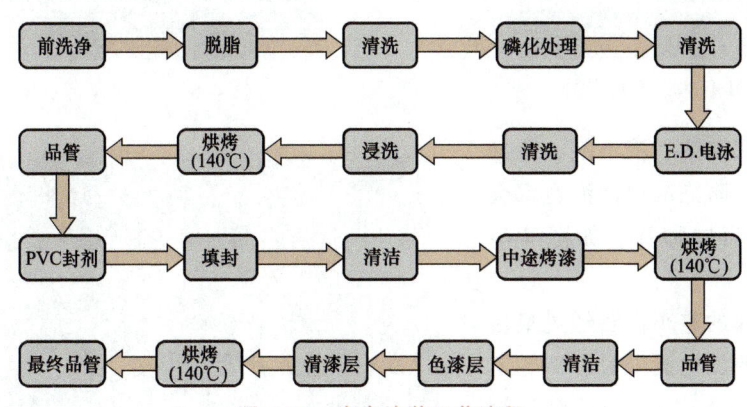

图 4-56　汽车涂装工艺流程

五、总装工艺

总装是汽车制造四大工艺的最后一环。总装线主要有内饰线、底盘线、外饰线等。从涂装车间出来的车身进入总装线，会进行线束、车门、安全气囊、ECU、仪表板、发动机、前后桥、轮胎等各种内饰、外饰、电子电器等零部件的安装。图 4-57、图 4-58、

图 4-57　汽车内饰组装

图 4-58　汽车车身组装

图 4-59、图 4-60 分别展示了汽车内饰组装、汽车车身组装、底盘组装和车身与底盘的组装。

图 4-59　底盘组装

图 4-60　车身与底盘的组装

燃油、润滑油、清洁剂、冷却液、制动液、防冻液等油液也都会在这个过程当中加注。如图 4-61 所示。

总装完成的整车需要经过最后的检测，主要的检测项目有四轮定位检测（见图 4-62）、前照灯检测（见图 4-63）、制动性能检测、排放检测、淋浴检测（见图 4-64）、道路检测（见图 4-65）等。

图 4-61　汽车加注液体

图 4-62　四轮定位检测

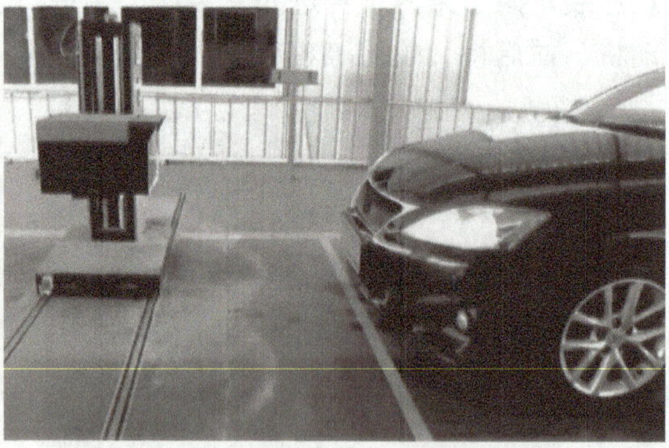

图 4-63　前照灯检测

总装工艺流程图总结如图 4-66 所示。

第四章　认识汽车产业链

图 4-64　淋浴检测

图 4-65　道路检测

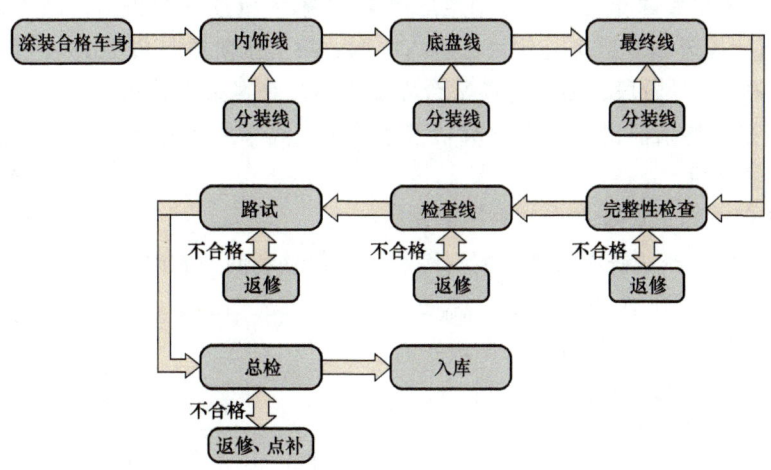

图 4-66　总装工艺流程图

第四节　汽车后市场

汽车后市场是指汽车销售以后，围绕汽车使用过程中的各种服务，它涵盖了消费者买车后所需要的一切服务。也就是说，汽车从售出到报废的过程中，围绕汽车售后使用环节中各种后继需要和服务而产生的一系列交易活动的总称。

一、汽车后市场的定义与分类

汽车后市场有不同的定义，归纳起来主要有三种：①汽车后市场是消费者在使用汽车的过程中所发生的与汽车有关的服务，具体包括维修、保养、零配件更换、美容、改装、油品供给等服务；②汽车后市场是整车落地销售后，车主所需的一切服务；③汽车后市场是汽车产业链的有机组成部分，包括汽车销售领域的金融服务、汽车租赁、保险、装潢、维护、维修与保养、日常运行的油品供给、驾校、停车场、车友俱乐部、救援系统、二手车等。

汽车后市场最早的分类是以汽车整车销售的前、后顺序进行分类的，汽车后市场行业简称车后市。汽车后市场大体上可分为七大行业：汽车保险行业、汽车金融行业、汽车IT行业、汽车养护行业（汽车精品、用品、美容、快修及改装行业）、汽车维修及配件行业、汽车文化及汽车运动行业、二手车及汽车租赁行业。

二、汽车后市场的发展

1. 国内汽车后市场可以分为5个发展阶段

第一阶段是1990年—1996年，汽车后市场的开始阶段，服务对象基本是公务车；第二阶段是1997年—2006年，汽车后市场的高速发展阶段，服务对象以公务车为主，私家车约占15%；第三阶段是2007年—2010年，汽车后市场的洗牌阶段，服务对象中私家车的比例逐渐上升到50%左右；第四阶段是2011年—2015年，汽车后市场的发展阶段，服务对象以私家车为主，每个地区有2~3家区域性的龙头店，品牌快修快保店与4S店并行，国外汽车服务连锁巨头进入中国；第五个阶段是自2015年至今，汽车后市场的"互联网+"阶段，结合电商平台方便快捷、获客渠道较多等特点，汽车后市场"互联网+"平台逐渐涌出，资本也对"互联网+"汽车后市场行业青睐有加，目前正处于激烈竞争时期。

2. 汽车后市场正迎来一个历史性的发展机遇

汽车后市场是产业链中最稳定的利润来源，占总利润的60%~70%；2010年，总规模超过1900亿元；到2020年，总规模已达到14665.3亿元。国内正式注册的汽车美容装饰维修厂家30余万家，经营汽车美容9000余家（不包括路边店），并且汽车销售市场每年以30%速度递增，每台车售后服务金额约为车价的2倍，10年报废，加上私家车主的整体汽车售后保养服务意识的增强。因此中国的汽车后市场迎来一个历史的发展机遇。图4-67所示为2015年—2020年中国汽车后市场行业规模。

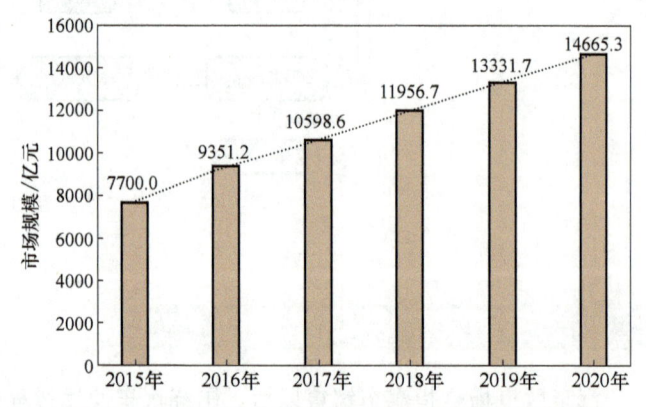

图4-67 2015年—2020年中国汽车后市场行业规模

汽车业者有两条道路可供选择：一条是发展自我品牌，做强做大；另一条是牵手国际汽车服务知名品牌，携手共同发展。

3. 国内汽车后市场渠道模式

在中国，汽车后市场主要有以下五大渠道：①发展起来的汽车4S店；②传统大中型维修厂；③汽车维修路边店；④汽车专项服务店；⑤品牌快修美容装饰连锁店。这五大渠道在面积大小、设备投资、人员素质、地点便利性、服务质量、服务时间和收费标准等方面各有千秋，短期可以共存，但随着市场的发展变化，经过逐步变化的汽车4S店和国际知名的品牌快修保养美容连锁店是两大主要渠道。

三、汽车后市场的主要业务

汽车后市场的主要业务如图 4-68 所示。

1. 汽车销售

汽车销售（见图 4-69）是消费者支出的重要组成部分，同时能很好地反映出消费者对经济前景的信心。通常，汽车销售情况是了解一个国家经济循环强弱情况的第一手资料，早于其他个人消费数据的公布。

因此，汽车销售为随后公布的零售额和个人消费支出提供了很好

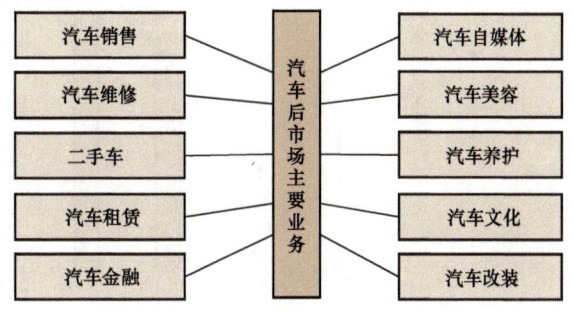

图 4-68 汽车后市场主要业务

的预示作用，汽车销售额占零售额的 25% 和整个消费总额的 8%。另外，汽车销售还可以作为预示经济衰退和复苏的早期信号。

2. 汽车维修

汽车维修包括对汽车各部位的维修，主要是对车身、底盘、发动机、电气系统等方面进行全面系统的维修。维修的项目很多，实际上就是"对生病之车实施抢救"，使之恢复正常。

汽车维修包括汽车大修和汽车小修，汽车大修是指用修理或更换汽车任何零部件（包括基础件）的方法，恢复汽车的完好技术状况和完全（或接近完全）恢复汽车寿命的恢复性修理。而汽车小修是指用更换或修理个别零件的方法，保证或恢复汽车工作能力的运行性修理。图 4-70 所示为汽车维修厂。

图 4-69 汽车销售

图 4-70 汽车维修厂

3. 二手车

二手车业务主要包括以下类别：二手车的直接购买、销售，二手车中介，二手车评估，二手车暂保管，二手车代过户，二手车置换，二手车代保养装新等。

2021 年，是我国二手车从量变到质变的一年。2020 年由于受疫情影响，累计交易 1434.14 万辆，同比下降 3.9%，但三季度后交易量由降转升，连续 4 个月呈现两位数增加，而且国家、地方将加大力度促进汽车消费，利好举措同时带动二手车消费，2021 年二手车共交易 1758.51 万辆，同比增长 22.62%，交易量创历史新高。未来，二手车市场有望在汽车后市场中提高市场份额，如图 4-71 所示。

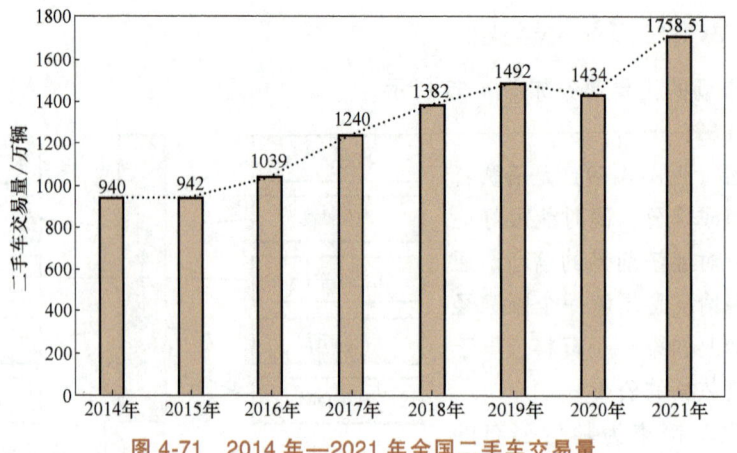

图 4-71　2014 年—2021 年全国二手车交易量

4. 汽车租赁

汽车租赁按时间分包括定时租赁和临时租赁；按客户类别分为政府租赁、企业租赁和个人租赁三大类。

根据数据显示（见图 4-72），2015 年汽车租赁市场规模达到 520 亿元。随着共享经济概念的流行，共享形式的产品层出不穷，共享汽车的出现成为出行领域的下一个蓝海，推动汽车租赁市场的持续扩大。2019 年，汽车租赁市场规模约为 912 亿元。2020 年，受新冠肺炎疫情影响，市场规模下降到 903 亿元。

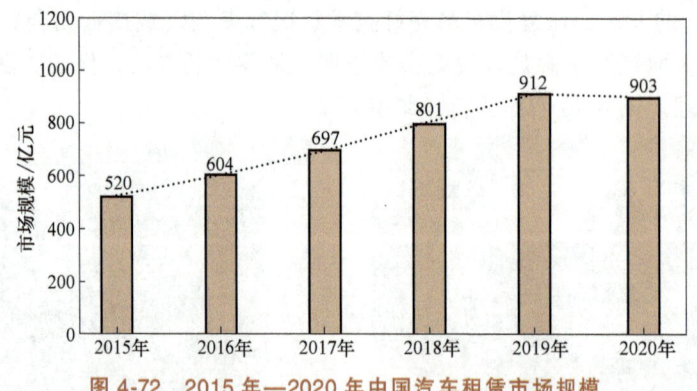

图 4-72　2015 年—2020 年中国汽车租赁市场规模

5. 汽车金融

汽车金融是消费者在购买汽车需要贷款时，可以直接向汽车金融公司申请优惠的支付方式，可以按照自身的个性化需求，来选择不同的车型和不同的支付方法。对比银行，汽车金融是一种购车新选择。

汽车金融主要指与汽车产业相关的金融服务，是在汽车研发设计、生产、流通、消费等各个环节中所涉及的资金融通的方式、路径或者说是资金融通的基本框架，即资金在汽车领域，从资金供给者到资金需求者的资金流通渠道。其主要包括资金筹集、信贷运用、抵押贴现、金融租赁，以及相关保险、投资活动等，它是汽车业与金融业相互渗透的必然结果。

汽车金融是汽车产业与金融的结合，是当前产业金融的重要领域。汽车金融通过资源的资本化、资产的资本化、知识产权的资本化、未来价值的资本化实现产业与金融的融合，促进其互动发展，从而实现价值的增值。

6. 汽车自媒体

自媒体是指普通大众通过网络等途径向外发布其本身的事实和新闻的传播方式。"自媒体"，英文为"we media"，是普通大众经由数字科技与全球知识体系相连之后，一种提供与分享他们本身的事实和新闻的途径，是私人化、平民化、普泛化、自主化的传播者，以现代化、电子化的手段，向不特定的大多数或者特定的单个人传递规范性及非规范性信息的新媒体的总称。汽车自媒体，顾名思义就是运用在汽车方面的自媒体。

在中国，自媒体发展主要分为了四个阶段：2009年新浪微博上线，引起社交平台自媒体风潮；2012年微信公众号上线，自媒体向移动端发展；2012年—2014年门户网站、视频、电商平台等纷纷涉足自媒体领域，平台多元化；自2015年至今，直播、短视频等形式成为自媒体内容创业新热点。汽车自媒体也大都通过这几个途径进行宣传。

(1) **汽车自媒体的特点**

1）个性化。这是汽车自媒体最显著的一个特性，无论是内容还是形式，创业者在创办自媒体平台时一定要给用户提供充足的个性化选择的空间。

2）碎片化。这是整个社会信息传播的趋势，受众越来越习惯和乐于接受简短的、直观的信息，创业者在创办自媒体平台时应该顺应这种趋势。

3）交互性。这也是汽车自媒体的根本属性之一，其实受众使用自媒体的核心目的还是为了满足沟通和交流的需求，创业者要在自己的平台上给用户提供充分的分享、探讨、交流、互动等多元化体验。

4）多媒体。一提到自媒体，大家往往首先想到的是微博，但微博仅仅是自媒体的一种模式而已，不但微博本身可以给使用者提供文字、图片、音乐、视频、动漫等多种选择，创业者也可以创办出文字之外的，以图片、音乐、视频、动漫等为主题的自媒体平台。

5）群体性。汽车自媒体的一个重要特点是受众群体是以小群体不断聚集和传播信息的，创业者可以针对不同的群体，根据其特点，采取不同的宣传方式。

6）传播性。若无法有效快速传播，自媒体就没有价值和意义，创业者在创办自媒体平台时一定要为使用者提供充足的传播手段和推广渠道。

(2) **汽车自媒体运营遵循的原则**

1）多样性。自媒体平台类型众多且不断推陈出新，这边刚刚熟悉了官方微博的运营，那边微信公众平台又登场了。面对多样化的自媒体形式，需要保持对新媒体的敏感度，勇于探索尝试，一旦有新的自媒体平台出现，就积极响应加入其中。

2）真实性。在通过自媒体平台发布信息时要力求准确，与网友沟通时要客观真诚，面对网友质疑时要实事求是。

3）趣味性。内容的真实并不影响在自媒体平台上体现一定的趣味性，包括发布趣味性的内容和策划趣味性的活动。

4）持续性。汽车自媒体的本质是媒体，需要获得越来越多的媒体受众。自媒体用户的增长不可能一蹴而就,只能依靠高质量且持续更新的内容,依靠不断组织的有创意的活动,才能不断积累,获得用户的稳定增长,保持自媒体影响力不断扩大。

四、汽车后市场增长的主要渠道因素

影响汽车后市场需求的两大因素是汽车保有量和汽车产业链利润结构。

1. 汽车保有量

汽车保有量是指一个国家、地区或城市已经拥有汽车的数量。汽车保有量决定了汽车后市场的现实需求量。

据公安部统计,2011年—2020年我国汽车保有量如图4-73所示;截至2021年年底,全国机动车保有量达3.95亿辆,其中汽车3.02亿辆;机动车驾驶人4.81亿人。如果按14.12亿人口计算,我国千人汽车保有量已经达到213辆,超过世界千人汽车保有量平均170辆的水平。如图4-74所示为我国同发达和新兴市场国家千人汽车保有量的对比(2019年),我国的汽车后市场和其他国家对比存在较大的发展空间,从新车需

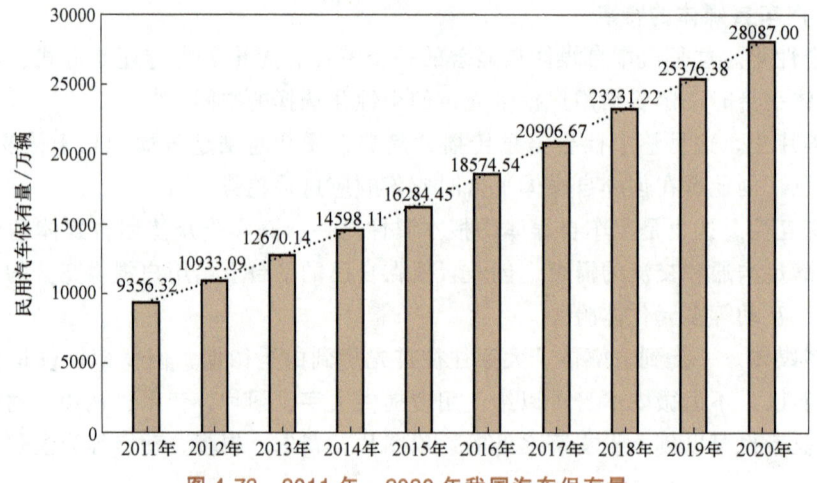

图4-73 2011年—2020年我国汽车保有量

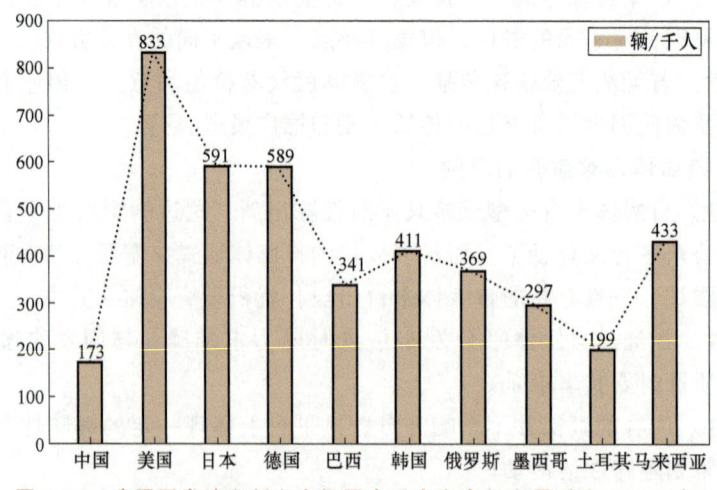

图4-74 我国同发达和新兴市场国家千人汽车保有量对比(2019年)

求长期潜力看,我国的千人汽车保有量无论是对比欧美日韩等成熟市场,还是同马来西亚、俄罗斯、巴西等与我国人均 GDP 相近的新兴市场比较,都存在一定的差距,这也意味着我国汽车保有量从中长期看仍有很大增长空间。总的来说,随着汽车保有量的上升,汽车后市场也将得以快速发展,并有望保持两位数增长。

2. 汽车产业链利润结构

随着我国汽车保有量的增加,汽车后市场规模逐渐扩大,行业发展迅速。从销售利润方面看(见图 4-75),国外成熟汽车市场中,整车的制造、销售利润约占整个汽车业利润的 21%、零部件供应的利润约占 22%,50%~60% 的利润是在服务领域中产生。以美国为例,美国汽车售后服务年产值高达 1400 亿美元,汽车维修业的利润率达到 27%。随着我国汽车产业利润的逐渐下降,汽车制造商开始向汽车后市场需求找利润,我国汽车后市场占整个产业链的利润将会逐渐上升。由于新车销售预期放缓,行业竞争加剧,对于厂商和经销商而言,来自于新车销售的利润必然会减少,其业务重心将会转向汽车后市场。

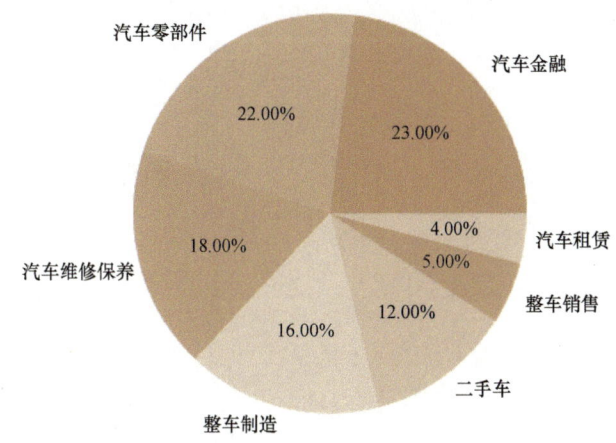

图 4-75 成熟市场汽车产业链利润分布

从成熟市场的汽车产业链利润结构来看,根据易观的数据,其汽车后市场利润占比一般为 65% 左右,而国内占比不到 30%,仍有较大的提升空间。

长期以来,汽车后市场以一二级城市消费者为主,不过近期城市线级呈现不断下沉趋势,目前三四级城市消费者比例高达 43%,超过大部分其他行业。未来,来自三四线城市的汽车后市场消费需求将进一步推动产业利润结构发生变化。

课程思政要点

一、思政要素切入点

在介绍汽车制造时,引入中国制造的优势和劣势。推荐学生观看《大国汽车工匠》,学习工匠们的工匠精神、钻研精神和创造力,并写心得体会。

二、育人目标

1. 培养学生的爱国情怀和民族自信。

2. 培养学生的工匠精神，钻研精神。

思 考 题

1. 什么是汽车产业链，画出传统汽车和新能源汽车的产业链简图。
2. 汽车产业链主要包括哪几大部分？
3. 汽车设计的要求是什么？
4. 汽车设计总共分为哪几个流程？
5. 整车制造工艺有哪几个部分？
6. 冷、热加工有哪些类型及其特点？
7. 查资料，了解目前汽车制造行业有哪些新技术？
8. 什么是汽车后市场，你对中国汽车后市场发展的前景有什么看法？

第五章

车辆工程专业的人才培养

第一节 车辆工程专业的教学特点

一、大学的特点

何谓大学？中国近代教育家蔡元培说："大学者，囊括大典，网罗众家之学府也。"德国哲学家雅斯贝尔斯（Karl Theodor Jaspers）也指出："大学是研究和传授科学的殿堂，是教育新人成长的世界，是个体之间富有生命的交往，是学术勃发的世界。"

1. **自由**

自由是大学的灵魂。因为大学是一种学术机构，学术的发展与创新离不开自由的土壤和空气，就像鱼儿离不开水。自19世纪德国洪堡（Wilhelm von Humboldt）创立柏林洪堡大学，奠定学术自由、教学自由、学习自由的原则，它已经成为世界各国大学的基本价值和基本准则。学术自由包括思考自由、研究自由、教师教的自由和学生学的自由。当然，这并不意味着不受规范的制约，"自由"地、"随心所欲不逾矩"地发展着。学术的自由带来学术的繁荣，"万物并育而不相害，道并行而不相悖"，世界因有万事万物并存而呈现无穷的生机，大学也因各家学说相竞相长而呈现出学术的生命。北京大学前校长蔡元培，以"思想自由，兼容并包"为办学方针，北大从此名高声隆，其人才辈出，莫不与这种学术民主之传统相关。如果学者和教授丧失了思想和学术的自由，那就不仅是学术与大学的灾难，也是国家与民族的灾难了。

2. **自治**

大学自治，或称之为"学术自治"，是指大学应当独立地决定自身的发展目标和计划，并将其付诸实施。大学自治思想的核心是大学作为自治机构或法人，其办学不受来自于外部权力中心的控制和干预，只按照自身的发展规律和内在逻辑处理办学过程中的各种关系和问题。大学的自治最突出地体现在两个方面：教授治校和学生自治。在中国近代以来的大学中，教授治校在北京大学较早地出现；学生自治，按照著名教育家陶行知的观点，则是大学学生自己管理自己的手段，它是学生参与学校管理的一种有效方式，也是大学自治的一个组成部分。

3. **道德**

大学是人类道德的守望者。在人类历史上，大学不仅以思想和智慧的功绩建立起伟大的纪念碑，而且始终以道德的光芒照耀文明的天空。中国古典大学向来将"在明明德，在亲民，在止于至善"作为基本理念，道德教育和品性修养始终是大学教育的核心内容。就教育者而言，陶行知曾说："学高为师，身正为范。"作为一名大学教师，首先要具备较高的道德素养和人生境界，做到严谨治学、为人师表。就大学生而言，同样应当把道德养成作为大学生涯的重要价值取向。道德生活是大学生涯最重要的主题，它使大学生不仅拥有工具理性，而且拥有创造完美人生的价值理性，拥有可以指导自我划向成功彼岸的精神之桨，而不是随波逐流，与世浮沉。

4. 责任

大学是人类精神的旗帜。大学从诞生之日起，就不是遁世隐者、徜徉高蹈的世外桃源，而是建国君民、化民成俗的重要组织，始终承担着探索真理、培育英才的责任，进而起到传承文明、引导社会的作用。如果说大学的自由品质不可剥夺，那么大学的社会责任也是不可推卸的。大学是一个"知识性社会"，是培训和塑造知识分子与社会精英的场所。大学的社会责任也许因具体时代任务的不同而有所变化，但大学的使命决定了大学的基本责任是永恒的，那就是培育人才和繁荣学术，大学的社会责任正是通过它们得以体现和证明的。这就是每一个大学人应当意识到的两大责任：育人责任与学术责任。即使是从事自然研究的知识分子，都不应忘记自己所从事的研究领域与研究成果对社会发展和人类前途可能造成的影响，应当意识到并自觉承担起发展学术和社会的责任。

二、大学教学的特点

大学教学的特点不同于中小学，如图 5-1 所示。大学教学是实现高等教育培养高级专门人才的基本途径，具有其本身的特点。

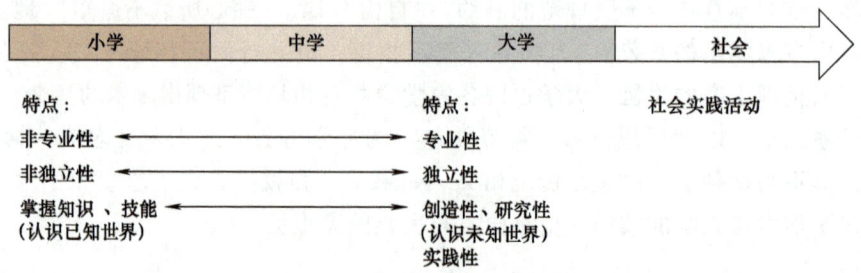

图 5-1 中小学与大学的教学特点

1. 专业性

尽管大学在人才培养方向上有"专才"与"通才"之争，但总体上还是培养符合社会需要的按学科、专业分类的各种高级专门人才。专业针对性就是在教学组织上充分体现理论与实际紧密联系的原则，充分反映社会上各专业、行业、学科发展的现实与人才培养方面的需求。因而教学过程需要社会有关方面的参与、配合，因而产生了产、学、研合作等多种教学组织形式。

2. 独立性

高校的教学过程实际上是一个学习和发现相结合的过程，引导学生独立地探索知识，培养其创造精神也是大学教学的一个显著特点。大学生身心发展趋于成熟，逻辑思维、辩证思维也逐渐成熟，独立性、自主性、自信心等趋向稳定，独立自主学习风格初步形成。从教学方法本身来看,它有两方面的特征:①由教师直接控制转变为教师和学生共同控制教学信息传递。教师的教和学生的学共同影响教学过程,只有当两者和谐一致、相互促进,才能达到最佳的教学效果。作为信息"受体"的大学生,由于自主性增强,对教师提供的各种信息不再是全盘接受,而是根据自己的某种标准进行选择,或接受或忽视或排斥。教师对学生的指导作用首先在于这种指导是能够激发学生达到最佳的"感受状态"、具备较高的处理信息的"能量",并能引导他们独立地去获取各种信息。②教学的双方在整个体系中的比重发生较大变化,教师教的成分逐渐减少,学生的自学成分随着年级的升高而递增。与此同时,教师教的概念也发生了变化,即由简单的传授、灌输知识转化为对学生的指导与启发,由教"书"向教"学"转化,出现了课堂讲授时数大幅度下降,课堂讨论、质疑、实验等则显著增加。

3. 研究性

教学具有研究性,不仅表现在教学与科研结合,更重要的是把科学研究引入到教学过程中,这是培养学生的研究能力、认识未知世界的重要方法。把科学引入教学过程,能给学生创造出全面发展的环境和重要条件。学生通过参加科研,可以在老师的指导下,有选择地、不受约束地努力学习所需要的理论知识,并且把已知理论知识与研究需要紧密结合,进行积极的思考。参加科学研究时,学生可以去探索一些新知识、新领域,认识未知世界,提高独立思考和解决问题的能力。

4. 实践性

理论联系实际,这是大学教学的基本内容。因此,教学活动就必然要使学生接触社会、深入实际,从而了解社会实际,培养大学生的应用技能和改造世界的意识。一方面,社会主义的发展带来了整个社会结构变化,从而使专业结构、课程体系发生变化,这就要求大学生不能闭门学习,而应放眼社会,了解本专业的学习要求,以及社会对大学生的要求。另一方面,实践出真知,实践是检验真理的唯一标准。课堂上所学的知识若不与实践紧密联系,不能解决现实生活中的具体问题,也是毫无意义的。因此,高等学校都要求学生参加广泛的社会实践、调查研究、实习考察等。

三、车辆工程专业的教学方式

大学的每个专业都有培养目标,为了实现培养目标,需要制订相应的培养方案,而培养方案的实现,需要通过一定的教学环节来完成。完成教学环节,需要有相应的教学方式。车辆工程专业培养计划、培养方案、教学环节相关内容见第一章第三节。

教学方式方法取决于教学任务和教学内容。车辆工程专业是典型的"新工科"专业,要求掌握机械、电子、计算机等方面工程技术基础理论和汽车设计、制造、试验等方面专业知识与技能。这就需要通过理论讲解、实验教学、设计教学、现场教学、社会实践等教学方式来实现教学目标。

1. 讲授法

(1) 课堂讲授 课堂讲授是以教师在课堂上讲授作为传授知识、技能和方法的教学方式。教师的上课 PPT 的内容主要以文字和图片为主,教学过程添加适当的视频和动画。

(2) **线上讲授**　线上讲授是指教师通过线上直播平台（如腾讯课堂、钉钉等）平台进行线上直播讲授，或者在线上平台（中国大学 MOOC、超星学习通等）发布事先录制好的教学知识点视频，让学生在线上去学习。线上讲授的好处是学生可以多次回看教师讲解的内容，同时采用多种方式对学生学习的内容进行测试和了解，缺点是缺少师生之间的现场交流，教师很难发现学生学习的情绪。

2. 讨论法

(1) **课堂讨论**　按照预先拟好的问题，在课堂上讨论，进行师生互动和交流的教学方式。课堂讨论以学生自学和思考问题为讨论的基础，在问题的情景中进行积极的思维活动，通过讨论的形式加深对问题的理解，促进学生自主学习，锻炼学生分析问题和口头表达观点的能力，培养学生的发现思维。教师可以通过讨论检查学生的学习效果和技能发展水平，学生可以系统发言或自由发言。

(2) **线上讨论**　教师预先拟好问题，发布在在线学习平台、QQ 群或微信群等，进行师生互动和交流的教学方式。与课堂讨论相比，线上讨论的优点更有利于记录学生的讨论过程，缺点是缺乏现场的感情交流。

3. 实验教学

通过在实验室中观察事物、现象的变化规律，获取知识或验证知识，教授实际作业的方法，训练基本技能的教学方式。学生根据教学要求制订实验方案，准备实验条件（此项内容也可以由实验员完成），进行实验，观察实验现象，获得并分析处理实验数据，得出实验结论，写出实验报告。

随着计算机科学技术的发展，部分学校建立了虚拟实验室。例如对于《汽车理论》虚拟实验教学，ADAMS 可以对汽车进行仿真实验，在软件中输入样车的动力性参数，建立样车的底盘参数、路面参数以及控制参数等，建立数字化样车模型。采用虚拟教学实验具有安全性好、使用成本低和方便的特点，可以替代某些实验操作教学。

4. 设计教学

通过设计使学生面对模拟或实际的社会需要，运用所学的科技知识，提高自身的技术设想和提出可以实施的方案、图示和说明，在较大程度上培养学生的自学、解决问题、组织和创新的能力。一般采用多方案、可扩展的题目，以便发挥学生的创造性。学生要在考虑各种约束条件的基础上，学会综合运用所学知识解决实际问题，在设计中学会检索资料、运算、绘图、科技写作等，讲求运用好的设计方法、规范化的设计程序和正确的设计结果表达形式，写出符合工程设计要求的设计说明书、计算书和设计图。

(1) **课程设计**　针对某一课题，综合运用本课程的理论和方法，制订出解决该课题问题的方法、图示、说明的教学方式。例如"机械原理"课程中的"机械原理课程设计"，其主要目的是为学生在完成课堂教学基本内容后提供一个较完整的从事机械设计初步实践的机会。再如"汽车设计"课程中的"汽车设计课程设计"，是车辆工程专业的一个集中实践教学环节，培养学生具有初步汽车设计能力。

(2) **毕业设计**　针对与车辆相关的某一实际工程或研究项目，综合运用车辆工程专业已学的理论知识和技术手段，制订出可以实施的方案、图示、说明，作为总结检查学生在校期间的学习成果的教学方式。毕业设计流程如图 5-2 所示。

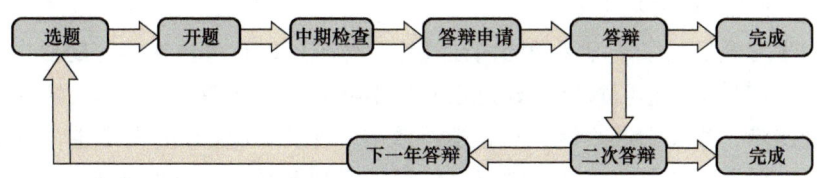

图 5-2　毕业设计流程图

5. 现场教学

现场教学是组织学生到车辆设计、制造、试验及售后服务等相关的生产车间，通过观察、调查的教学方式。

6. 实习

实习是指在经过一段时间的学习之后，或者说当学习告一段落的时候把所学内容应用到实践中。车辆工程专业的实习包括教学实习、认知实习、生产实习和毕业实习，见表 5-1。

表 5-1　车辆工程专业实习

实习方式	实习特点	实习内容
教学实习	在校完成所属课程规定的教学要求	金工实习、电工电子实习、驾驶实习、车辆构造实习、车辆制造工艺实习
认知实习	汽车相关企业现场了解	车辆生产线、零部件生产线等生产过程。
生产实习	学生以实际工作者的身份实践学习	在现场工程师和教师的共同指导下直接参与生产过程，完成一定的生产任务
毕业实习	为毕业设计做准备	到生产现场或技术室收集各种资料数据

7. 社会实践活动

（1）**公益活动**　参加校内或校外具有公益性的劳动，如改善校内环境、参加社区服务等，以树立劳动观念。

（2）**军事训练**　实施军事教育和训练，以增强国防观念，加强组织纪律。

（3）**社会实践**　参加各类社会活动，进行调查研究，写出调查报告，培养分析社会现象的能力。

8. 自学

以学生自己学习为主，教师不进行课堂讲授，事先提出教学要求或提出具体要学生解决的问题，然后列出教材和参考书，布置作业，进行答疑。学生根据规定的教材和教师具体要求进行自学和练习，通过规定的考查或考试后获得承认或学分。

第二节　车辆工程专业的学习方法

车辆工程专业是面向新技术、学科交叉融合的"新工科"专业。学习车辆工程专业学习方法分为理论课程学习方法和实践课程学习方法两类。在学习过程过程中，学习动机非常重要，因此，大学的学习必须首先树立正确的学习观。

一、树立正确的学习观

正确的学习观反映了学习活动的内在规律，体现了时代发展对学习的要求。它可以帮助大学生制订科学的学习策略，确定正确的学习方向，选择有效的学习方法，克服学习中的各种困难，激发学习热情，提高学习效率。作为 21 世纪的大学生，应主动地确立学习目标，树立自主学习、全面学习、终身学习和创新学习的学习观。

1. 学习目标

英国博恩·崔西（Brian Tracy）曾说："要达成伟大的成就，最重要的秘诀在于确定你的目标，然后开始干，采取行动，朝着目标前进。"作为刚进入大学的新生，你是否考虑过大四毕业时，你能做什么，能否找到一份满意的工作？为了达到自己的目标，需要制订大学四年的学习计划，确定每一年的学习目标。

（1）确立人生目标 2021 年 4 月 19 日，习近平总书记在清华大学考察时，深情寄语广大青年，提出殷切期望：广大青年要肩负历史使命，坚定前进信心，立大志、明大德、成大才、担大任，努力成为堪当民族复兴重任的时代新人，让青春在为祖国、为民族、为人民、为人类的不懈奋斗中绽放绚丽之花。新时代大学生要确立好自己的人生目标，大学四年虽是人生的一小部分，但也是非常重要的一部分，它是我们立大志、明大德、成大才的关键时期，为以后的担大任做准备。

（2）确立大学学习计划和目标 大学的学习目标是在人生目标的基础上确立的，为了实现大学的学习目标，需要制定每学年的学习目标。表 5-2 是某校一学生的大学计划。计划是需要执行的，根据个人情况制订适合自己的计划，如果发现制订的计划不能完成时，可以根据实际情况调整相应计划。每个人的目标是不一样的，在学习课程时偏好也可能不一样，但要有底线思维，不能挂科。

表 5-2 某校一学生的大学计划

年级	教学主要内容	学习计划和目标
大一	学科基础课（数学、力学、英语）	完成课程学习，通过英语四级考试，参加社团、科研团队或竞赛团队
大二	学科基础课+专业基础课	完成课程学习，通过英语六级考试，参加科研团队、竞赛团队，申请辅修专业
大三	专业课	完成课程学习，自学沟通或管理相关的课程，参加科研团队、竞赛团队
大四	专业课+毕业设计	完成课程学习，准备考研、考公务员、出国学习、就业或创业

2. 自主学习观

自主学习观是指大学生在学习活动中，把自己当成学习活动的主人，掌握学习主动权，从而积极、主动且创造性地进行学习。俗话说"师父领进门，修行在个人"，它是大学生最基本的学习观。要培养自主学习观，需要老师和学生的共同协作。

（1）学生要有学习的内驱动力 动力是一切力量的源泉，学习的动力来源于对毕业后美好生活的向往，即来源于学习目标的制定。这需要学生在自身认知、情感、意志和个性等各种心理品质的综合应用和全方位协调。

(2) 教师的主导 学习是在一定的教学情境下进行的，在教学过程中，需要确立教师和学生的主导和主体地位。学生学习主动性的发挥需要教师的引导、培养，而教师的主导作用恰恰就表现在充分发挥学生的主动性上，而非压制，二者应很好地结合起来。教师的主导作用体现在善于对学生进行启发、诱导、讲解、训练、指点上，调动学生的主动性、积极性，提高学习效果。

培养大学生的自主学习观，有助于大学生养成正确的学习态度、乐学好学的情感和积极学习的行为准备；有助于提高大学生的自我评价能力，不断地在学习过程中对自身进行反思和评价；有助于发展大学生的智力水平，为个人智力更快、更高的发展奠定坚实的基础；有助于培养大学生的非智力因素，使他们的学习动机、学习兴趣、情感意志和个性等在学习过程中都得到协调发展；有助于大学生掌握和理解良好的学习方法，勇于和善于思考，并相应地发挥和创造一系列具体且适合自身需要的学习方法来推动自己学习的进步。

3. 全面学习观

现代教育对大学生的培养有一个共识，那就是只有全面发展的人，才能称得上合格的人才。因此，大学生要树立全面的学习观，正确处理好德与才，通与专，知识、能力和素质，全面发展与个性发展等方面的关系。

全面学习观对大学生最基本的要求就是"德才兼备"。德才是一个不可分割的有机整体。一方面"才"是"德"的基础，是人得以发展和成功的基础条件。一个人只有具备了相应的才能，方有得力的依托以显示其德行。另一方面"德"是"才"的方向和灵魂，是"才"发展的内动力。一个人只有具备高尚的德行，方能使才按正确的方向得以施展。因此，"德才兼备"是培养、鉴别和选拔人才的标准。

4. 终身学习观

当今世界知识经济与经济全球化进程加快，知识更新日新月异，科学技术发展突飞猛进。人类近30年创造的知识大概等于过去2000年的总和。2013年习近平总书记在中央党校建校80周年庆祝大会上对农耕时代、工业时代与知识经济时代的读书学习做了对比，提出：到了知识经济时代，一个人必须学习一辈子，才能跟上时代前进的脚步。党的十九届四中全会已经做出"构建服务全民终身学习的教育体系"的部署。终身学习不仅是一种时代责任，也是一种精神追求，一种生活方式。大学生是祖国未来的栋梁，是承载民族发展、国家繁荣的中坚力量，更需要养成终身学习的习惯。终身学习是实现自我完善、自我提高和全面发展的必要条件。

5. 创新学习观

重庆市教育评估院原院长龚春燕在《创新学习：学习方式的革命》提出："所谓创新学习，就是要求学生在学习知识的过程中，不拘泥书本，不迷信权威，不墨守成规，以已有的知识为基础，结合学习的实践和对未来的设想，独立思考，大胆探索，别出心裁，积极提出自己的新思想、新观点、新思路、新设计、新意图、新途径和新方法的学习。"创新学习即创新学习观，是一种对知识的吸收、改造、加工和重组的学习观念。使学习者能主动地面对现实世界的实际问题，充分调动自己的个性思维和主动精神，更好地适应未来和新生活。

总之，树立科学和正确的学习观，能激发学生的学习兴趣、提高学习效率，最终可达到学习目标。学习观不仅只有这几种，只要是正确的、适合自己的，都应该树立。

二、车辆工程专业理论课程的学习方法

车辆工程专业的理论课程包括学科基础课（高等数学、线性代数、普通物理、材料力学、理论力学、流体力学、电工电子等）、专业基础课（机械制图、机械原理、机械设计、高级语言程序设计、单片机原理等）、专业课（汽车构造、汽车原理、汽车设计、汽车电器与电子设备、汽车电子控制技术等）。

车辆工程专业理论课程的主要教学组织形式为课堂讲授。学习的目的是掌握本学科的基本规律、基本原理、基本概念和基本方法，了解本学科的前沿知识，具备通过自学和实践钻研本学科的能力。采用听课，记笔记，预习、复习和练习，提问和查阅参考资料的方法来学习，如图5-3所示。

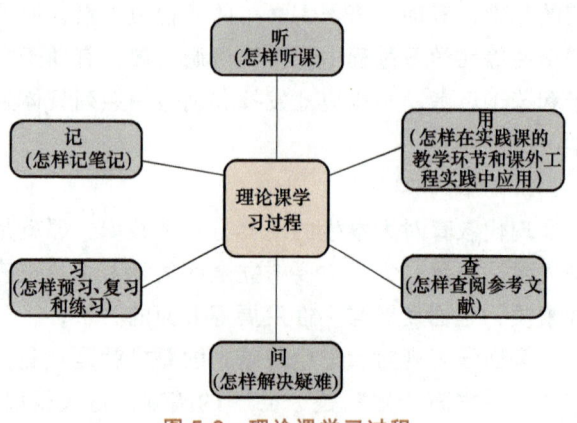

图5-3　理论课学习过程

（1）听（听课）　听课是学生吸收知识最简捷的途径，听课作为学生学习活动的最基本、最重要的形式，对学生来说至关重要，它关系到学习活动的优劣成败，关系到学生质量和素质的高低，关系到教师和学校教育教学行为的成败。因此，"听好课"是获得好的学习效果的最重要手段。听课技巧要做到"三听"，具体内容如图5-4所示。

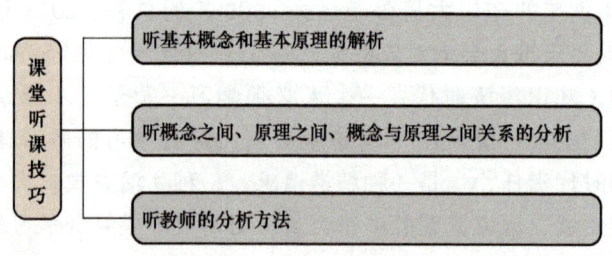

图5-4　课堂听课技巧

（2）记（记笔记）　俗话说，"好记性不如烂笔头"。大学生对自主学习的能力要求较高，上课时不仅要抓住知识重点，而且要及时消化所学的内容，特别是对一些课外知识和各种讲座、报告，更需要学生做好记录，记笔记就是一种行之有效的方法，它可以让学生在课堂上集中注意力听课，课后利用笔记复习，提高学习效率，同时养成勤于思考、善于总结的习惯。

1）记笔记的内容。记课堂笔记的内容要根据课程性质、讲授内容、教学方式和学生长期形成的行之有效的习惯而定。通常，在笔记中应记上课时比较模糊但一时难以理

解的问题,以及认为比较重要、课后需要强化的内容。对老师的讲课内容也要有选择性地记,否则时间全花在记笔记上,没有时间听课。大学生应该随时记下尚未明白或需深入钻研的问题,以及一些新想法、新思路,并向他人请教,理解之后变成自己的知识,整理成读书笔记,使大学笔记成为一种创新型和探索型的学习方法。

记课堂笔记主要记教师讲授的思路、重点、难点和主要结论。不同课程记课堂笔记的内容也不同。例如:

① 基础课和技术基础课教材比较成熟、详尽、系统性也好,学生在课堂上主要是听,笔记侧重于记下基本概念、基本规律、基本原理、基本方法的推论、应用和联系。

② 专业课一般知识面广、综合性强、内容更新快,笔记除记本学科理论和方法的推论、应用和联系外,还要敏感地记下更新的信息,注意与其他学科的联系。

③ 外语课不仅要记好语法分析,还要多记词汇、词组、习惯用语、一词多义等。

2) 记笔记的方法。记笔记的方法较多,图 5-5 展示了记笔记的 8 种方法,选择或找到适合自己的方法是最重要的。

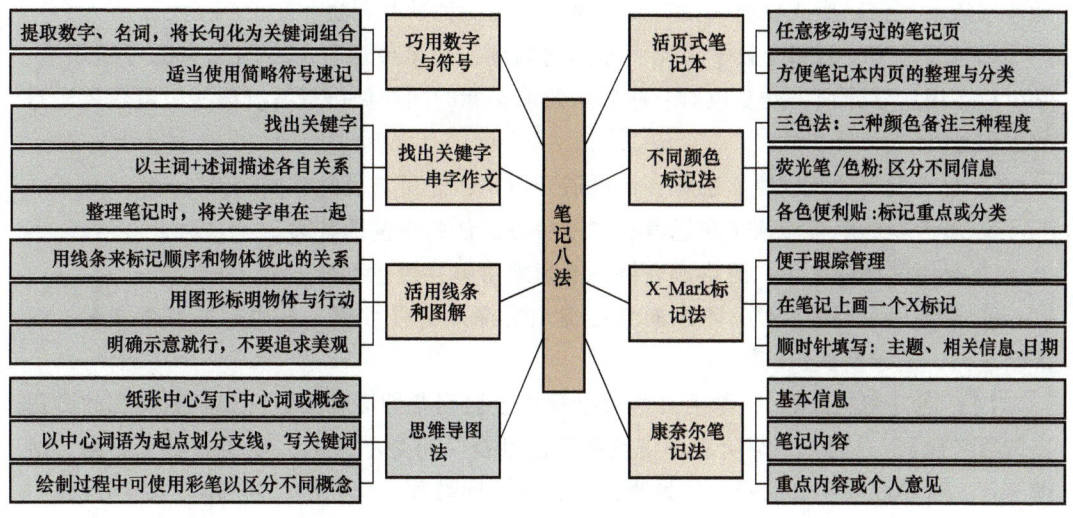

图 5-5 记笔记的方法

(3) 习(预习、复习、练习)

1) 预习。大学每门课程涉及内容多,信息量大,一节课可能讲二三十页教材的内容,因此,必须进行课前预习。课前预习教材和参考文献有助于培养独立思考能力,提高听课质量和学习效率。因此要求预习需做到以下几点:

① 把预习纳入学习计划,有时间保证。

② 要从自己已有知识实际出发,进行比较鉴别。

③ 找到一套适合自己的预习方法。

④ 长期坚持,形成习惯。

2) 复习。古语曰:学而时习之,温故而知新。复习的重要性需要引起重视,只有坚持课后复习,知识才能掌握得越来越牢固,学习成绩才会提高。复习是巩固知识的前提,而有针对性地复习是提高复习效率的关键。课后复习恰恰是为了加深对知识的理解，通过复习能够更加深刻地理解所学过的知识，并且有效地防止知识出现遗忘。需要做到：

① 做好计划。

② 尝试回忆。

③ 及时复习。

④ 分散复习。

⑤ 查漏补缺。

⑥ 有选择性做题。

⑦ 善于归纳总结。

复习可以通过温习"已知"掌握"新知"，在新旧对比中复习，可以通过提问、质疑、讨论的方式复习，可以通过综合、归纳、总结的方式复习，可以通过习题、实验、设计等应用环节复习，也可以通过阅读参考文献的方式复习。

3）练习。练习是指学生在教师指导下，依靠自己的控制和校正，反复地完成一定动作或活动，借以形成技能、技巧或行为习惯的一种学习方法。

思考题是为复习每个教学单元而提出的问题，大多数课程每章均配有思考题环节。学生应运用所学知识，反复地对一些假想的或实际的问题做出解答。解答思考题要注意的方面是：

① 对所提问题既应独立思考，也可展开讨论，还可与教师共同探讨。

② 思考题的解答应该是在思考和讨论后自己认为正确的答案。

③ 要用简明的文字、图形或表格，清晰地将解答表述下来。

④ 受到思考题的启发，不断向自己提出更深入的思考题，寻找相关参考文献，开辟新思路，追求新认识。

(4) 问（解决疑难） 学生在学习过程中会遇到各种疑难问题（包括教材和教师提出的思考题）。这时，只靠听教师讲授和自己勤奋学习是不够的，还要靠勤于提问。所谓学问，就是既要学又要问。问谁呢？问自己、问教师、问同学、问书本。提问问题的内容见表 5-3。

表 5-3 提问问题的内容

对象	内容
问自己	不断给自己提出问题，自己设法去解决问题
问教师	疑难问题向教师求答
问同学	在同学间展开对学习中遇到的共同疑难问题的讨论
问书本	通过教材和参考文献解决疑难问题

(5) 查（查阅参考文献） 在科学技术迅猛发展的今天，知识的更新速度非常快、非常惊人，高校学生在校期间只有短短的四年时间，在这四年的时间里，学生们只能学到有限的知识，并且随着科学技术的发展，其研究领域的知识在将来的时间里，会不断更新，这就要求现代大学生要具备很强的学习能力，才能应付其所学的专业在以后的发展变化。

1) 查阅科技文献的目的。科技文献是记录、存贮、传递知识的载体，也是与某一学科有关的图书资料。利用、吸取前人或他人的知识就需要阅读和研究文献。科技文献主要有图书、期刊论文、学位论文、报刊等。

对于车辆工程学科的一些最新研究成果基于课时安排及学生的知识储备，教师一般只是适当提及而不会详细阐述。文献检索是指根据学习和工作的需要迅速、准确地获得所需信息的过程。当今社会，各种数字信息充斥在我们的生活中，网络资源给我们带来信息便利的同时也加重了用户搜集信息的负担。只有掌握了文献检索的方法，才能在信息的海洋中以最快的速度、最便捷的路径、最准确有效地获取自己最需要的信息和学习材料，完成自己所从事的学习和工作。文献检索对于毕业论文的选题具有重要意义，学好文献检索有助于学生毕业论文的撰写，提高论文质量。

2) 文献检索对培养自学能力的作用。自学能力的提高首先需要有较强的学习材料获取能力。文献检索能力的培养毋庸置疑对提高大学生的自学能力有着不可忽视的作用。文献检索课程的教学设计应体现以"学"为中心的教学理念，引导学生自己多动手学习，启发学生掌握获取知识的方法和能力。大学生掌握文献检索方法是加强大学生信息素质化教育的有效途径，同时也是提高自身能力的手段之一。

文献检索是一个实践的过程，通常文献检索不是一步完成的，即不是通过一个检索式在一个检索平台上完成的，而是为了保证和提高查全率、查准率，通常需要使用多个检索式、多种检索工具和多种检索手段，进行多次检索。有时还需要从文献的引文来查找发现相关文献。在整个过程中，检索者全靠自己的能力来完成，体现了检索者的自学能力。

3) 查阅科技文献方法。文献是学科前沿研究动态的集中体现，要提升学生的科研创新能力必须掌握文献查阅技能如图 5-6 所示。

① 了解科技文献的查阅途径。利用学校图书馆购买的收费或者免费的数据库，可以进入检索界面，搜索自己想要查询的相关资料。各大学的校园电子图书馆一般购买了中文和英文数据库，以供师生查阅使用，常见的数据库见表 5-4。

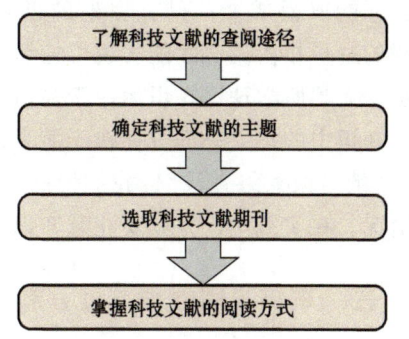

图 5-6 文献查阅技能

表 5-4 常见的数据库

数据库类型	数据库
中文数据库	CNKI 中国知网、万方数据库、维普中文科技期刊数据库、读秀学术搜索、中国科技论文在线精品论文、方正 APABI 数字图书馆、博硕士学位论文数据库、超星数字图书、超星视频资源、超星数字图书馆镜像站点、Wind 万得数据库、书生电子图书、阳光影院、高校教学参考书全文数据库、中国高校人文社会科学文献中心、中国国家知识产权局专利检索、人大报刊复印资料全文数据库、E 线图情、国务院发展研究中心信息网、中文社会科学引文索引等。
英文数据库	Web of Science、Elsevier ScienceDirect、Springerlink、Nature 全文在线、Wiley-Blackwell、Swets、Science Online、Springer 电子书、PNAS（美国科学院院报）、Western e-journals navigation（西文电子期刊导航）、CABI 电子图书

② 确定科技文献的主题。主题分析能够从文献中选择所有特征以及对重点主题内容进行分析，进而实现对文献的检索。也就是说，分析和把握文献内容是主题分析的核心问题。为了提取主题概念，应选取与语义相对应的中心词当作文献的检索标引。

③ 选取科技文献期刊。应该选取世界一流的学术刊物。一流学术刊物的评判标准是权威性强、读者群大、被引用率高。一流学术刊物主要以科技前沿和热点问题为研究对象，论文具有很高的鉴赏价值。

④ 掌握科技文献的阅读方式。文献的阅读一般分泛读与精读。泛读，指快速阅读所有检索到的、和本课题或问题相关的文献，从而大体上了解与主题相关文献的基本概况，普遍的实验和理论方法、结论等。精读则是在大量泛读之后，经过不断筛选，认真阅读与当前问题最为相关的文献，从而汲取文献中最有营养价值的内容。具体的阅读过程如图5-7所示。

（6）用（知识在实践课和课外的应用） 只有将课堂理论知识与实践相结合，才能取得成绩；只有理论的创新与实践的进步相协调，才能实现可持续的发展；只有兼顾二者，才能有更高的效率去取得进步。大学所学理论知识运用于知识考核及实践课的教学环节和课外工程实践当中。

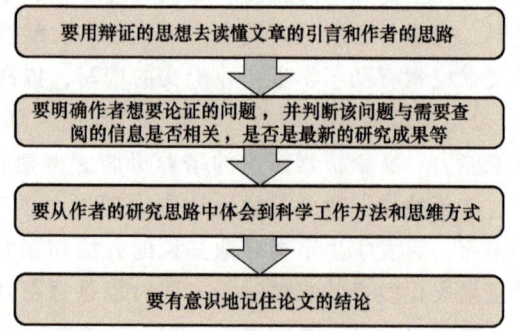

图5-7 文献阅读过程

知识中的很大一部分存在于潜意识中，这部分知识如果不去运用就得不到很好的发展。"纸上谈兵终觉浅"，我们说的"书呆子"就是只知道理论，不知道实践应用的典型情况。在实践中，尤其要注意知识应用的灵活性。

三、车辆工程专业实践课程的学习方法

实践课程是理论教学的延续和深化，是传统实践教学的一个重要环节，贯穿于车辆工程专业大学四年教学的始终。本科教学水平评估体系将实验分为演示性、验证性、综合性、设计性和创新性实验，以提高学生动手能力、培养创造能力和综合素质。学生通过足够的实验，采取循序渐进的培养方法，逐步加深理解和掌握所学的理论知识和应用技术，将理论与实践很好地结合起来。

为了更好地通过实践课程增加学生的操作能力，学生可参考表5-5进行实践课前、课初、课间和课后几方面的学习。

表5-5 实践课程活动内容及要求

	学习要求	实验课	设计课	实习课	课外科技活动
实践课前	复习已学理论	基本概念、基本原理、基本方法、主要构造			
	弄清实践目的	实验目的(验证、观察、研究……)	设计目标和设计阶段(方案设计、技术设计、施工图设计……)	实习目的(认识、操作、岗位训练……)	课题内涵及其目标

第五章 车辆工程专业的人才培养

（续）

学习要求		实验课	设计课	实习课	课外科技活动
实践课前	搜集信息资料	以往的实验报告；与本实验有关的资料；与本实验有关的仪器设备	社会需求；自然及环境条件；材料、技术、制造条件；经济、市场条件；以往的设计资料	以往的实习报告；操作规程；岗位职责；现场生产的一般情况	阅读有关文献；参阅相近的研究报告；材料、设备、资金情况
实践课初	自拟方案计划	实验方案、计划、仪器设备	设计方案、计划	个人实习计划	科技活动方案、计划
实践课间	完成技能训练	熟悉仪器设备；掌握实验技能（安装、测试、记录、校正……）	查阅技术标准；掌握设计技能（运算、上机、校核、绘图……）	操作技能；处理技术问题	调查研究、实验、统计分析等
	勤观察多思索	观察实验现象，了解事物本质	从综合比较分析中寻找最佳方案	观察思考生产过程中的技术和管理问题	科学技术事实及其概括；直觉、灵感与科学发现
	锻炼创新能力	创新的思想意识、创新的认知风格、创新的处置方法、创新的工作态度			
	解决实际问题	描述实验现象；统计分析实验数据；得到实验结论	按照设计目标完成设计任务；满足各项设计指标	记录实际生产过程；解决若干生产中遇到的实际问题	完成课题
实践课后	做好文字总结	实验报告	设计说明书；计算书	实习报告	科技小论文

第三节 车辆工程专业的课外科技活动

车辆工程专业的学生除了完成本专业培养计划所规定的课程与学分之外，还可以参加各种课外科技活动，与车辆工程专业相关的主要科技活动有：中国大学生方程式汽车大赛、全国大学生智能汽车竞赛、Honda 中国节能竞技大赛、壳牌汽车环保马拉松、"挑战杯"全国大学生系列科技学术竞赛、中国"互联网+"大学生创新创业大赛、全国大学生节能减排社会实践与科技竞赛等。

一、中国大学生方程式汽车大赛

1. 赛事简介

中国大学生方程式汽车大赛（Formula Student China，FSC）（见图 5-8）是一项由高等院校汽车工程或汽车相关专业在校学生组队参加的汽车设计与制造比赛。目前有中国大学生方程式汽车大赛（油车）(FSCC)、中国大学生电车方程式汽车大赛（FSEC）和中国大学生无人驾驶方程式汽车大赛（FSAC）三种车型大赛。本科生主要参加油车和电车大赛。

各参赛车队按照赛事规则和赛车制造标准，在一年的时间内自行设计和制造出一辆在加速、制动、操控性等方面具有优异表现的小型单人座休闲赛车，能够成功完成全部或部分赛事环节的比赛。

中国 FSC 致力于为国内优秀汽车人才的培养和选拔搭建公共平台，通过全方位考核，提高学生们的设计、制造、成本控制、商业营销、沟通与协调等五方面的综合能

图 5-8 中国大学生方程式汽车大赛

力,全面提升汽车专业学生的综合素质,为中国汽车产业的发展进行长期的人才积蓄,促进中国汽车工业从"制造大国"向"产业强国"的战略方向迈进。

2. 中国大学生方程式汽车大赛宗旨

中国大学生方程式汽车大赛旨在由各大学车队的本科生和研究生构想、设计、制造、开发并完成一辆小型方程式赛车并参加比赛。

为了给予参赛车队最大的设计灵活性和自由度以表达其创造力和想象力,赛事对于赛车的整体设计只有很少的限制。参赛队所面临的挑战在于要制作出一辆能够顺利完成规则中所提及的所有条目的赛车。比赛本身给了参赛车队一个与来自各地大学的车队同场竞技的机会,以展示和证明队员的创造力和工程技术水平。

(1) **方程式汽车大赛测评内容** 参赛车辆将在一系列的静态和动态项目中进行测评,其中包括:技术检查、制造成本分析、营销报告、赛车设计、单项性能测试和良好的赛道耐久性。动态项目通过计分来评定赛车的表现。每个动态项目都指定了性能等级下限,并在得分的计算公式中得以反映。

(2) **比赛主要项目** 参赛车辆需在 3 个静态项目和 5 个动态项目中进行测评,总分 1000 分见表 5-6。

表 5-6 方程式汽车大赛评分项目

	测试项目	分值
静态项目	营销报告	75
	赛车设计	150
	制造成本分析	100
动态项目	直线加速测试	75
	8 字绕环测试	50
	高速避障测试	150
	耐久测试	300
	效率测试	100
总分		1000

3. 大赛培养能力及课程知识应用

大赛可促使学生学习相关课程,激发学生将所学知识用于实践的动机,培养学生的能力,见表 5-7。

表 5-7 相关课程及能力

相关课程	理论力学、材料力学、流体力学、空气动力学、机械原理、机械设计、机械工程材料、机械制图、汽车构造、汽车理论、汽车设计、汽车制造工艺学、汽车结构有限元分析、电工电子技术、汽车电器与电子设备、汽车电子控制技术、单片机原理及应用、C语言程序设计、自动控制理论、数字信号处理、发动机原理（油车）、新能源汽车技术（电车）、动力电池技术（电车）、电动汽车控制技术（电车）、汽车营销
软件能力	三维绘图软件：CATIA 等 有限元分析：ANSYS 等 单片机相关软件：Keil 等 控制软件：MATLAB/Simulink 等 硬件电路设计软件（电车）：AD（Altium Designer）等
横向能力	对车辆知识有更加深入的理解，提高自主创新、工程实践能力，适应工作岗位的需求 提高团队合作、沟通交流和管理能力 提高自学、发现问题和解决问题的能力，并且培养了责任感和使命感

二、全国大学生智能汽车竞赛

1. 大赛简介

全国大学生智能汽车竞赛（见图 5-9）是从 2006 年开始，由教育部高等教育司委托高等学校自动化类专业教学指导委员会主办的旨在加强学生实践、创新能力和培养团队精神的一项创意性科技竞赛。为了实现竞赛的"立足培养、重在参与、鼓励探索、追求卓越"的指导思想，竞赛内容设置需要能够面向高校学生和教学内容，同时又能够兼顾当今时代科技发展的新趋势。比赛形式包括有竞速比赛与创意比赛两大类。竞速比赛中包含不同的组别，难度适合高校不同年级学生参赛。在竞速比赛基础上，适当增加挑战性，形成创意比赛的内容，适合部分有条件、能力强的本科生、专科生和研究生参加创意比赛。

图 5-9 全国大学生智能汽车竞赛

2. 竞赛的特点与特色

本竞赛以竞速比赛为基本竞赛形式，辅助以创意比赛和技术方案比赛等多种形式。竞速比赛以统一规范的标准硬软件为技术平台，制作一部能够自主识别道路的模型汽车，按照规定路线行进，并符合预先公布的其他规则，以完成时间最短者为优胜。创意比赛是在统一限定的基础平台上,充分发挥参赛队伍的想象力,以创意任务为目标,完成研制作品;竞赛评判由专家组、现场观众等综合评定。技术方案比赛是以学术为基准,通过现场方案交流、专家质疑评判以及现场参赛队员和专家投票等互动形式,针对参赛队伍的优秀技术方案进行评选,其目标是提高参赛队员的创新能力,鼓励队员之间相互学习交流。

本竞赛过程包括理论设计、实际制作、整车调试、现场比赛等环节,要求学生组成团队,协同工作,初步体会一个工程性的研究开发项目从设计到实现的全过程。竞赛融科学性、趣味性和观赏性为一体,是以迅猛发展、前景广阔的汽车电子为背景,涵盖自动控制、模式识别、传感技术、电子、电气、计算机、机械与汽车等多学科专业的创意性比赛。本竞赛规则透明,评价标准客观,坚持公开、公平、公正的原则,保证竞赛向健康、普及、持续的方向发展。

3. 竞速赛

参赛选手须使用竞赛秘书处统一指定的竞赛车模套件,不同组别会指定所使用的单片机种类。参赛队伍自主构思车模控制方案进行系统设计,包括传感器信号采集处理、电机驱动、转向舵机控制以及控制算法软件开发等,完成智能车参赛作品工程制作及调试。

为了兼顾现在比赛规模的要求,同时避免同组别内出现克隆车的情况,便于参赛学校在有限的场地内使用兼容的赛道完成比赛准备,竞速比赛将按七个组别进行设置,具体包括有:基础四轮组、节能信标组、电磁越野组、双车接力组、全向行进组和单车拉力组。

4. 竞速赛比赛器材

(1) **车模** 竞速组比赛车模包括有指定标准车模和自制车模两大类。图 5-10 所示为指定 C 型车模。

(2) **电子元器件**

图 5-10 C 型车模

1) 微控制器。按照不同赛题组别,竞赛车模主控电路分别采用英飞凌(Infineon)、宏晶科技(STC)、灵动微电子(MindMotion)、沁恒微电子(WCH)公司出品的微控制器作为车模中主要可编程主控制器。

2) 传感器。传感器的种类需要根据不同竞赛组别而进行选用。

3) 伺服电机。车模上的伺服电机(见图 5-11)是指除了车模原有驱动车轮的电机之外的电机,包括舵机、步进电机或者其他种类的电机。车模上的伺服电机数量不能够超过三个,其中包括转向控制舵机。转向舵机(B、C 车模中的舵机)只允许使用原车模配的舵机型号,且只允许使用一个舵机。车模上额外增加的伺服电机只能用于控制车模上传感器的方位,或者改变车模底盘姿态。不允许直接或者间接控制车模的转向、改变车模车轮速度。

4) 电路板。竞赛智能车中,除单片机最小系统的核心子板、加速度计和陀螺仪集成电路板、摄像头、舵机自身内置电路外,所有电路均要求为自行设计制作,禁止购买

第五章 车辆工程专业的人才培养

a)　　　　　　　　　b)　　　　　　　　　c)

图 5-11　车模上的伺服电机

a）舵机　b）直流电机　c）步进电机

现成的功能模块。购买的单片机最小核心子板上，只允许带有单片机、时钟、电源以及单片机调试接口。

5. 创意赛

目前，创意组每年会有不一样的主题，根据市场和企业需求命题做出相应的创意。例如第十六届全国大学生智能汽车竞赛创意组包括三个组别：百度智慧交通、讯飞智慧餐厅和航天智慧物流。

百度人工智能创意赛的设立能够场景化复现基于深度学习的智能车在实际领域中的应用，尤其是在无人的环境中，实现数据采集、数据模型构建、自主识别弯道、无人驾驶验证等多种技术融合的场景。

科大讯飞（苏州）科技有限公司协办的创意组比赛以餐饮领域的配送场景为主题，利用机器人操作系统（ROS）和人工智能（AI）识别算法线上比赛，先把赛道模型导入 Gazebo，采用 ROS 中建地图的方式构建赛道地图，通过自主导航算法实现无人车完成从起点到终点的运动。

航天智慧物流是以工业智慧物流为主题，以无人驾驶技术在工业上的应用为基础，围绕人工智能领域典型传感器的使用、操作、编程、调试等内容，考察选手对当下热门的运动控制、无人驾驶算法、视觉识别算法的应用能力，强化选手对智能感知技术在工业中应用的综合技能，为在工业领域推广应用人工智能技术打下良好的基础。

6. 大赛培养能力及课程知识应用

大赛可促使学生学习相关课程，激发学生将所学知识用于实践的动机，培养学生的能力，见表 5-8。

表 5-8　相关课程及能力

相关课程	汽车构造、汽车理论、汽车设计、电工电子技术、汽车电器与电子设备、汽车电子控制技术、单片机原理及应用、C 语言程序设计、自动控制理论、数字信号处、电机技术、电动汽车控制技术、传感器技术、测试技术
软件能力	单片机软件编程 人工智能算法实现编程，如 Altium Designer、MATLAB、Python 等
横向能力	对车辆知识有更加深入的理解，锻炼自主创新，探索新知识和工程实践的能力，适应工作岗位的需求 提高团队合作、沟通交流和管理能力 提高自学、发现问题和解决问题的能力，并且培养责任感和使命感 培养学生抵抗压力的心理能力

三、Honda 中国节能竞技大赛

1. 大赛简介

Honda 中国节能竞技大赛（见图 5-12）由 Honda 创始人本田宗一郎先生发起，于 1981 年在日本创办，每年都有超过 500 支车队参加比赛。自 2007 年 Honda 节能竞技大赛来到中国成为首届 Honda 中国节能竞技大赛，至今已经成功举办了 12 届。比赛搭载 Honda 统一提供的 125mL 低油耗四冲程发动机，车架和车身等则由各车队独立创作完成，最终以燃油的消耗量多少一决胜负。为启发人们对新能源的思考，2011 年更在中国首创了电动组别的比赛，参赛车辆使用大赛指定电池并将该电池作为车辆行驶的唯一动力源。

图 5-12 Honda 中国节能竞技大赛

2. 大赛分组

大赛分组见表 5-9。

表 5-9 Honda 中国节能竞技大赛分组

分组		参赛者	竞技车辆
燃油车组	学生组别	为大学、职专、初高中等在校学生设置的组别 车队领队可由教师兼任，车队及其他成员必须由在籍学生组成	动力：以 Honda 四冲程弯梁车的 125mL 化油器发动机为基础，可以自由改造 车体：三轮及以上，符合安全方面诸项规定
	企业组别	为本田在华关联企业以及普通参赛者设置的组别	
EV 车组	学生组别	为大学、职专、初高中等在校学生设置的组别 车队领队可由教师兼任，车队及其他成员必须由在籍学生组成	动力：使用大赛指定电池并且将该电池作为车辆行驶的唯一动力源的原创车辆 车体：三轮及以上，符合安全方面诸项规定
	企业组别	为本田在华关联企业以及普通参赛者设置的组别	

3. 大赛培养学生能力及相关课程

大赛可促使学生学习相关课程,激发学生将所学知识用于实践的动机,培养学生的能力,见表 5-10。

表 5-10 相关课程及能力

相关课程	理论力学、材料力学、流体力学、空气动力学、机械原理、机械设计、机械工程材料、机械制图、汽车构造、汽车理论、汽车设计、汽车制造工艺学、汽车结构有限元分析、电工电子技术、汽车电器与电子设备、汽车电子控制技术、单片机原理及应用、C语言程序设计、自动控制理论、数字信号处理、发动机原理(油车)、新能源汽车技术(电车)、动力电池技术(电车)、电动汽车控制技术(电车)
软件能力	三维绘图软件:CATIA 等 有限元分析:ANSYS 等 单片机相关软件:Keil 等 控制软件:MATLAB/Simulink 硬件电路设计软件(电车):AD(Altium Designer)等
横向能力	对车辆知识有更加深入的理解,锻炼自主创新,工程实践能力,适应工作岗位的需求 提高团队合作、沟通交流和管理能力 提高自学、发现问题和解决问题的能力,并且培养责任感和使命感

四、壳牌汽车环保马拉松

1. 大赛简介

壳牌汽车环保马拉松 Shell ECO-marathon,SEM,是一项面向全球高中和大学生的教育创新项目。这是一场鼓励年轻人利用技术和创新应对能效挑战的比赛,邀请科学、技术、工程和数学等学科的学生自己动手设计、制造和测试超级节能的车辆,并在赛道上以"用最少的燃料,跑最远的路"为目标一较高低,旨在要求下一代从不同的角度看待能源及我们使用能源的方式。壳牌汽车环保马拉松每年分别在亚洲、欧洲和美洲举办三场洲际比赛,同时在全球几个不同国家举办壳牌汽车环保马拉松如图 5-13 所示。

图 5-13 壳牌汽车环保马拉松

2. 赛事设置

根据参赛队伍和比赛规模划分,壳牌汽车环保马拉松分为全球洲际赛和区域赛两大类。

比赛分为原型车和城市概念车两个组别,每组参赛车辆都有三个能源选择:内燃机(汽油、乙醇、柴油)、电动和氢燃料电池。

1)原型车:未来主义的流线型三轮或四轮汽车,旨在减少阻力、最大限度地提高效率。

2）城市概念车：与乘用车外形相似的四轮车，设计符合道路规范，需要附加其他功能。

3. 奖项设置

奖项设置见表 5-11。

表 5-11 奖项设置

竞赛项目	竞赛类型	奖项设置
赛道奖	原型车	电能、氢能、内燃机
	城市概念车	
非赛道奖	所有参与者都有机会进入六个"非赛道"奖项的竞争，并在从沟通到车辆设计的各个领域拿奖	宣传奖
		原型车设计奖
		城市概念车设计奖
		技术创新奖
		安全奖、比赛毅力和精神奖

4. 大赛培养能力及课程知识应用

大赛可促使学生学习相关课程，激发学生将所学知识用于实践的动机，培养学生的能力，见表 5-12。

表 5-12 相关课程及能力

相关课程	理论力学、材料力学、流体力学、空气动力学、机械原理、机械设计、机械工程材料、机械制图、汽车构造、汽车理论、汽车设计、汽车制造工艺学、汽车结构有限元分析、电工电子技术、汽车电器与电子设备、汽车电子控制技术、单片机原理及应用、C 语言程序设计、自动控制理论、数字信号处理、发动机原理(油车)、新能源汽车技术(电车)、动力电池技术(电车)、电动汽车控制技术(电车)、汽车营销
软件能力	三维绘图软件：CATIA 等 有限元分析：ANSYS 等 单片机相关软件：Keil 等 控制软件：MATLAB/Simulink 硬件电路设计软件(电车)：AD(Altium Designer)等
横向能力	对车辆知识有更加深入的理解，锻炼自主创新，工程实践能力，适应工作岗位的需求 提高团队合作、沟通交流和管理能力 提高自学、发现问题和解决问题的能力，并且培养了责任感和使命感

五、"挑战杯"全国大学生系列科技学术竞赛

"挑战杯"全国大学生系列科技学术竞赛的简称是"挑战杯"竞赛，是由共青团中央、中国科协、教育部和全国学联共同主办的全国性的大学生课外学术实践竞赛。

1. 竞赛的目的

引导和激励高校学生实事求是、刻苦钻研、勇于创新、多出成果、提高素质，培养学生创新精神和实践能力，并在此基础上促进高校学生课外学术科技活动的蓬勃开展，发现和培养一批在学术科技上有作为、有潜力的优秀人才。

2. 竞赛的基本方式

高等学校在校学生申报自然科学类学术论文、哲学社会科学类社会调查报告和学术

论文、科技发明制作三类作品参赛。聘请专家评定出具有较高学术理论水平、实际应用价值和创新意义的优秀作品,给予奖励。组织学术交流和科技成果的展览、转让活动。

"挑战杯"竞赛在中国有两个并列项目,一个是"挑战杯"中国大学生创业计划竞赛,简称"小挑",另一个则是"挑战杯"全国大学生课外学术科技作品竞赛,简称"大挑"。这两个项目的全国竞赛交叉轮流开展,每个项目每两年举办一届。竞赛类别见表5-13。

表5-13 竞赛类别

竞赛类别	参赛作品	侧重点	参赛者学历要求	奖项设置
大挑	自然科学类学术论文 社会科学类社会调查报告 学术论文 科技发明制作	学术科技发明创作带来的实际意义与特点	在校中国籍本专科生和硕士研究生、博士研究生	特等奖、一等奖、二等奖、三等奖
小挑	完成一份完整、具体、深入的创业计划	市场与技术服务的完美结合、商业性更强	无学历限制	金奖、银奖、铜奖

3. 培养学生相关能力

1)培养学生的综合运用所学知识进行工程实践的能力。
2)培养学生理论联系实际和创新意识。
3)培养学生的创新创业能力。
4)培养学生查阅资料、自学、提出问题、分析问题与解决问题、综合设计与调试的能力。
5)培养学生沟通交流和团队协作的能力。
6)培训学生的责任心和使命感。

六、中国"互联网+"大学生创新创业大赛

1. 大赛简介

中国"互联网+"大学生创新创业大赛,由教育部与政府、各高校共同主办。大赛旨在深化高等教育综合改革,激发大学生的创造力,培养造就"大众创业、万众创新"的主力军;推动赛事成果转化,促进"互联网+"新业态形成,服务经济提质增效升级;以创新引领创业、创业带动就业,推动高校毕业生更高质量创业就业。

2. 大赛的目的

以赛促学,培养创新创业生力军。大赛旨在激发学生的创造力,激励广大青年扎根中国大地了解国情民情,锤炼意志品质,开拓国际视野,在创新创业中增长智慧才干,把激昂的青春梦融入伟大的中国梦,努力成长为德才兼备的有为人才。

以赛促教,探索素质教育新途径。把大赛作为深化创新创业教育改革的重要抓手,引导各类学校主动服务国家战略和区域发展,深化人才培养综合改革,全面推进素质教育,切实提高学生的创新精神、创业意识和创新创业能力。推动人才培养范式深刻变革,形成新的人才质量观、教学质量观、质量文化观。

以赛促创，搭建成果转化新平台。推动赛事成果转化和产学研用紧密结合，促进"互联网+"新业态形成，服务经济高质量发展，努力形成高校毕业生更高质量创业就业的新局面。

3. 大赛组别与类别

对于高等教育，参赛的组别和类别见表5-14。

表5-14 比赛组别和类别

赛道	组别	类别
高教主赛道	本科生创意组、研究生创意组、初创组、成长组、师生共创组	"互联网+"现代农业、"互联网+"制造业、"互联网+"信息技术服务、"互联网+"文化创意服务、"互联网+"社会服务
青年红色筑梦之旅赛道	公益组、创意组、创业组	

4. 培养学生的能力

1）培养学生的综合运用所学知识进行工程实践的能力。

2）培养学生理论联系实际和创新意识。

3）培养学生的创新创业能力。

4）培养学生查阅资料、自学、提出问题、分析问题与解决问题、综合设计与调试的能力。

5）培养学生沟通交流和团队协作的能力。

6）提高学生服务社会的责任心和使命感。

七、全国大学生节能减排社会实践与科技竞赛

1. 大赛简介

全国大学生节能减排社会实践与科技竞赛是由教育部高等教育司主办、唯一由高等教育司办公室主抓的全国大学生学科竞赛，为教育部确定的全国十大大学生学科竞赛之一，也是全国高校影响力最大的大学生科创竞赛之一。

该竞赛充分体现了"节能减排、绿色能源"的主题，紧密围绕国家能源与环境政策，紧密结合国家重大需求，在教育部的直接领导和广大高校的积极协作下，起点高、规模大、精品多，覆盖面广，是一项具有导向性、示范性和群众性的全国大学生竞赛，得到了各省教育厅、各高校的高度重视。

2. 作品类型

竞赛作品分为"社会实践调查"和"科技制作"两类，倡导大学生深入社会调查，发现国家重大需求，启发创新思维，形成发明专利。将人文素养融合到科学知识技能之中，使学以致用不仅体现于头脑风暴，而且展现在精巧创造。竞赛吸引了国内外的高校，已经形成了"百所高校，千件作品，万人参赛"的国际性规模。

参赛作品类型多、专业性强、涵盖面广，涉及能源、机械、资源、建筑、电气、海洋、社会、经济、矿业等多个领域。参赛组别见表5-15。

3. 培养学生相关能力

1）培养学生的综合运用所学知识进行工程实践的能力。

2）培养学生理论联系实际和创新意识。

第五章 车辆工程专业的人才培养

表 5-15 参赛组别

参赛资格	作品类别	参赛队员	申报形式	奖项设置
普通高等院校	社会实践调查	专科生、本科生、研究生	作品以小组申报,每个小组不超过七人	特等奖(可空缺)、一等奖、二等奖、三等奖和优秀奖
	科技制作			

3) 培养学生查阅资料、自学、提出问题、分析问题与解决问题、综合设计与调试的能力。

4) 培养学生沟通交流和团队协作的能力。

5) 培训学生的责任心和使命感。

课程思政要点

一、思政要素切入点

在介绍树立正确学习观时引入习近平总书记在清华大学考察时对广大青年的深情寄语：广大青年要肩负历史使命，坚定前进信心，立大志、明大德、成大才、担大任，努力成为堪当民族复兴重任的时代新人，让青春在为祖国、为民族、为人民、为人类的不懈奋斗中绽放绚丽之花。

在介绍课外科技活动时，给学生观看大赛相关视频，让学生有亲临其境的感觉。

二、育人目标

1. 培养学生树立远大理想，正常的学习观和目标感
2. 培养学生科学严谨的学习态度、创新意识、团队协作和沟通交流能力。

思 考 题

1. 简述大学的特点，与你想象的大学有什么区别。
2. 简述大学教学的特点。
3. 简述车辆工程专业的教学方式。
4. 制订你自己大学的学习规划。
5. 谈谈你对大学学习观的看法。
6. 谈谈大学应该怎样听好课。
7. 上课你会做笔记吗？你是怎么记笔记的？
8. 如何查阅科技文献？
9. 车辆工程专业都有哪些实践课？怎么上好实践课？
10. 你最想参加哪项课外科技活动，为什么？
11. 你觉得参加课外科技活动对你的学习有什么样的影响？

第六章

车辆工程专业人才的未来

在大学毕业之际，站在人生的又一十字路口，选择考研、留学还是就业，是摆在每位大学生面前的难题。因此，在刚进入大学时就要为自己定好目标，详见第五章第二节。车辆工程专业人才的就业与汽车产业链息息相关，主要就业方向有汽车设计、制造和汽车后市场每一个环节。

 第一节 汽车产品设计岗位

一、汽车产品开发流程

如第四章所述，汽车产品开发设计主要包括产品策划、概念设计、工程设计、样车试制试验、投产启动五个阶段，如图6-1所示。车辆工程专业学习的内容侧重于后三个阶段。因此，汽车产品设计的岗位主要有汽车设计工程师、汽车分析工程师和汽车测试工程师。

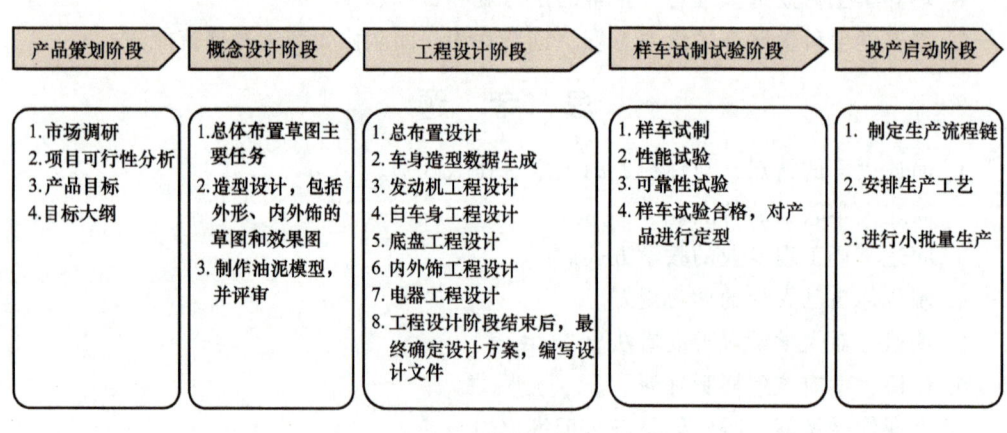

图6-1 汽车产品开发流程

二、汽车设计工程师

1. 汽车设计工程师工作内容

汽车设计工程师（见图6-2）主要负责整车总体设计、总成设计和零件设计。其任务是使所设计的产品达到设计任务书所规定的整车参数和性能指标的要求，并将这些整车参数和性能指标分解为有关总成的参数和功能。

第六章　车辆工程专业人才的未来

具体工作内容如下：

1）制订汽车产品开发、设计、改进的有关工作计划。

2）开展整车开发、配套、零部件设计工作，并提供创新建议。

3）汽车零部件和系统的选型、布置、性能匹配优化。

4）组织开展汽车设计开发项目的委托试制和验收工作。

图 6-2　汽车设计工程师

5）提供样机生产专业技术支持，协助改进产品设计，撰写分析报告。

6）开发汽车新产品及工艺，完善现有汽车产品及生产流程。

7）为汽车工程设计、生产及采购汽车零部件提供建议，以免造成偏差。

2. 汽车设计工程师的岗位能力要求

汽车设计工程师的岗位能力要求见表 6-1。

表 6-1　汽车设计工程师的岗位能力要求

能力要求	具体内容
知识能力	熟悉整车结构、性能和国际标准 熟悉汽车零部件结构、测试标准和过程 熟悉汽车项目开发流程，充分了解拟开发产品的功能、材料、装配、工艺、性能要求等
软件能力	熟练应用计算机辅助设计 CAD 软件；二维设计软件 AutoCAD；三维设计软件 CATIA、UG、Pro/E 等至少一种
横向能力	具备良好的沟通、协调、问题处理和团队合作的能力

三、汽车分析工程师

汽车分析工程师包括碰撞安全分析工程师（汽车结构分析工程师）和 NVH 分析工程师等。

1. 碰撞安全分析工程师

汽车在给人们生活带来便利的同时，也给人们带来了灾难。交通事故已成为"世界第一害"，在众多的车祸中，汽车安全也成了社会关注的焦点。人们在购买汽车时，已经开始将目光从购买什么车型向更深层次的内容延伸，其中安全性就是近几年消费者谈论较多的话题之一。对于一款新车来说，只能通过碰撞测试，才能了解它对车内乘员的保护，而这项工作就需要车身碰撞安全工程师来完成。

为了使车辆更加安全，各大车企在汽车安全方面也投入了大量资金。在这中间，车身碰撞安全工程师的作用是不容置疑的。碰撞安全工程师岗位前景也就不言而喻了。

（1）车辆碰撞被动安全性开发流程　参照车解析→定标与设计目标分解→被动安全性总体方案设计→总布置与车体结构详细设计→详细设计阶段 CAE 分析与改进优化设计→设计更改阶段针对关于工艺/成本等改进设计→设计更改阶段 CAE 分析与改进优化设计→样车试制→安全约束系统开发→整车被动安全性试验验证。

1) 参照车解析竞争产品与参照车解析包括试验解析与 CAE 解析，对竞争对象与参照车进行结构解析，达到两个目的：

一个目的是，为定标与性能目标分解提供依据；通过碰撞试验获得详细的碰撞测试数据，这些数据可以用于设计车辆碰撞被动安全性定标与性能目标分解，也可以用于 CAE 解析时模型校核。

另一个目的是，通过参照车 CAE 分析进行结构性能解析，可以分析出参照车在满足碰撞被动安全性方面、车身强度和刚度等各个结构性能方面，应采取哪些结构措施，这些措施的具体参数，一些关重件（关键件和重要件的统称）采用了何种材料等。

设计车辆碰撞安全性参考设计时的重要竞争产品与参照车结构解析包括：

① 参照车碰撞被动安全性总体方案解析。
② 参照车碰撞被动安全性总体标准等级解析。
③ 参照车碰撞被动安全性分解到各分总成的分项标准等级解析。
④ 参照车碰撞被动安全性总体结构措施解析。
⑤ 参照车碰撞被动安全性重要因素解析。

2) 定标与设计目标分解要保证设计车辆最终的总设计目标，需要将总设计目标分解细化。例如整车安全性总设计目标为达到 NCAP 四星以上标准，需要细化到车体、座椅、转向管柱、安全带、安全气囊等各个系统相应的设计目标。而这些系统的设计目标，如车体，又需要更进一步分解到车门、乘员舱、发动机舱等各总成、各部位的目标。分解后的设计目标值是设计过程中的目标值，是设计过程的控制参数，并不是产品的最终验收目标值。这些分解目标值很难通过参照车试验得到，而可以通过参照车 CAE 分析得到。CAE 模拟汽车偏置碰撞如图 6-3 所示。

图 6-3　CAE 模拟汽车偏置碰撞

3) 方案设计与初步分析包括被动安全性总体技术方案设计、对初步设计的结构断面、总体布置方案、内外观造型等的合理性进行分析，该阶段工作配合造型与总布置工作同步进行。

4) 详细设计对于主机厂在碰撞被动安全性方面，最重要的工作是设计一个具有高耐撞性、高强度的车体与满足被动安全性的总体布置，主要包括发动机舱针对碰撞被动安全性总布置设计、乘员舱针对碰撞被动安全性总布置设计、底盘针对碰撞被动安全性总布置设计、车体结构针对碰撞被动安全性的设计等。详细设计阶段 CAE 分析及结构改进与优化设计 CAE 分析作为设计阶段的设计验证手段与优化设计手段，对详细设计阶段所得的每个版本车身与整车 3D 数据进行 CAE 分析，目的为：

① 验证设计是否满足性能要求。

② 以 CAE 分析结果为依据，针对各性能进行结构改进设计与结构优化设计，确保工程化设计完成后的车身与整车 3D 数据、材料选择、焊点设计满足规定的性能设计要求。这个阶段 CAE 与结构改进优化工作一直持续到数模冻结。

其工作内容包括：以分解后的设计过程目标值为评价标准，通过 CAE 分析验证设计是否满足设计要求；以 CAE 为手段，对影响性能的各个关键要素进行功用性分析，改进方案与优化方案设计。通过 CAE 分析验证改进方案与优化方案的效果。在设计更改阶段，CAE 分析、结构改进与优化设计更改，主要是指数模冻结以后，因工艺、成本等各种原因引起的设计更改。

5) 对每一次设计更改后的车身与整车 3D 数据，完成相应性能项目 CAE 分析，以验证设计是否满足性能要求，并针对各性能进行结构改进设计与结构优化设计，确保每一次设计更改后的车身与整车 3D 数据、材料选择、焊点设计满足规定的性能要求。这个阶段 CAE 与结构改进优化工作一直持续到产品上市正式销售。

6) 样车制造设计阶段是实物样车制造，采用快速成形模具、简易组装式夹具等简易工装制造车身，底盘等机械部件也采用开发样件。该样车主要有两个目的：
① 用于车体结构碰撞安全性设计要求的验证试验。
② 用于安全气囊、安全带等约束系统开发的匹配试验。

7) 约束系统开发包括安全气囊、安全带等约束系统开发，主要包括约束系统零部件设计、零部件工装设计与制造、与整车装配设计、各控制程序设计与控制参数匹配、目标性验证试验。

8) 整车被动安全性验证试验包括：采用设计样车完成的以验证车体结构碰撞安全性设计要求为目的设计阶段验证试验；采用设计样车完成的约束系统开发的匹配试验；采用工装样车完成的产品整车被动安全性定型验证试验；以国家公告要求为目的整车被动安全性公告性法规要求试验。

(2) 碰撞安全分析工程师的工作内容　碰撞安全分析工程师是指在汽车企业中，通过一系列试验，模拟汽车碰撞，并对汽车碰撞安全进行检测、分析，提出可行性分析及改进方案，以达到提高汽车安全性能的高级技术人才。

具体工作内容包括：
1) 分析整车正面碰撞、侧面碰撞、后面碰撞及车顶压溃产生的原因。
2) 对汽车碰撞安全进行仿真分析，并对工作进度和质量进行控制。
3) 对汽车底盘关键零部件的耐久性进行分析。
4) 分析汽车前后端保护装置的安全性。
5) 协助汽车设计和试验人员对模拟和试验结果进行对比分析。
6) 配合汽车设计部门进行汽车整体结构改进与优化。
7) 熟悉汽车碰撞安全的相关法规和分析流程，编制工程技术要求等。

(3) 碰撞安全分析工程师岗位能力要求　见表 6-2。

2. NVH 分析工程师

NVH，即 noise（噪声）、vibration（振动）和 harshness（声振粗糙度），由于三者

表 6-2 碰撞安全分析工程师岗位能力要求

能力要求	具体内容
知识能力	了解汽车结构及碰撞动力响应特性 熟悉整车碰撞分析流程 熟悉汽车碰撞安全相关试验标准和法规要求 具备结构碰撞分析或乘员保护分析或安全系统开发能力
软件能力	熟练绘图软件 CATIA 熟悉分析软件，HYPERMESH、Nastran
横向能力	具备良好的沟通能力、良好的团队合作精神、善于学习、乐于创新、工作严谨认真、责任感强

在汽车中是同时出现且密不可分，因此常把它们放在一起进行研究。NVH 是衡量汽车制造质量的一个综合性问题，它给汽车用户的感受是最直接和最表面的。车辆的 NVH 问题，是国际汽车行业各大整车制造企业和零部件企业关注的问题之一。有统计资料显示，整车约有 1/3 的故障问题是和车辆的 NVH 问题有关系，而各大公司有近 20% 的研发费用消耗在解决车辆的 NVH 问题上。因而，NVH 分析工程师是汽车设计中非常重要的岗位。

(1) **NVH 开发流程** NVH 研发、调试、开发应与汽车总体研发流程紧密相配合，穿插在汽车总体设计与研发的各个阶段。为了提高汽车的 NVH 性能，根据汽车产品研发流程，NVH 研发工作通常可分为以下阶段。

1) 概念阶段。汽车的 NVH 分析工程师应要参加到汽车总体概念过程，参与制定汽车 NVH 指标和协调与其他性能之间的关系。通过收集同类汽车的 NVH 信息，标杆样车的 NVH 性能分析与试验，建立符合概念样车的 NVH 性能目标。这部分工作在整个汽车的 NVH 设计流程中特别重要。

2) 设计阶段。结合 CAD，运用不同 CAE 方法进行汽车各零件、部件和整车的 NVH 性能分析。与供应商配合，在部件级系统层次进行的测试验证，并对系统和整车进行 CAE 分析、目标值校核、设计方案选择及验证、优化及改进设计等。

3) 开发阶段。全面测试样车的 NVH 性能，并对比所设立的目标值，找出差距，提出设计改进方案。针对可能出现的问题，诊断可能发生的原因，及时解决。对这一时期的开发工作，需定期进行主观评估和客观测试的评估，确保工作进度和工程签发。

4) 试产阶段。进行小批量车的 NVH 检核，以发现和解决可能由生产装配、供应商产品质量等所引发的 NVH 性能问题。及时诊断解决这些可能的问题、确保投产的顺利进行是这试产阶段工作的最终目的。

5) 投产阶段。初始质量的抽查和解决可能遗留的性能问题。

NVH 分析工程师工作流程如图 6-4 所示。

某汽车振动噪声仿真分析如图 6-5 所示。

NVH 分析工程师就是利用专业 NVH 分析软件，解决汽车存在的 NVH 问题。

(2) **NVH 分析工程师工作内容**

1) 制定和分析 NVH 目标，协助试验验证，确保改进设计的有效性。

2) 负责编制 NVH 分析指导书。

3) 负责整车开发 CAE 合作的项目跟踪及技术协调工作。

第六章 车辆工程专业人才的未来

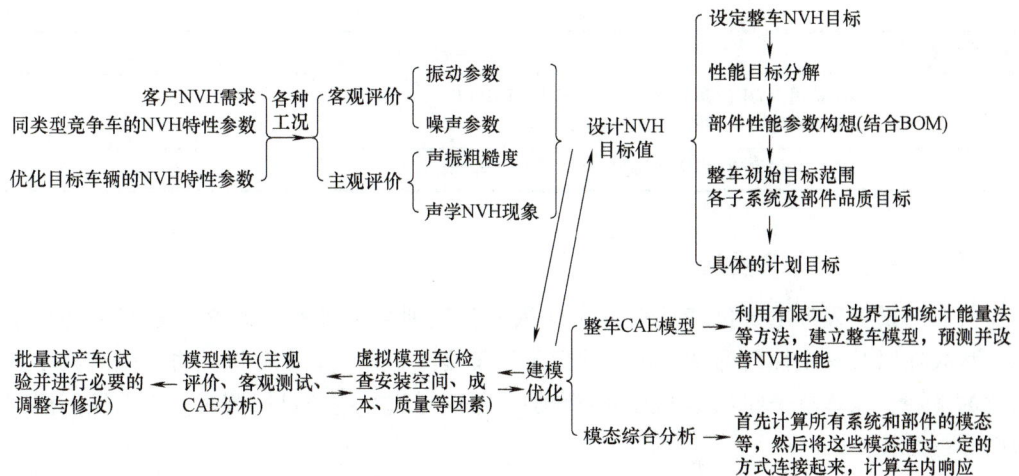

图 6-4 NVH 分析工程师工作流程

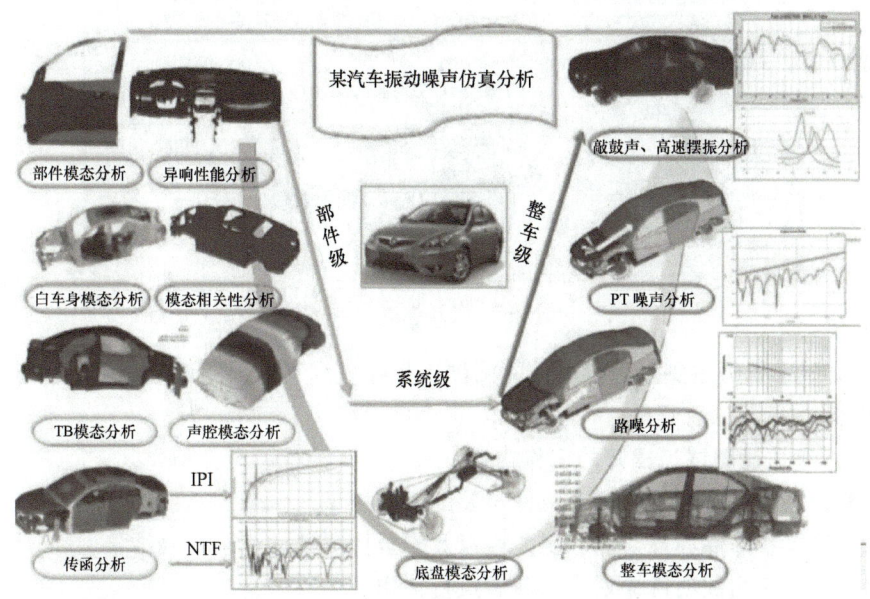

图 6-5 某汽车振动噪声仿真分析

4)完成 NVH 分析工作,处理整车各项试验数据,并编制对应试验报告。
5)完成 NVH 性能仿真分析工作,撰写分析报告,并提出改进方案。
6)仿真平台及设施设备的保持及维护。

(3) NVH 分析工程师岗位能力要求 岗位能力要求见表6-3。

表 6-3 NVH 分析工程师岗位能力要求

能力要求	具体内容
知识能力	熟悉汽车结构、原理和性能 熟悉汽车 NVH 分析流程 熟悉汽车 NVH 相关试验标准和法规要求

(续)

能力要求	具体内容
软件能力	熟悉使用 NVH 仿真分析软件,如 HYPE RMESH ANSYS HYPERVIEW 等 熟悉 NVH 测试软件,如 LMS test.lab 等
横向能力	具备良好的沟通、协调、问题处理和团队合作的能力

四、汽车测试工程师

汽车测试工程师主要负责计划和实施汽车测试项目,对整车或汽车零部件进行功能、耐久性以及安全性的测试分析,并记录汽车测试结果,完成测试报告。随着汽车智能化的发展,汽车电子在汽车上的份额增加,需要对汽车电子进行测试。汽车性能测试如图 6-6 所示。

图 6-6 汽车性能测试

汽车测试工程师主要分为汽车性能测试工程师、汽车电子测试工程师。

1. 汽车性能测试工程师

(1) 汽车性能测试工程师的工作内容

1) 配合供应商对汽车的所有组件、装配进行测试。
2) 对汽车零部件进行功能、耐久性以及安全性测试,记录试验结果。
3) 制订汽车测试项目计划,并开展执行工作。
4) 深入分析汽车测试结果,撰写并提交测试报告。
5) 识别故障,进行根源分析,与汽车设计团队共同协作来解决问题。

(2) 汽车性能测试工程师岗位能力要求　岗位能力要求见表 6-4。

表 6-4 汽车性能测试工程师岗位能力要求

能力要求	具体内容
知识能力	熟悉汽车结构、原理和性能 熟练掌握测试方法,了解各种汽车的测试标准 熟练使用各种汽车测试设备,制订汽车测试方案
软件能力	掌握数据处理方法 熟练应用 Office 软件
横向能力	具备良好的沟通、协调、问题处理和团队合作的能力

第六章 车辆工程专业人才的未来

2. 汽车电子测试工程师

（1）汽车电子测试工程师工作内容

1）负责整车级和系统级功能测试设计、规划以及项目管理。

2）根据规范或需求独立定制测试计划和编写设计测试用例。

3）设置测试环境，包括开发测试脚本、设置测试平台。

4）负责测试方案的设计、执行、集成调试。

5）负责实车或台架测试操作、测试环境搭建、项目管理及技术协调。

6）在车辆上进行分析网络行为，分析涉及与接口连接到集群的实际汽车的问题或缺陷。

7）执行系统测试，生成验证报告，管理缺陷。

（2）汽车电子软件测试工程师岗位能力要求 岗位能力要求见表6-5。

表6-5 汽车电子软件测试工程师岗位能力要求

能力要求	具体内容
知识能力	熟悉汽车电器与电子设备原理 熟练汽车电气控制系统、车载网络技术（以太网\CAN\LIN） 熟练嵌入式操作系统测试 熟悉产品开发流程
软件能力	熟悉编程C语言、嵌入式开发及功能验证能力 熟练使用CAN\LIN总线相关测试工具（如CANoe\VSPY等）、万用表和示波器等仪器
横向能力	具备良好的沟通、协调、问题处理和团队合作的能力

第二节 汽车产品生产岗位

生产高质量产品是企业发展的生命线，汽车产品生产岗位是生产高质量产品的重要保障。

一、汽车产品生产流程

第四章详细介绍了汽车零部件和整车的生产过程，图6-7和6-8分别展示了汽车的生产流程和生产车间四大工艺总体布局。由于每家汽车零部件或整车企业性质、规模、技术、生产设备、生产产品不同，因而生产流程会有所不同，但是在产品（零部件、整车）的生产过程中，都需要首先制定产品生产工艺，然后在车间组织生产，最后对生产的产品进行检测。因此，需要工艺工程师制定产品的生产工艺，汽车生产管理人员对产品的生产进行组织和管理，质量工程师对生产的产品进行相应的质量检测。

二、汽车工艺工程师

汽车工艺工程师是汽车企业产品制造最重要的技术岗位，主要负责汽车产品生产环节的工艺设计、执行并解决技术问题。

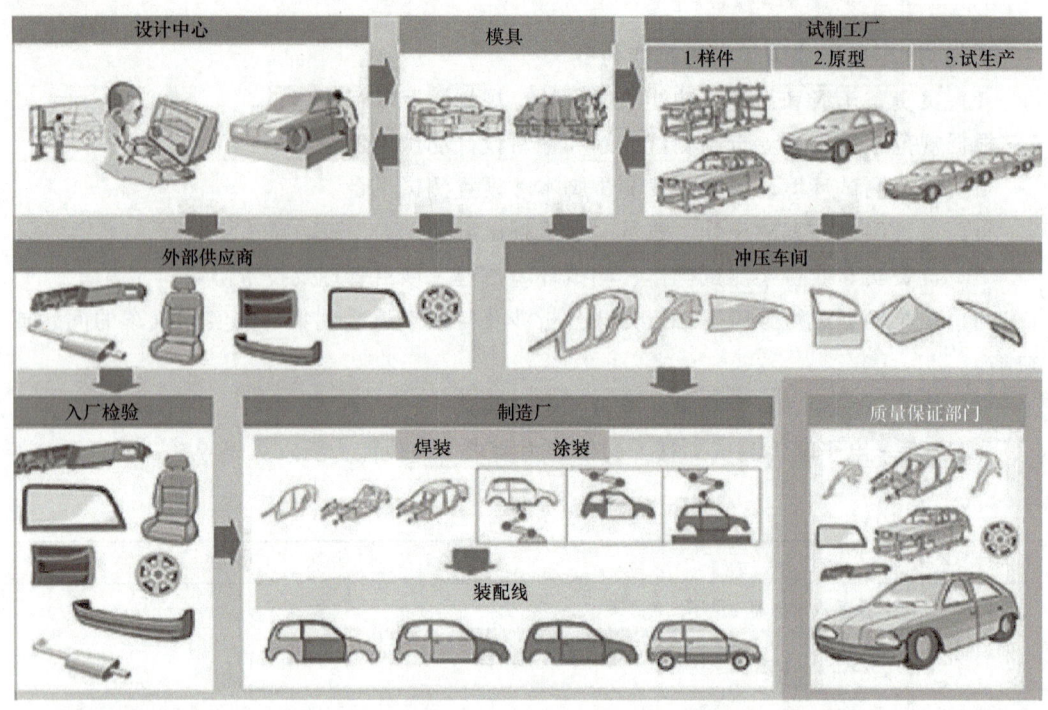

图 6-7　汽车生产流程

图 6-8　汽车生产车间四大工艺总体布局

1. 汽车工艺工程师工作内容

1）编制产品工艺方案和路线，设计工艺规程，形成完整的工艺文件。

2）根据产品工艺需要，设计工装设备。

3）制订劳动定额和材料定额。

第六章 车辆工程专业人才的未来

4）生产设备的管理与维护。

5）生产现场技术指导和服务。

2. 汽车工艺工程师岗位能力要求

岗位能力要求见表 6-6。

表 6-6 汽车工艺工程师岗位能力要求

能力要求	具体内容
知识能力	熟悉汽车构造、汽车产品制造工艺 熟悉汽车产品生产设备及工装设计 熟悉编写汽车产品工艺文件 了解汽车产品生产过程中的质量控制
软件能力	熟练应用 AutoCAD、UG、CATIA、Pro/E 等
横向能力	具备良好的沟通、协调、问题处理和团队合作的能力

三、汽车生产管理岗

1. 汽车生产管理岗工作内容

1）根据企业生产计划，组织制订本车间的生产作业计划。

2）负责按计划组织、安排生产工作，确保生产进度。

3）合理调配人员和设备，调整生产布局和生产负荷，提高生产效率。

4）建立和完善质量管理制度，组织实施并监督、检查生产质量体系的运行。

5）掌握生产过程中的质量状态，协调各部门之间的沟通与合作，及时解决生产中出现的问题。

6）组织落实、监督调控生产过程各项工艺、质量、设备、成本、产量指标等。

2. 汽车生产管理岗能力要求

岗位能力要求见表 6-7。

表 6-7 汽车生产管理岗能力要求

能力要求	具体内容
知识能力	熟悉汽车构造、汽车产品制造工艺 熟悉汽车产品生产设备 熟悉产品工艺和产品质量标准 了解生产管理知识，如 6S 和标准化生产的有序推进等
软件能力	了解并能操作企业资源计划（ERP）管理系统、制造执行系统（MES）、生产设备和工位智能化联网管理分布式数据（DNC）系统等生产管理软件
横向能力	具备良好的沟通、协调、问题处理和管理的能力

四、汽车质量工程师

汽车质量工程师负责行业内标准要求的有关品质保证，在产品量产阶段对产品质量进行控制，为客户及时提供高质量、低成本的产品和服务。

1. 汽车质量工程师的工作内容

1）依据产品开发进度完成质量开发任务，确保符合质量标准的产品生产。

2）对产品在生产过程中各工序的质量进行检查。
3）进行原材料、半成品和成品的样本检测和质量检测。
4）负责产品生产、交付过程中质量异常的处理与跟踪。
5）编制产品、零件检验规范和产品审核指导书。
6）根据顾客的质量要求，组织分析原因及对策，提出质量改进方案。

2. 汽车质量工程师的岗位能力

岗位能力要求见表6-8。

表6-8 汽车质量工程师的岗位能力要求

能力要求	具体内容
知识能力	熟悉汽车构造、汽车理论、汽车制造工艺 熟悉汽车行业质量管理体系和本企业质量保障体系 熟悉汽车产品生产过程中的质量控制
软件能力	熟悉质量管理五大工具（APQP、FMEA、PPAP、MSA和SPC）
横向能力	具备良好的沟通、协调、问题处理和管理的能力

第三节 汽车后市场岗位

根据公安部数据显示，截至2021年年底，我国汽车保有量达3.02亿辆。随着汽车保有量的不断增长，汽车后市场规模不断扩大。2020年达到了1.4万亿元。在发达国家的汽车产业链中，汽车后市场的占比在50%~60%，而我国目前只占到10%左右，还有很大的提升空间。目前我国千人汽车保有量为213，根据2019年的数据统计，我国的千人汽车保有量为173辆，而美国、日本、德国、巴西分别有833辆、591辆、589辆、341辆。可见从中长期来看，我国汽车保有量仍有很大增长空间，从而带动汽车后市场的发展，以及对人才需求的上升。由于汽车后市场行业多，入行门槛相对较低，导致很多刚毕业的大学生不愿意做汽车后市场行业。正是因为汽车后市场行业人才结构不合理，学历结构不合理，从业人员总体素质偏低，导致服务质量下降，管理不规范，事故发生率高，工作效率低等，所以需要有足够高质量的人才进入汽车后市场行业。

汽车后市场主要岗位有汽车销售、汽车技术服务支持、汽车保险查勘定损、二手车评估、汽车自媒体等，同时汽车后市场行业还比较适合创业。

一、汽车销售经理

1. 汽车销售经理职位介绍

汽车销售经理是指能够独立管理和策划汽车产品的区域销售、营销业务的高级销售人才，汽车行业的热门职业之一。

2. 汽车销售在未来中国发展的前景

中国汽车市场是全世界发展潜力最大的汽车消费市场，2021年我国，汽车产销量突破2600万辆，中国还有数亿人预备进入有车生活时代。同时汽车行业人才需求剧增，市场对人才的要求也越来越高，汽车企业已越来越难找到合格人才。权威机构预测，未

第六章 车辆工程专业人才的未来

来三年内汽车营销人才缺口将达 8 万人。汽车营销人才已成为维系汽车行业快速健康发展最紧缺和最关键的资源,企业之间激烈抢夺优秀汽车营销人才的现象十分普遍。

3. 汽车销售经理的岗位的工作内容

1) 依据企业营销目标和市场需求,制订公司的销售计划并组织实施。
2) 主持销售部门日常工作事务,合理调配人力、物力等资源。
3) 负责处理销售人员无权处理或无法解决的重大问题。
4) 处理与公司其他部门的关系,保障与其他部门有效合作。
5) 做好本部门人员的工作指导和考核工作。
6) 寻求部门新的利润增长点。
7) 组织本部门员工开拓市场,开展促销和品牌宣传活动。
8) 组织本部门员工对二级经销商开发与管理。

4. 汽车销售经理的岗位能力要求

岗位能力要求见表 6-9。

表 6-9 汽车销售经理的岗位能力要求

能力要求	具体内容
知识能力	熟悉汽车构造、汽车理论 熟悉汽车营销知识和汽车销售渠道 熟练使用各种汽车测试设备 熟悉国家和行业有关的汽车销售政策
横向能力	具备良好的沟通、协调、问题处理、应急处理和团队合作的能力,较强的自学能力

二、汽车技术服务工程师

汽车技术支持工程师主要负责汽车市场支持性技术资料的收集,为汽车经销商、服务商以及销售部门提供技术支持,并对客户提出的汽车测试标准进行可行性评估。

1. 汽车技术服务工程师的工作内容

1) 为营销企划、市场研究、销售及售后服务提供汽车技术和资料上的支持。
2) 对客户提出的汽车测试要求进行评估,分析其可行性。
3) 根据汽车相关标准和客户要求准备汽车的测试协议。
4) 跟踪、协调汽车的测试进程。
5) 与汽车研发和生产部门进行技术对接,实时掌握产品技术的最新信息。
6) 整理汽车技术资料,协助建立和维护汽车技术文档体系。
7) 负责编制公司内部汽车产品知识及汽车技术的培训资料,并实施培训。

2. 汽车技术服务工程师的岗位能力要求

岗位能力要求见表 6-10。

表 6-10 汽车技术服务工程师的岗位能力要求

能力要求	具体内容
知识能力	熟悉汽车构造、汽车理论、汽车设计和制造 熟悉汽车报废检测和环保检测,以及汽车零部件物理化学性能检测 了解汽车相关标准

（续）

能力要求	具体内容
软件能力	熟悉各种评估软件、办公软件
横向能力	具备良好的沟通、协调、问题处理的能力,较强的自学能力

三、汽车查勘定损工程师

1. 汽车查勘定损工程师主要工作内容

1）负责车险案件的查勘、权限内的定损、闪赔工作、打假工作、复检、损余回收等工作。

2）负责辖区内异地案件的查勘定损、跟踪协调工作。

3）全程负责已接手赔案的处理工作，包括但不限于赔案的查勘定损、接待客户、重大案件的调查取证，收集、整理、审核查勘定损资料并及时移交、理赔系统录入等。

4）负责重大出险案件的调查取证工作，收集、整理以及审核客户信息和其他相关资料，并将资料及时移交给其他相关的工作人员。

5）负责人伤小额案件的快速处理工作。

查勘碰撞车辆如图6-9所示。

图 6-9　查勘碰撞车辆

2. 查勘定损工程师的岗位能力要求

岗位能力要求见表6-11。

表 6-11　查勘定损工程师的岗位能力要求

能力要求	具体内容
知识能力	熟悉汽车构造、汽车电器与电子设备、汽车理论 熟悉汽车保险相关知识
技术能力	熟悉事故判断、车辆损失判断和价格估计
横向能力	具备良好的沟通、协调、问题处理、应急处理和团队合作的能力,较强的自学能力

四、二手车评估师

1. 二手车评估师的概述

二手车有狭义和广义之分，狭义上是指经公安部门注册登记并在报废期内服役，通过二手车市场流通转让，发生产权变动的车辆；广义上是指经汽车经销商开具发票，到报废拆解之前，发生产权变动的以及没有发生产权变动的一切车辆，包括汽车厂商库存积压商品车辆、司法机关涉案的车辆、海关罚没的车辆等。这些都属于二手车鉴定评估师的执业范围。

第六章 车辆工程专业人才的未来

二手车鉴定评估师是一种职业称谓，指专业从事二手机动车辆的鉴定与估价工作的专业汽车评估人员。其所从事的工作范围是围绕二手车的车况鉴定与价格评估，其工作模式类似于律师、会计师一类的职业，属于六类资产评估人员之一，是一个社会地位较高的职业。同时，这是一个技术性比较强的工种，从事二手车的鉴定与估价工作，不仅需要很扎实的理论基础，还需要多年的经验积累，更需要了解市场，才能真正做好二手车评估师。考取二手车鉴定评估师资格的人员，多半在从事二手车置换、收购、拍卖、经纪等经营，而非纯粹从事二手车鉴定估价业务。而实际上，前者的业务范畴与市场容量更大。

2. 二手车评估师的工作内容

1）运用路测、目视及借助相关仪器设备对二手车的技术状况进行综合检验和检测。
2）结合车辆相关文件资料对二手车的状况进行鉴定。
3）根据评估的特定目的，选择适用的评估标准和方法进行二手车价格评估工作。
4）提供公平的鉴定信息，尽量满足买卖双方的技术要求。

3. 二手车评估师的岗位能力要求

岗位能力要求见表6-12。

表6-12 二手车评估师的岗位能力要求

能力要求	具体内容
知识能力	熟悉汽车构造、汽车电器与电子设备、汽车理论 熟悉汽车市场行情，对市场上的各种车辆有一定的了解
技术能力	能够准确判断车况，给出估价
横向能力	具备良好的谈判能力、沟通能力、洞悉客户真实意图的能力，较强的自学能力

车辆工程专业学生的就业方向主要是汽车产业链相关的岗位。当然，也可以根据自己的兴趣爱好和能力选择其他行业的岗位。

第四节 车辆工程专业的考研

一、国内考研概述

随着产业的转型升级和国民经济的高质量发展，从"中国制造"走向"中国创造"，新时代下迫切需要高素质人才。近几年，由于考生个人对自身发展的要求提高、毕业生就业压力较大、非全日制研究生考试纳入统考以及研究生招生人数扩大等多重因素的推动下，全国硕士研究生报考人数呈现了逐年上升的态势。

从教育部公布的数据来看，2021年全国考研报名人数达到了史无前例的377万人，比2020年考研人数增加了36万人，增幅达到了10.5%。从图6-10可以看出，近5年，考研人数逐年增长，2021年考研人数同2017年的201万人相比增加了176万人，研究生报考人数的快速上涨也引发了社会的广泛关注。

图 6-10 2017 年—2021 年全国硕士研究生报考人数趋势

据统计显示，2021 届全国普通高校毕业生首次突破 900 万人，也就是说，他们中的三成以上都选择了考研。尽管每年的招生计划并没有减少，但是对考生来说，竞争压力一年大过一年。

二、研究生的类型

研究生教育是学生本科毕业之后继续进行深造和学习的一种教育形式，研究生教育属于国民教育序列中的高等教育。目前，中国研究生教育种类很多，已经形成一个比较完整的体系。按照不同的方式，研究生有不同的分法。

1. 按攻读学位的等级划分

按照攻读学位等级的不同，研究生可分为攻读硕士学位研究生和攻读博士学位研究生两级。前者简称"硕士生"，后者简称"博士生"。

2. 按学习方式的不同划分

按照学习方式的不同，中国的研究生可分为全日制研究生和非全日制研究生，其中非全日制研究生又称为在职研究生。

（1）**全日制研究生**（脱产研究生）与非全日制研究生（不脱产研究生、在职研究生）

1）全日制研究生是指符合国家研究生招生规定，通过研究生入学考试或者国家承认的其他入学方式，被具有实施研究生教育资格的高等学校或其他教育机构录取，在基本修业年限或者学校规定年限内，在校学习的研究生。

2）非全日制研究生指符合国家研究生招生规定，通过研究生入学考试或者国家承认的其他入学方式，被具有实施研究生教育资格的高等学校或其他教育机构录取，在学校规定的修业年限（一般应适当延长基本修业年限）内，在从事其他职业或者社会实践的同时，采取多种方式和灵活时间安排地进行学习的研究生。

全日制和非全日制研究生毕业时，所在高等学校或其他高等教育机构根据其修业年限、学业成绩等，按照国家有关规定发给相应的、注明学习方式的毕业证书；其学业水平达到国家规定的学位标准，可以申请授予相应的学位证书。

（2）**专业硕士研究生与学术硕士研究生** 我国硕士研究生按照培养目标和培养方式，可分为专业硕士研究生与学术硕士研究生，专业硕士研究生和学术硕士研究生的区别见表 6-13。

第六章 车辆工程专业人才的未来

表 6-13 专业硕士研究生与学术硕士研究生的区别

	专业硕士研究生	学术硕士研究生
培养目标	以专业实践为导向,重视实践和应用,培养在专业和专门技术上受到正规的、高水平训练的高层次人才	以学术研究为导向,偏重理论和研究,培养大学教师和科研机构等研究人员
培养方式	以实际应用为导向,以职业需求为目标,以综合素养和应用知识与能力的提高为核心。注重培养学生研究实践问题的意识和能力。在具体的学习过程中,要求有实践环节	学术硕士的课程设置侧重于加强基础理论的学习,重点培养学生从事科学研究创新工作的能力和素质
报考条件	除了要符合报名参加全国硕士研究生招生考试的人员基本条件外,部分专业学位有单独规定	国家承认学历的应届本科毕业生(含普通高校、成人高校、普通高校举办的成人高等学历教育应届本科毕业生)及自学考试和网络教育届时可毕业本科生
招生专业	专业硕士,招生专业比较有针对性。根据研招网"专业知识库"显示,"专业学位硕士研究生"招生专业包括金融、应用统计、工程管理等共计47个一级学科	在哲学、经济学、法学、教育学、文学、历史学、理学、工学、农学、医学、军事学、管理学、艺术学13大门类,及其下设的一级学科、二级学科,涵盖所有的专业方向招生
学费标准	全日制专业硕士研究生收费标准,按不高于本校现行普通专业学术型自筹经费研究生收费标准确定	从2014年秋季学期起,学术型硕士研究生收费标准,原则上每年硕士生不超过8000元,博士生不超过10000元
学制	一般为2~3年	一般为3年
读博方式	一般不能硕博连读或直博	有机会通过自己的导师直接读博,不用参加全国统考,也就是我们所说的直博或者硕博连读

3. 车辆工程专业应届毕业生可申报的研究生类型

对于车辆工程专业的应届毕业生,可报考学术硕士研究生、专业硕士研究生、硕博连读生和直博生四种。

报考学术硕士研究生和专业硕士研究生是主体,可招收车辆工程专业硕士生的院校和科研机构均可以招收这两类学生。

招收硕博连读生和直博生的学校很少,主要是少数985学校或211学校,其竞争非常激烈。车辆工程专业类属工学门类,工学门类又分39个一级学科。车辆工程专业属于机械工程学科。

对于报考学术硕士研究生,车辆工程专业本科生可直接报考车辆工程(代码:080204)硕士研究生或相关二级学科的研究生。若一些学校在一级学科下不设置二级学科,则直接报考机械工程(代码:0802)硕士研究生。对于招生单位自行设立与车辆工程相关的二级学科,也可以报考。

对于报考专业硕士研究生,车辆工程专业本科生可直接报考车辆工程(代码:085234)专业硕士研究生。若招生单位没有设置车辆工程专业学位,可报考机械工程(代码:085201),或自己喜欢的其他专业学位领域。

三、车辆工程专业读研规划

1. 读研准备

在校大学生读研途径主要有保研、考研和出国读研3种。保研和考研的读研准备见表6-14。

表 6-14 读研准备

保研准备	考研准备
保研主要看学生前 3 年成绩	工科学生考研公共课程是英语和政治,专业课一是数学,专业课二是各专业的骨干课
推免名额分配到专业,学习成绩和综合素质一般在专业前15%左右的学生,有望获得推免资格评审	如果考外校,一般要在大三的时候,确定报考学校和专业
获得推免资格后可以申请本校读研,也可申请外校读研	—

2. 保研

保研是指推荐免试研究生,是指不用参加全国硕士研究生入学统一考试直接读研的应届本科毕业生,保研办法是在教育部关于推免的相关规定基础上由各学校制订,因此学校不同,保研政策也有所不同,拟保研的学生需要详细了解保研政策。

申请保研一般需要提交以下材料:申请表;个人陈述;专家推荐信;成绩单;由申请者现所在学校教务处提供同意推荐免试的证明信,并加盖公章;获奖证书复印件;发表的学术论文等复印件;有的学校要求英语水平类证书。

申请保研一般需要具备两大条件:①拥护中国共产党的领导,愿为社会主义现代化建设服务,品德良好,遵纪守法;②获得母校推荐免试资格的全国重点大学优秀应届本科毕业生。

推荐免试研究生的一般流程如图 6-11 所示。

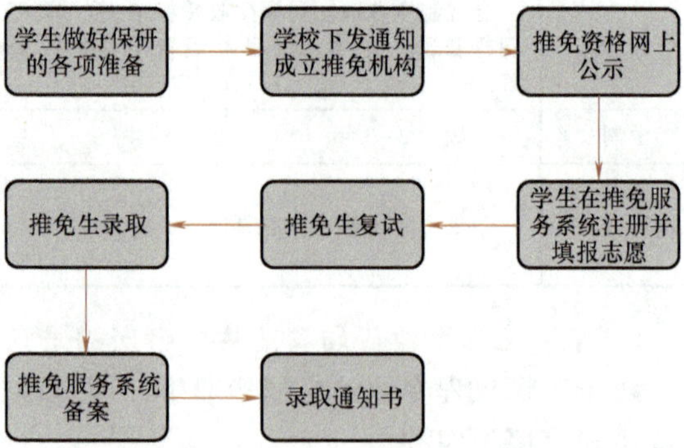

图 6-11 推荐免试研究生的一般流程

3. 考研要求及流程

(1) 报考条件 报名参加全国硕士研究生招生考试的人员,须符合下列条件:

1)中华人民共和国公民。

2)拥护中国共产党的领导,品德良好,遵纪守法。

3)身体健康状况符合国家和招生单位规定的体检要求。

4)考生必须符合下列学历等条件之一:

① 国家承认学历的应届本科毕业生(录取当年 9 月 1 日前须取得国家承认的本科毕业证书。含普通高校、成人高校、普通高校举办的成人高等学历教育应届本科毕业生及自学考试和网络教育届时可毕业本科生)。

② 具有国家承认的大学本科毕业学历的人员。

③ 获得国家承认的高职高专学历后满 2 年(从毕业后到录取当年 9 月 1 日,下同)或 2 年以上,达到与大学本科毕业生同等学力,且符合招生单位根据培养目标对考生提出的具体业务要求的人员,只能以同等学力身份报考。

④ 国家承认学历的本科结业生,按本科毕业生同等学力身份报考。

⑤ 已获硕士、博士学位的人员。

5)凡在境外获得的本科毕业证书或学士学位证书,必须通过国家教育部留学服务中心的认证方可报考。

（2）**报考硕士研究生的主要流程** 报考硕士研究生的主要流程是阅读考研大纲、阅读招生简章、考研报名、考研初试、复试调剂、体检、录取等过程，如图6-12所示。

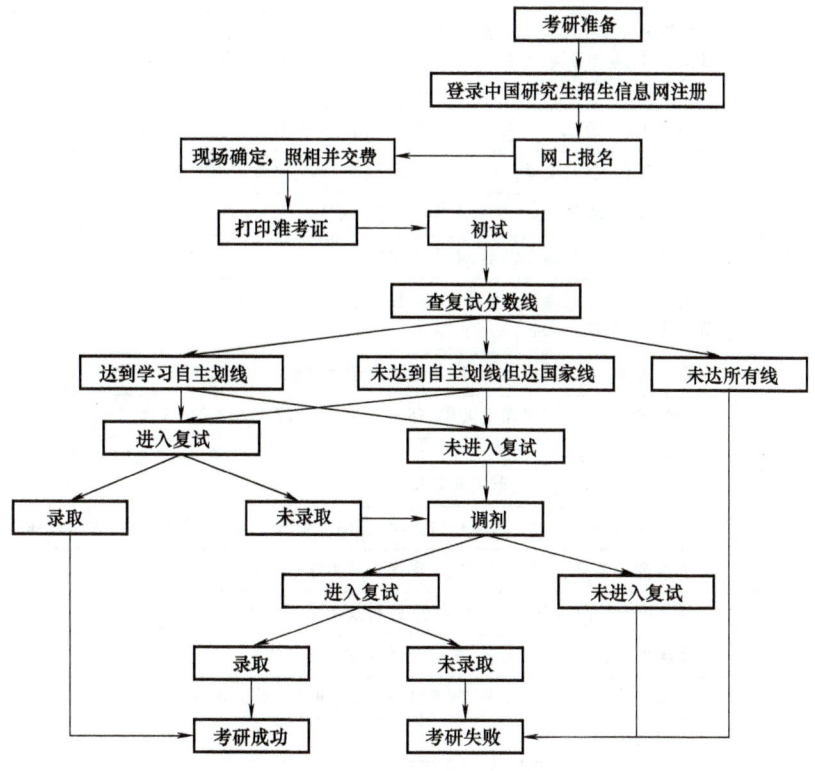

图6-12 报考硕士研究生的一般流程

4．车辆工程专业读研的教育资源

根据研招网统计，我国招收车辆工程专业硕士研究生的大学有100多所，学术硕士研究生车辆工程专业代码：080204，专业硕士研究生机械代码：085500，全国各省市区招收车辆工程专业硕士研究生的大部分学校见表6-15。

表6-15 全国各省市区招收车辆工程专业硕士研究生的部分学校

省市（自治区）	数量	招收车辆工程专业硕士研究生的学校
北京	15	清华大学、北京理工大学、北京航空航天大学、北京交通大学、北京工业大学、北京科技大学、中国矿业大学（北京）、中国农业大学、中国石油大学（北京）、北京化工大学、北京邮电大学、北京林业大学、北方工业大学、华北电力大学、北京信息科技大学
天津	5	天津大学、陆军军事交通学院、天津工业大学、天津科技大学、天津职业技术师范大学
山西	3	太原理工大学、太原科技大学、中北大学
内蒙古	1	内蒙古工业大学
辽宁	9	大连理工大学、东北大学、大连交通大学、沈阳建筑大学、沈阳工业大学、沈阳理工大学、辽宁工程技术大学、沈阳航空航天大学、辽宁工业大学
吉林	4	吉林大学、长春理工大学、长春工业大学、北华大学
黑龙江	6	哈尔滨工业大学、哈尔滨理工大学、哈尔滨工程大学、东北林业大学、东北石油大学、东北农业大学

（续）

省市（自治区）	数量	招收车辆工程专业硕士研究生的学校
上海	8	上海交通大学、同济大学、上海大学、华东理工大学、上海理工大学、东华大学、上海工程技术大学、上海应用技术大学
江苏	13	南京航空航天大学、东南大学、南京理工大学、江苏大学、中国人民解放军陆军工程大学、江南大学、南京工业大学、苏州大学、扬州大学、中国矿业大学、常州大学、南京农业大学、南京林业大学
浙江	5	浙江大学、浙江工业大学、浙江理工大学、杭州电子科技大学、浙江科技学院
安徽	5	合肥工业大学、安徽工业大学、安徽理工大学、安徽工程大学、安徽农业大学
福建	4	福州大学、厦门大学、华侨大学、福建农林大学
江西	3	南昌大学、江西理工大学、华东交通大学
山东	8	山东大学、山东理工大学、山东科技大学、青岛科技大学、青岛理工大学、青岛大学、山东建筑大学、山东农业大学
河北	5	燕山大学、河北工业大学、华北电力大学保定校区、石家庄铁道大学、河北农业大学
河南	6	河南科技大学、河南理工大学、郑州大学、郑州轻工业大学、河南工业大学、中原工学院
湖北	5	华中科技大学、武汉理工大学、武汉大学、武汉科技大学、中国地质大学（武汉）、湖北工业大学、长江大学、湖北汽车工业学院
湖南	6	湖南大学、中南大学、湖南科技大学、湖南工业大学、长沙理工大学、中南林业科技大学
广东	3	华南理工大学、广东工业大学、华南农业大学
广西	3	桂林电子科技大学、广西大学、广西科技大学
重庆	3	重庆大学、重庆理工大学、重庆交通大学
四川	6	西南交通大学、四川大学、电子科技大学、西南石油大学、西华大学、西南科技大学
云南	1	昆明理工大学
陕西	9	西安交通大学、西北工业大学、西安理工大学、长安大学、西安工业大学、西安建筑科技大学、西安科技大学、西安石油大学、陕西理工大学
甘肃	2	兰州理工大学、兰州交通大学
贵州	1	贵州大学
新疆	1	新疆大学
合计		139

第五节　出国留学

一、出国留学概述

近年来随着留学市场的日益开放和各国留学政策对中国留学生的倾向性，出国读研呈稳步上升趋势。国外的研究生教育差别很大，每个国家都在学制、费用、申请条件等方面有自己的相关规定，一定要慎重选择适合自己的国家、学校和专业。目前，留学最多的国家有英国、美国、加拿大、法国、德国、澳大利亚等。

下面是对主要国家的研究生教育的一般状况和主要特点进行简单介绍。

（1）**英国**　赴英国留学读硕士研究生，最大的优点就是学制短，只需一年。但到英国留学，最大的问题是学费和生活费相对较高，每年的学费加生活费为12万~35万元人民币，在全世界接受留学的国家中，英国的费用为最高。英国允许学生打工，最低工资为每小时5英镑，可大多数读硕士研究生的学生根本没有时间打工。英国学风严谨，学校课程安排紧凑，学生很少有娱乐时间，生活的主旋律就是学习。

(2) **美国** 美国是最主要的留学国，留学美国读研的申请人数较多，竞争也更加激烈，所以想申请奖、助学金降低留学费用的学生，更需要提早着手准备申请材料。申请硕士研究生，GPA总平均应该在3.0以上，如能达到3.3以上比较有利。要参加托福或GRE考试，并达到分数要求。美国硕士研究生学位分为学术硕士研究生学位和职业硕士研究生学位，学术硕士研究生学位又分为论文硕士研究生和非论文硕士研究生，一般1~2年完成。美国大学对研究生要求很严，而且学生们学业负担也很重。另外，课程教学进度很快，布置大量的阅读任务外，还安排很多考试并要求写论文。学生要根据自己的兴趣、特长和发展目标找到最适合自己的学校和专业。

(3) **加拿大** 加拿大硕士学制2年，每年学费大约1万加币。加拿大不允许学生打工，但学生可帮助导师做项目，得到一些补贴。加拿大高校对硕士研究生的要求相对较高，要求英语托福成绩在580分以上，大学成绩要在B+以上。另外，大学招收硕士研究生，教授的意见起决定作用，理科学生申请相对容易，也容易拿到奖学金。

(4) **法国、德国** 赴法国、德国留学的优势是专业课程免学费，目前学校仅向学生收注册费，学制为2年。每年的学习费用加生活费约为4万元人民币。另外，法国政府对留学生有很多补贴，如房贴、伙食补贴等。劣势是必须学第二外语，对大多数中国学生来说，在英语还未完全熟练的情况下又要学习第二外语，需要一个过程。但对在国内就学法语或者德语的中国学生来说，这是一个很不错的选择。

(5) **澳大利亚** 去澳大利亚读研，雅思成绩一般要求在6.5以上。澳大利亚院校教学质量很高，且遍布全国各地，为学生提供广泛的地域选择。硕士生可申请许可工作的小时数没有任何限制。学生在本国已经开始攻读硕士研究生学位或博士研究生学位课程的，必须出具学校提供的证明。澳大利亚读研学费支出每年约为7.5万元人民币，生活费约6万元人民币。

出国留学的一般流程如图6-13所示。

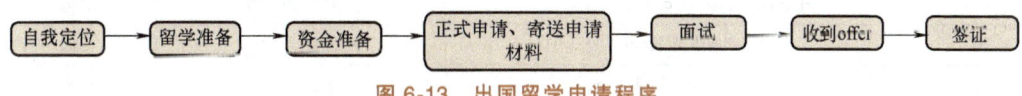

图6-13 出国留学申请程序

二、车辆工程专业国外留学择校

1. 选定学校

择校是一门学问，其中包括很多技巧。为了做出正确的择校选择，可以参考以下几个因素：①学术声望；②教授与学生比例；③教授的研究经费；④毕业校友情况；⑤地理位置等。学术威望是衡量一个大学、一个系的重要参照标准，学术威望越高说明在业界越有名望，教授、系成员的投入和献身也越多；很显然，教授、学生数量比越高说明教授在每个学生身上的投入的精力和时间也越多，对学生来讲也能在学术上学得更多。

择校，尤其是对西方大学不太了解的申请者，是一个非常耗时的工作，但同时也是每个申请者必须经历的一个为后期申请做直接铺垫的过程。申请者可以通过查询学校的官网、向自己在海外的学长学姐求助、浏览母校或者是关于留学申请的论坛、在查阅外文期刊和论文时也可以把握海外研究生院的方向和科研水平等途径来选定学校。国外大学专业分类与我国有一定的差异，很多学校车辆工程专业都在机械学院，有的学校还没有车辆工程专业，只有汽车相关方向，但基本都是属于机械工程学科。表6-16 为2021年QS机械、航空与制造工程专业世界大学排名。

表6-16 2021年QS机械、航空与制造工程专业世界大学排名

排名	校名	中文名称	国家
1	Massachusetts Institute of Technology	麻省理工学院	美国
2	Stanford University	斯坦福大学	美国
3	University of Cambridge	剑桥大学	英国
4	Harvard University	哈佛大学	美国
5	Nanyang Technological University	南洋理工大学	新加坡
6	University of California, Berkeley	加州大学伯克利分校	美国
7	Delft University of Technology	代尔夫特理工大学	荷兰
8	Imperial College London	帝国理工大学	英国
9	National University of Singapore	新加坡国立大学	新加坡
10	University of Oxford	牛津大学	英国
11	Tsinghua University	清华大学	中国
12	University of Michigan, Ann Arbor	密歇根大学安娜堡分校	美国
13	ETH Zurich	苏黎世联邦理工学院	瑞士
14	Georgia Institute of Technology	佐治亚理工学院	美国
15	Politecnico di Milano	米兰理工大学	意大利
16	École Polytechnique Fédérale de Lausanne	洛桑联邦理工学院	瑞士
17	California Institute of Technology	加州理工学院	美国
18	RWTH Aachen University	亚琛工业大学	德国
19	Shanghai Jiao Tong University	上海交通大学	中国
20	Purdue University	普渡大学	美国
21	The University of Tokyo	东京大学	日本
22	Korea Advanced Institute of Science and Technology	韩国科学技术院	韩国
23	Technical University of Munich	慕尼黑工业大学	德国
24	Peking University	北京大学	中国
25	KTH Royal Institute of Technology	瑞典皇家理工学院	瑞典
26	Seoul National University	首尔国立大学	韩国
27	Catholic University of Leuven	鲁汶大学	比利时
28	The Hong Kong University of Science and Technology	香港科技大学	中国
29	The University of Manchester	曼彻斯特大学	英国
30	Politecnico di Torino	都灵理工大学	意大利

第六章 车辆工程专业人才的未来

第六节 车辆工程专业创业规划

大学生创业是高校毕业生就业的一种新趋势。

一、大学生创业概况

《2020年中国大学生就业报告》显示，2019届本科毕业生自主创业比例为1.6%，高职毕业生自主创业比例为3.4%。随着毕业时间的延长，毕业生自主创业比例持续上升，毕业三年内上升至8.1%。

大学生创业已引起了社会各方面的关注，国家不断推出针对大学生创业的各种优惠政策，鼓励和支持大学生自主创业。各地政府部门和部分高校也都推出了针对大学生的创业园区、创业教育培训中心、创业孵化基地和创业实践基地等

国务院办公厅早在《关于做好2014年全国普通高等学校毕业生就业创业工作的通知》中已提出，各银行业金融机构要积极探索和创新符合高校毕业生创业实际需求特点的金融产品和服务方式，本着风险可控和方便高校毕业生享受政策的原则，降低贷款门槛，优化贷款审批流程，提升贷款审批效率。要通过进一步完善抵押、质押、联保、保证和信用贷款等多种方式，多途径为高校毕业生解决反担保难问题，切实落实银行贷款和财政贴息。在电子商务网络平台开办"网店"的高校毕业生，可享受小额担保贷款和贴息政策。充分发挥中小企业发展专项资金的积极作用，推动改善创业环境。鼓励企业、行业协会、群团组织、天使投资人等以多种方式向自主创业大学生提供资金支持，设立重点面向扶持高校毕业生创业的天使投资和创业投资基金。对支持创业早期企业的投资，符合条件的，可享受创业投资企业相关企业所得税优惠政策。

尽管国家和学校为大学生自主创业提供诸多支持和优惠政策，但是我国大学生自主创业还仅仅处于起步阶段，选择自主创业的大学生并不多，自主创业的成功率也不是很高。

据网上《大学生创业调研报告》，影响创业的客观因素和主观因素如图6-14和图6-15所示。资金、人脉关系、市场环境和社会阅历，被认为是影响创业最主要的客观因素，市场意识、创新精神、责任感和合作意识，被认为是影响创业最主要的主观因素。

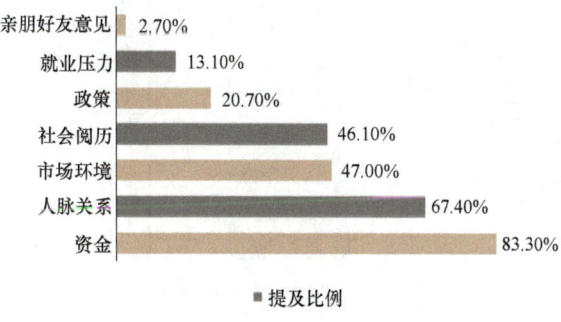

图6-14 影响创业的客观因素

决定创业成败的内在因素如图6-16所示，执行能力、市场调查能力、团队合作和创新能力，被认为是决定成败的主要内在因素。

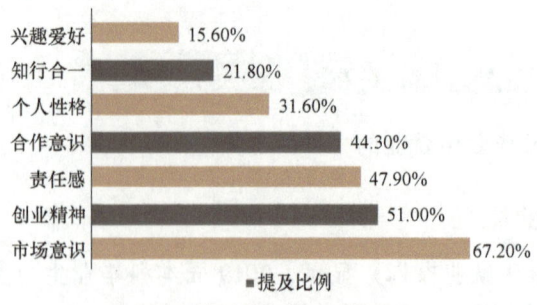

图 6-15 影响创业的主观因素

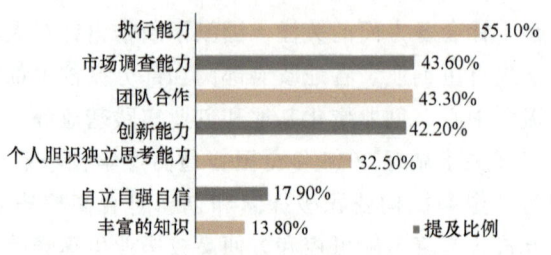

图 6-16 决定创业成败的内在因素

二、创业准备

大学生创业支持体系是大学生创业活动的规范化、制度化的软环境，是大学生在创业过程中所依据的原则、规则、程序的总和，是在创业范围内调整和引导人们的行为方式、促进创业有效进行的办事规程和行为准则。大学生创业支持系统按照范围大小可分为创业政策系统、创业教育系统、创业环境系统三个子系统。创业政策系统由创业孵化、税收减免等因素组成，其主体是政府。创业环境系统由文化背景和社会制度、资金支持等因素构成，其主体是社会。创业教育系统由创业教育、实践体验等因素组成，其主体是高校。创业环境系统和创业政策系统共同构成了创业条件和创业机会，创业教育系统培养了创业能力和创业意愿，如图 6-17 所示。

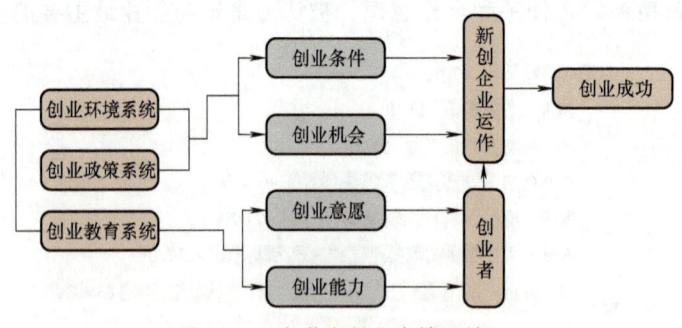

图 6-17 大学生创业支撑系统

大学生如果有了创业意愿，关键在于培养创业能力。创业能力是大学生在创业活动过程中必须具备的一系列能力，如创业原动力、机会把握力、资源整合力、创业坚毅力、关系胜任力、创新创业力、实践学习力等，如图 6-18 所示。

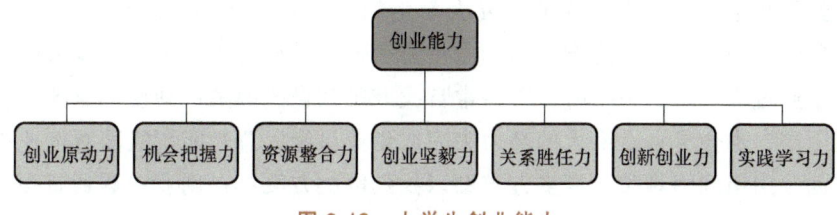

图 6-18　大学生创业能力

（1）创业原动力　创业原动力是指对创业生活方式及其成果的向往和追求能力，对创业生活方式和成果的向往是创业的基础，大学生渴望拥有成功创业人士的生活方式，忙忙碌碌为自己的事业而奋斗；期望自己的创业成果能带给社会重要影响，期望通过自己的努力，创造出来的新产品、新成果能够为地方经济发展产生促进作用，从而更好地回报社会。创业原动力主要表现在大学生是否拥有较为完善的创业计划，是否相信自己能独立承担创业风险，能解决创业过程中将遇到的大多数难题。

（2）机会把握力　机会把握力是指通过各种方法识别、评估和捕捉市场机会的能力主要包括三个层面：①对市场创业机会的识别常用的渠道有通过各种媒介来获得商业动态，通过关系网络来征求商业信息，通过向有行业经验的人请教创业机会的可行性，还可以自己预测市场对某种产品的需求。这个层面是把握创业机会的基础，需要创业者有敏锐的洞察力。②对市场创业机会的评估，需要创业者努力寻找各种途径去评估创业机会的价值，如通过实践尝试来评估创业机会的可行性或者通过与人交流来评估所发现的创业机会。③对市场创业机会的把握，主要表现为个人的决策能力，是否能够在较短的时间里，对经营与否做出判断，在对创业机会做出评估之后，自己根据自身的实际情况，快速做出抉择。这个层面需要创业者有清醒的头脑，认准商机。

（3）资源整合力　资源整合力是指整合组织内外人、财物和技术资源的能力，它是指大学生在创业过程中把握好创业机会之后，有效地组织身边可以利用的各项资源的能力，主要包括三个层面：①人力资源的充分利用。对于大学生创业来说，人才也是创业成功的关键，创业者自己就是创业事业的关键人才，是最理想的状态。因为在这种情况下，关键人力资源能够得到充分的发挥。若创业者本身只是看准了商机，自己并不是这方面的专家，那么创业者需要想方设法引入专家型人才来为自己的创业事业服务。而且在这方面投入的人力成本也应相对较高。此外创业者需要善于配置和发挥好团队成员的能力，并通过实行有效的激励机制使员工完成公司所制订的各项战略规划。②财物资源的充分利用。创业者需要了解自己可利用的各种资源分配情况，以便于在需要时能够及时有效地获得所需的资源。此外，创业者还需要善于整合分散资源去完成一项任务或活动。③技术资源的充分利用。这主要表现在创业者要善于发掘并利用一些资源的潜在价值。技术与人才都是创业成功的关键因素，有了先进的技术，创业往往事半功倍。因此，创业者要加强对这方面的投入，鼓励员工开展学习新技术，以提高工作效率。

（4）创业坚毅力　创业坚毅力是指面对创业的困难和挫折坚持而不放弃的能力。创业是开拓一条新的事业道路，对于大学生而言，一切都是从头开始。因此，在这个过程中，遇到困难是必然的事。这就需要大学生拥有创业坚毅力，才能顺利走上创业道路，实现自己的创业梦想。这方面的能力主要表现在，认可创业是一种能力的锻炼和鞭笞；当在创业过程中遇到困难时，能经常自我鼓励和自我激励；即使创业的过程中遇到了很大的困难，也会尽自己最大的努力去完成创业目标，总是能积极面对创业中出现的困境；在创业中遇到困难时，能多方求助以找到解决方案；在创业中遇到瓶颈时，能积极反思并向有行业经验的前辈请教，以修正创业方案；即使创业失败，也不会后悔当初选择创业，失败乃成功之母。

（5）**关系胜任力** 关系胜任力是指建立和维持个人之间、个人和组织之间互动关系的能力。建立和维持个人之间的互动关系主要表现为创业者是否善于和陌生人建立朋友关系，结识不同背景或不同类型的朋友，通过各种渠道去结识新朋友，主动和新结识的朋友保持联系，时常关心身边的人等；建立和维持个人与组织之间的互动关系主要是指在创业成立公司或者企业之后，个人代表公司与其他公司或者企业进行互动，以促进本公司或企业的运行和发展。

（6）**创新创业力** 创新创业力是指创新性地解决创业过程中出现的各种问题，包括创造和改进新的技术产品、服务和流程的能力。创业要能取得成功，创新是一个很重要的因素，这就需要创业者有强烈的接受新知识、掌握新技能的愿望；在日常做事中总是有一种很强的创新意识；喜欢用创新的方法处理所面临的一些问题；喜欢突破常规的思路或方法来做事情等。

（7）**实践学习力** 实践学习力是指不断在实践中学习创业所需知识和技能的能力，这个能力是大学生创业者都必须拥有的能力，拥有学习的能力，才能跟上社会步伐，才能不被社会淘汰。当今社会科学与技术发展迅速，若不善于学习，根本就无法在社会上立足。实践学习，主要通过以下一些渠道：坚持良好的读书习惯，并从书籍中学习；善于学习他人的成功经验；善于从网络、书籍等媒介中学习知识和技能；善于倾听与学习他人的好想法或建议；善于在实践中学习各种知识和技能以便于有效地解决创业中遇到的困难；能够耐心地从错误、失败中学习，有所收获并且善于将学到的知识灵活地运用到工作中。

大学生创业能力需要在不断的学习和实践中培养，可以针对自己的创业计划，有针对地进行学习和实践。

在创业之前需要多手准备，创业前的准备如图 6-19 所示，其中，到社会中历练、整合身边资源及向成功创业者学习是最被看重的。

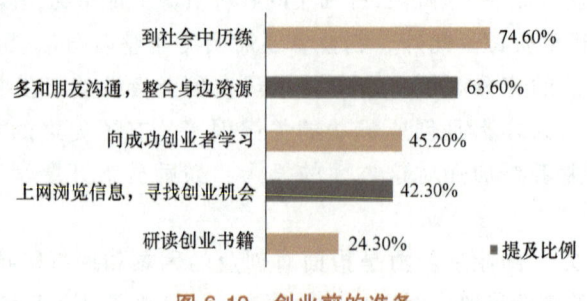

图 6-19 创业前的准备

三、创业途径

大学生创业途径如图 6-20 所示。

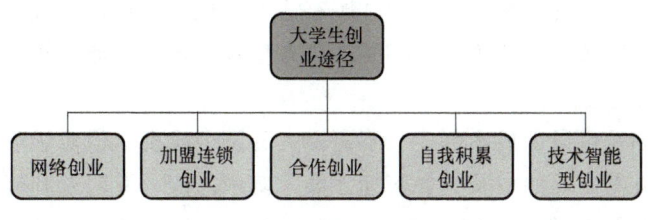

图 6-20 大学生创业途径

1. 网络创业

互联网改变了人们的生活理念，同时也提供了全新的创业方式。网络创业与传统创业不同，无须白手起家，而是利用现成的网络资源。目前网络创业主要有两种形式：①网上开店，即在网上注册成立网络商店；②网上加盟，以某个电子商务网站门店的形式经营，利用母体网站的货源和销售渠道。网络创业的优势主要在于进入门槛低、成本投入少、承担风险小、经营方式灵活，特别适合初涉商海的大学生创业者。而且网上创业受到政府的重视，给予很多优惠政策和措施，有些地方还建立了电子商务创业园，为创业者提供优质的创业环境和服务。

2. 加盟连锁创业

加盟连锁创业分享品牌、分享经营诀窍、分享资源，这就是加盟连锁的优势，并因此成为备受青睐的创业新方式。目前，加盟连锁有直营、委托加盟、特许加盟等形式，投资金额也根据商品种类、技术设备的不同而不同。在经营管理模式方面实施总部或者中心统一管理，使得加盟创业的大学生可以直接享受规模经营和品牌效应所带来的效益，同时在经营管理方面还可以借鉴现有的经验和模式，规避大学生创业的风险，提高成功率。但是加盟连锁创业初期投资要求高，企业的经营管理和发展缺乏自主性和创造性，创业企业发展空间相对较小。全国各地经常举办加盟连锁展会，如果想从事加盟连锁创业，应该关注加盟连锁展会。加盟连锁创业受到广大创业大学生的普遍欢迎。汽车行业连锁机构非常多，主要集中在汽车后市场。

3. 合作创业

合作创业是一种既分担风险又能分工合作的好方法。找几个志同道合的、有管理经验的、有资金的或有技术发明的互补伙伴共同创业是当前比较流行的创业手段。一个由研发、技术、市场、融资等各方面组成优势互补的创业团队，是创业成功的法宝。但需要注意的是，合作伙伴的选择可能是成功的关键，但也可能隐藏着失败的风险。只有大家同心协力，集合各自的优势，利用群体的智慧和能量不计较个人得失，才能使企业长远发展下去。例如，电影《中国合伙人》中的创业方式就属于合作创业。

4. 自我积累创业

自我积累创业主要是指创业者在经济基础薄弱的前提下，通过发展积累，将企业从小做到大，是一种完全独立的创业活动，这种创业通常所需要的时间较长，对创业者的心理素质要求较高。这类创业模式没有固定的形式，创业者在初期阶段主要从事技术门槛较低、投资较小的行业，如餐饮、商品批发和零售等。自我积累创业发展起来的企业规模小、规章制度建设不完善，但在经营管理上创业者有自由发挥的空间。在取得一定成果之后，企业可以转变发展思路，建立既有法人地位又有规范的股份制小型公司，但这种公司会因为缺乏核心竞争力，长期发展令人担忧，抗风险能力较弱。

5. 技术智能型创业

技术智能型创业可以低成本创业，不需要大的资金投资，但对学生科研能力的要求比较高，需要持有某方面的专长，如管理才能、营销才能、发明专利等，并以专利产品为依托获得风险投资的资助，建厂创业。现在许多城市都建立了"孵化器"，拥有技术、产品的人进入"孵化器"，配备各种管理人员，进行正式投产前的"预热"是较好的选择。

除了以上创业途径以外，还有一些其他创业途径，如创客空间。想要创业的大学生要时刻关注大学生创业教育，只有把创业教育植入大学生的理论学习和实践中，才能为将来创业提供更扎实的理论基础和经验。虽然国家大力支持大学生创业，但是还是需要慎重选择。

第七节 基层服务

《中共中央办公厅　国务院办公厅印发〈关于进一步引导和鼓励高校毕业生到基层工作的意见〉的通知》指出：高校毕业生是国家宝贵的人才资源。党中央、国务院高度重视高校毕业生就业工作，把基层作为高校毕业生成长成才的重要平台，对引导和鼓励高校毕业生到基层工作提出了明确要求。各地区各有关部门创新政策措施，完善服务保障机制，引导大批高校毕业生到基层工作，有力推动了基层事业发展。基层服务（见图 6-21）项目主要包括大学生村官、农村教师特岗计划、"三支一扶"计划和志愿服务西部计划等专门项目。

（1）**大学生村官**　大学生村官是十七大以来党中央做出的一项重大战略决策，主

图 6-21　基层服务

要目的是培养一大批社会主义新农村建设骨干人才、党政干部队伍后备人才、各行各业优秀人才。

（2）**农村教师特岗计划** 2006年，教育部、财政部、人事部、中央编办下发《关于实施农村义务教育阶段学校教师特设岗位计划的通知》，联合启动实施"特岗计划"，通过公开招募高校毕业生到西部"两基"攻坚县县以下农村学校任教，引导和鼓励高校毕业生从事农村义务教育工作，逐步解决农村师资总量不足和结构不合理等问题，提高农村教师队伍的整体素质。

（3）**"三支一扶"计划** "三支一扶"计划是毕业生基层落实政策，指大学生在毕业后到农村基层从事支农、支教、支医和扶贫工作，政策依据是国家人事部2006年颁布的《关于组织开展高校毕业生到农村基层从事支教、支农、支医和扶贫工作的通知》。

（4）**志愿服务西部计划** 志愿服务西部计划是团中央、教育部根据国务院常务会议、《国务院办公厅关于做好2003年普通高等学校毕业生就业工作通知》和2003年全国高校毕业生就业工作电视电话会议精神的要求而实施的，财政部、人社部给予相关政策、资金支持。该项计划从2003年开始实施，按照公开招募、自愿报名、组织选拔、集中派遣的方式，每年招募一定数量的普通高等学校应届毕业生或在读研究生，到西部基层开展为期1~3年的教育、卫生、农技、扶贫等志愿服务。

第八节 大学生征兵

大学生征兵是指部队每年从应届大学毕业生中招收义务兵，经国务院、中央军委批准，自2020年起，将义务兵征集由一年一次征兵一次退役，调整为一年两次征兵两次退役。

2017年9月23日，中共中央总书记、国家主席、中央军委主席习近平给南开大学8名新入伍大学生回信，勉励他们在军队这个大舞台上施展才华，在军营这个大熔炉里淬炼成钢。

2019年大学生网上报名参军人数达124万人。近年来，大学生参军入伍人数持续火热，2021年大学生网上报告参加人数超120万人。

建设一流军队，需要一流士兵。2009年，党中央、国务院、中央军委着眼建设一支强大的人民军队，做出重大战略安排，全面展开大学生征兵工作。到2021年，十余年开拓创新，十余年春华秋实，十余年硕果累累。按照党中央、国务院和中央军委决策部署，地方各级党委政府和兵役机关强化组织领导，密切协调配合，锐意进取、综合施策，大学生征集比例不断攀升。

兵员征集工作是军委国防动员部主责主业中的一项主要内容。2016年—2019年，大学生征集比例平均每年保持10%的高速增长，2016年—2021年连续5年全国大学生报名参军人数突破百万。2017年，大学生首次成为我军新兵主体对象。

国家鼓励大学毕业生应征入伍服义务兵役的优惠政策有以下几个方面：

1）大学应届毕业生入伍服义务兵役两年，国家按每学年最高限8000元返还在大学期间的全部学费或者是助学贷款。

2）入伍以后，在选取士官、考军校、安排在技术岗位等方面优先。

3）退役以后，参加政法院校为公检法系统定向岗位招生考试，优先录取。政法院校为公检法系统定向岗位招生，这是司法改革以来推出的一个重大项目，就是政法院校定向地为西部地区公检法系统公务员岗位定向招收、定向就业。高校毕业生士兵退役后，报考公检法系统定向岗位要优先录取。

4）参加硕士研究生考试初试总分加10分，在部队荣立二等功及以上的免试入读硕士研究生。

5）退役后由入伍地方政府接收安置。因为大学毕业生入伍是按照城镇人员来对待的，国家民政部对城镇人员退伍以后的政策是由当地政府接收安置。

6）退役以后，自主择业，凭用人单位就业协议，参照应届毕业生，办理就业报到证、迁移户口。

课程思政要点

一、思政要素切入点

在介绍完所有的未来发展途径以后，引入马克思主义原理"尊重客观规律"，学生择业要从客观规律出发，以自身的能力和素质为基础，结合自己的长处和特点、兴趣爱好等，从实际考虑做出正确的择业。

引导学生选择未来的工作方向以后，引导学生怎样为未来的工作方向努力，制定相应的学习目标和人生目标。

二、育人目标

1. 树立正确的就业观和职业观。
2. 规划好大学的学习目标和人生发展目标。

思 考 题

1. 大四毕业，你职业规划是什么？
2. 你最喜欢的工作岗位是什么？为什么？
3. 简述汽车设计工程师、汽车分析工程师和汽车测试工程师的能力要求。
4. 简述汽车工艺工程师、汽车生产管理岗和汽车质量工程师的能力要求。
5. 简述汽车销售经理、汽车技术支持服务工程师、汽车查勘定损工程师和二手车评估师的能力要求。
6. 汽车后市场行业的入行门槛相对较低，你会选择汽车后市场相关的岗位吗？为什么？
7. 如果你要考研，你会选择学术硕士研究生还是专业硕士研究生，为什么？你怎么选择考研学校？
8. 如果你要出国留学，你会怎么选择学校？
9. 如果你打算创业，你会做哪些准备？你会采用哪种创业途径？
10. 大学毕业你会选择"三支一扶"或去当兵吗？为什么？

参 考 文 献

[1] 神会存,梁纪凤. 车辆工程专业本科生产学研合作培养模式的研究与实践[J]. 科技资讯,2012(19):183.

[2] 王丽,李长玉,张明容."产学研"协同育人模式初探:以华南理工大学广州学院车辆工程特色班为例[J]. 教育现代化,2017,4(49):20-22.

[3] 王建平,肖平,高洪,等. 车辆工程专业"卓越工程师培养计划"实施现状、问题及对策研究[J]. 教育教学论坛,2019(32):103-105.

[4] 孙文福. 基于卓越工程师培养的车辆工程专业企业培养方案研究[J]. 大学教育,2016(11):104-106.

[5] 姚为民. 汽车构造[M]. 7版. 北京:人民交通出版社,2021.

[6] 余志生. 汽车理论[M]. 6版. 北京:机械工业出版社,2018.

[7] 杨世春. 自动驾驶技术概论[M]. 北京:清华大学出版社,2020.

[8] 张金柱. 图解汽车原理与构造[M]. 北京:化学工业出版社,2016.

[9] 姜立标. 现代汽车新技术[M]. 3版. 北京:北京大学出版社,2018.

[10] 李克强,戴一凡,李升波,等. 智能网联汽车(ICV)技术的发展现状及趋势[J]. 汽车安全与节能学报,2017,8(1):1-14.

[11] 陈家瑞. 汽车构造[M]. 3版. 北京:机械工业出版社,2009.

[12] 鲁植雄. 车辆工程专业导论[M]. 北京:机械工业出版社,2016.

[13] 闵海涛,王建华. 汽车设计[M]. 5版. 北京:机械工业出版社,2021.

[14] 宋新萍. 汽车制造工艺学[M]. 2版. 北京:机械工业出版社,2020.

[15] 张德彭,邹显林. 学习成就未来:习近平终身学习观研究[J]. 成人教育,2021,41(1):1-7.

[16] 崔胜民. 车辆工程专业导论[M]. 北京:北京大学出版社,2015.

[17] 赵兴梅,蒋志强,赵林溪. 汽车后市场人才需求调查分析[J]. 质量与市场,2020(19):91-93.